JN113556

夫婦・親子で考える 40 歳から 100 歳までの過ごし方

── 定年前後の安定と充実した生活の設計とは ──

弁護士　高野範城

創風社

本書を読む人へ

　人間の一生は4つに分けることができます。第1期は乳幼児少年期の約20年です。この時期は父母や保育者，教師らによって人間と動物の違い，基礎的生活習慣，人類の文化遺産である学問を体系的に学び，自分のこれから生きる方向を学ぶ時です。第2期は青年期，中高年時の約40年です。この時期は第1期で学んだことを基礎に日々の生活の糧を入手し，社会に貢献する時期です。そして違う環境で育った人と切磋琢磨しながら，自分の人格と知性を磨く時です。第3期はリタイア後の65歳から85歳までの20年です。この時期は生活のため（パンのため）の仕事から離れ，自分がかねてからやりたかったことを上司，企業に関係なくできる時期です。第4期は86歳から100歳位までの人生の最後のステージの時期です。多くの高齢者は心身が衰え，後見人や介護者・医師の支援が必要な時です。私は略歴書にあるように，これまで4つのすべての時期の人々の喜びと悲しみの相談に深く関与してきています。とりわけ第3期と第4期は，この20年深く関与してきています。

　本書は，①40代から60代前半の人，②60代後半から70代の人，③80歳から90歳の人，④そして，90歳前後から100歳の人々を念頭に，戦後日本の家族，教育，経済，文化，社会保障と長生き・長寿との関係を，人権の視点から高齢期を如何に充実させて生活するかについて述べています。

　ちなみに長生きと長寿とは違います。医療や介護が適切になされるならば，多くの人は長生きできます。これに対し，長寿とはパンの心配をすることなく，友人・知人と語らい，芸術・文化を楽しみ，公民として社会問題に自由に行動できることを指します。長寿を実感するには戦争や災害に遭うことなく，自分らしく生きることが基本です。長生きと長寿では本人の満足感，充実感，達成感が違います。

　他方，本書は，人生100年時代にあって85歳以上の高齢者が人生の最後のステージを過ごすために，どんな公的施策と個人の努力が必要かについて「親子」で考える必要を述べています。親子でとしたのは，どんなに公約施策が充実しても，

85歳以降の認知症や末期ガンの対応，孤独死の防止や葬儀などに，子どもの関与が求められる場面が多々あるからです。

　ところで後記の略歴書にあるように，私は日弁連や関弁連の社会保障の関連の委員会の役員をして高齢者に関する報告書を作成したり，子ども，障害者，高齢者の人権シンポなどの責任者の１人として，福祉を人権の視点から提言もしてきました。さらに老人ホームを運営する社会福祉法人やＮＰＯ法人，そして医療法人などでの役員や顧問として高齢者の諸問題，とくに最後のステージに深く関与してきました。

　本書はそれらの私の経験をもとにして，現在の日本の長寿社会の到達点（光と陰）を取り上げています。

　本書の特徴は２つあります。１つは日本の高齢者の置かれた現状を，この100年の日本の歴史，とくに戦後改革との関係で考察していることです。もう１つは定年後の生活を第２の人生のスタートととらえて，自分の初心，青雲の志を生かす絶好の機会として自分らしく生きることを提案していることです。

　日本人の多くは現役のときは「働き蜂」といわれるほど仕事中心の生活です。そのため働く本人及び家族が平日は勿論，土・日・休日でも人生楽しむことがほとんどできていません。そんな人達が，リタイア後に自由に生活をし，芸術・文化をエンジョイし，「ああ，いい人生だった」と過ごすにはどうしたらよいかです。

　本書では，定年後の個人の楽しみや生きがいとともに，公民として果たすべき役割についても言及しています。それはこれまでの日本社会は，高齢者が政治・経済などについて発言することに「年寄りの冷や水」として歓迎しない空気があったからです。しかし，今日の日本の貧しい高齢者施策を改善するには，高齢者の公民としての参加は不可欠です。

　ところでこれまでの定年後の解説本の多くは，年金プラス預金・資産でいかに上手に生きるかを勧めるものが大部分でした。

　本書はそんな解説本に不満な人に，人生 100 年時代をいかに自分らしく生きるかを述べています。また，本書では第 2 の人生を有意義に過ごすためのノウハウや旅と食事の楽しみを沢山紹介しています。そのうえで定年前後の高齢者の日々の暮らしと留意事項，夫婦・親子のあり方や老人ホームなどでの生活にもふれています。そして補論では相続・遺言などを述べています。

　他方，本書を読んだ人は財界人，政治家，官僚，マスコミ人，「有識者」なる人に対して率直に意見を述べていることに驚かれると思います。それは今日の日本の格差社会と自己責任を推進して，社会保障の充実を妨げているのがこの人々だからです。この人々は高齢者の老後の安定した生活よりは，国の防衛力の強化と企業の利益と自己の高報酬に強く関心をもっています。そのため法人税や高額所得者への増税に強く反対しています。この人々は国の政策を動かし，その政策のおかげで自分だけは「リッチ」の人です。その不公平な政策のために「貧困」な生活を強いられている人には無関心です。これは明らかに社会正義に反します。そのため本書では，すべての国民が健康で文化的な最低限度の生活を営むために，金持ち優遇をやめるように強く主張しています。

　また本書では戦後の社会保障の出発点である「バターか大砲か」について，バターを優先すべきことを述べています。現在の国の政策のように際限のない防衛費の増額は社会保障の予算を強く圧迫し，高齢者の生活を著しく不安定にするからです。

　いずれにしても 1945 年 8 月 15 日以後の日本人は，歴史上初めて国の政策に左右されることなく自由に貪欲に生きることができるようになりました。2021 年 11 月 9 日に亡くなった瀬戸内寂聴さんは 99 歳でした。各新聞は瀬戸内さんの死を大きく報じました。それは瀬戸内さんが死の直前まで小説などの執筆活動をし，1991 年のアメリカなどのイラクへの空爆に抗議をして断食をしたり，イラクを訪問をして医薬品や粉ミルクを戦争の被災者へ届けたり，2015 年 6 月に安倍内閣の安保関連法案への抗議集会に 93 歳で参加するなど，まさに自分の意思を明確に示した個性的な生き方をしたことに，多くの人が羨望したからにほかなりません。

　また裏千家の今日庵 15 世家元であった元千宗室・大宗匠（1923 年生）は戦争

へ出向き，俳優の西村晃と戦場で戦友となり，「茶道をもって世界中の人の心を和やかに。みんな一緒」だとの気持ちで内外で講演していることを淡交タイムス2022年1月号で報じています。

　さらに2022年2月6日の朝日新聞では，101歳の画家の野見山さんが絵の個展を開いている旨を報じています。野見山さんは文化勲章を受けた画家で「描いていると，きりがないんですよね。いつまで経ってもこれでいいと手放すことがない」と述べています。2022年8月15日に女性で初の報道写真家の笹本恒子さんが107歳で死去しました。東京新聞は8月23日の一面トップで戦前・戦後の笹本さんの活躍を紹介しています。また2022年9月13日，沖縄で芭蕉布の復興と発展に尽くした人間国宝の平良敏子さんが101歳で死去したことを報じています。瀬戸内さん，大宗匠，野見山さん，そして笹本さんや平良さんのように高齢の人が活発に活動しているのが今日の高齢社会の特徴です。

　2021年11月23日の新聞によると，第257世天台座主の森川宏映さんが96歳で死去し，258世座主には規定により97歳の大樹孝啓さんがついたと報じています。いまや96歳の人が死去して，97歳の人が天台宗の座主になるという意味でも，日本は確実に長命社会になっています。

　2021年12月1日に歌舞伎の中村吉右衛門が77歳で死去したとの報や，2022年10月1日に落語家の三遊亭円楽が72歳で死亡したとの報に接した人は，若くして死んだと感じたはずです。また，2022年6月4日に堀江さんが太平洋約8500kmをヨットで単独帰航したとのニュースは，かつての80歳以上の高齢者とは全く異なるイメージを多くの人に与えています。

　さて，日本社会は1970年からわずか50年ほどで，人生50年から人生100年時代に大転換を遂げようとしています。その急速なスピードに国も個人も全く追いつけていません。ただ一般の人々にわかるのは，近所をみてもやたら街の中にリタイアした人，車椅子で移動する人が増えていることです。

　戦後77年，日本はいま憲法との関係で大きな転換点に立っています。現在90歳以上の人はアジア・太平洋戦争を体験しています。戦争で家族を失った人もい

ます。この人々の中には軍人や特高や虎の威を借りた町内会長，在郷軍人会，国防婦人会の人が民衆を看視し，告発したのも知っています。その意味で90歳以上の人々の多くは現在の平和の尊さを実感しています。そして近隣の人に看視されず自分の仕事・趣味を充実させて，長生きできることの幸福を感じている人々です。戦前の軍国主義を知る人々の抵抗で戦後の日本はなんとか戦争で1人も死なず，社会保障もそれなりに発展してきました。それが今後どうなるか心配です。

　そこで本書では「すべて」の国民の健康で文化的な生活を維持し，拡充するためにバターか大砲かの問題提起を再三しています。そして政権維持のために企業に助成したり「票田」に補助金を使わないことを提言しています（広瀬道真『補助金と政権党』朝日新聞社）。これらの金を社会保障に回すべきだからです。

　私はこれまで高齢者の生活と国の政策との関わりについて，1997年5月に『人生80年時代のライフスタイルと生活設計── 40代，50代，60代に必要な法律と税金の知識──』，2009年7月に『高齢者の生活の安定と法知識 ── 定年後30年を自分らしく生きるために ──』（創風社），2010年3月に『高齢者の法的支援と権利擁護─自分らしく生きるための援助 ──』（創風社），2011年10月に『家族の変容と高齢者の生活の安定 ── 財産管理，介護，相続，遺言などと弁護士の役割──』という小冊子を，そして2015年8月に『人生90年時代を高齢者が年金と預金で人間らしく生活するには ──所得保障，医療，介護，住宅，後見，相続，終活──』（創風社）を発行してきました。本書はこれらの高齢者問題の決定版ともいうべきものです。

　最後に，孫世代から，おじいちゃん，おばあちゃん，長生きして何がよかったかと聞かれたならば，それは長生きすればするほど楽しいことが増えることだよと，多くの人が孫に答えられる社会にしたいものです。

目　次

夫婦・親子で考える 40 歳から 100 歳までの過ごし方

—— 定年前後の安定と充実した生活の設計とは ——

第1章　人生100年時代の幕開け

—— 個人の努力と公的支援 ——

(1) 人生100年時代の幕開け

(急速な高齢化)

①　2021年9月14日，厚労省は100歳以上の日本人が8万6510人になったと発表し，51年連続で100歳の人が増加したとしています。男性は1万60人，女性は7万6450人とのことです。毎年6000人以上の100歳の人が増加し，最高年齢は女子は118歳，男子は111歳とのことです。まさに人生100年時代の幕開けです。しかし，圧倒的多数の人は80歳，90歳で病気や事故で死亡しているのも現実です。時には未成年の子どもを残して無念のうちに死んでいく人もいます。

ところで日本社会は織田信長の人生「齢」50年の時代から500年近く人生50年時代でした。しかし日本は1970年以降，世界に例のないほど急速なスピードで高齢化時代になり今日では人生100年時代の幕開けを迎えるに至りました。

1970年に65歳以上の高齢者が739万人，高齢化率が7％を超え，その後25年で14％，20％，今日では高齢化率は28％となって65歳以上の人は約3600万人となっています。70歳以上の人は2852万人，80歳以上の人が1206万人います。(2022年9月に厚労省は100歳以上の人を9万526人になったと発表しました。また高齢化率は29．1％となったとのことです。)

(人生100年時代へ)

②　健康に留意していれば多くの人々が90歳，100歳まで生きられる時代が人生100年時代です。そして定年後30年ないし40年の生活が待っているのが人生100年時代です。この定年後の30年ないし40年は青年期，中年期のときの期間と同じだけの期間です。

人生100年時代にあっては，定年後，リタイア後の30年ないし40年の生活を過ごすために，現役の30年ないし40年の労働期間があるといっても過言ではなくなってきています。もっというと「パンの心配」をすることなく他人に拘束されず自由に発言し，行動し，自分らしく生きるために現役のときの30年ないし40年の辛い期間を耐えてきたといえます。その定年後の30年の生活を支えるには預金だけでは無理なので，年金，医療，介護などの公的支援による社会保障が不可欠です。

社会保障の充実があってこそ，貧富の有無に関係なく，誰もが人生100年時代を医療，介護を含めて等しく安心して過ごすことが可能になります。それゆえ人生100年が本格的に到来し，多くの人が長生きするか否かの決め手は年金，医療，介護などの社会保障の充実・発展如何にかかるところが大きいといえます（折茂肇『新老年学』東大出版会）。

（今後もつづく高齢化）
③　注目すべきことは人生100年時代といっても，現在のところは相対的に100歳の人は圧倒的に少数ですが，そのスピードからすると現在90歳前後の約200万人の高齢者の1割前後は確実に近い将来100歳になります。ただ100歳の人が20万人，30万人になるには，これまで以上に医療，介護，そして本人の健康への関心が必要です。

今日の高齢者はかつての70歳，80歳の人とも異なって，90歳，そして100歳になっても栄養と医学の進歩，そして介護の進展によって普通に生活しています。これもそれも高齢者は中年世代のように効率と競争，マネーゲームなどに明け暮れることなく，そして利潤の追求や会社のために神経をすり減らすことなく，自分と家族のために人生設計を立てながらストレスなく過ごしていることも関係しています。

人生50年時代のときは100歳の人は市町村に1人か2人でした。多くの人は60歳前には死亡していました。私の父も昭和43年に56歳で死亡しました。その当時は自治体の首長が9月15日の敬老の日に100歳のお祝いをもって出かける家も1軒か2軒でした。しかし，いまやどこの市にも100歳の人は大勢います。そ

の意味で 100 歳は今日の社会では驚くことではありません。100 歳の人々の都道
府県別市町村別の分布を正確に調べていませんが，長命の人は大都市よりは地方
都市や田舎に多いように見受けられます。

　今後，このペースで 100 歳になる人が増えていけば，数年以内には 100 歳以上
の人は 10 万人を超えます。この人数は 1 つの地方都市ほどの人数です。「100 歳
バンザイ」ではなく，100 歳は普通のことになり，人生 100 年時代はまもなくです。
90 歳で死亡すると若くして死んだとされる時代がまもなく来ます。今日の課題は
長命だけでなく，長生きの質を本人の自由な生活設計と公的支援でどう確立する
かにあります。国は元気で日常生活をエンジョイする 100 歳前後の人をいかに増
やすかです。

（大切な医療と食事・栄養）
　④　日本の高齢者の長寿の要因は戦後の飢餓と復興の中で懸命に働いてきたこ
と，そして稼得能力がなくなっても年金でなんとか暮らせるようになったことが
あります。しかし長生きの関係で大きいのは医療保険と食事・栄養の改善です。
医療，歯科に健康保険が適用され，保険証一枚あれば全国どこでも病院通いがで
きることになったことや，食事・栄養の改善が著しく，栄養失調などで虚弱な人
がいなくなったことなどが大きいといえます。

　また農作業などの重労働も機械化されて減少し，家事も家電製品の発達で省力
化され，腰の曲がった高齢者が著しく減少するようになったこともあります。

　戦前・戦後の厳しい環境を生きてきた人が，いま大量に 100 歳前後になってい
る理由は興味があるところです。老人ホームその他で元気に過ごしている人や，
寝たきりになっても 5 年，10 年と長生きしている人は，内臓が丈夫な人が多いよ
うです。いまの 100 歳前後の人は子どもの時は貧しく，昭和 30 年代の国民皆保
険後の高度経済成長期に 40 代，50 代を過ごした人々であり，この時期は食事・
栄養も医療も大幅に改善された時です。中年世代の食事・栄養と医療がいかに長
生きのために大切かを改めて感じます。

(2) 100歳を生きている人々

（歴史の生き証人）

① 現在100歳前後の人は，ロシア革命や毛沢東の中国共産党のことをいろんな機会に聞いたり，憧れたりして育った世代です（E・H・カー『ロシア革命の考察』みすず書房，A・スメドレー，高杉一郎訳『中国は抵抗する。八路軍従軍記』岩波書店）。またアジア・太平洋戦争の困難な時代を生き抜き，戦後の貧困の中で日本の復興に尽力してきた人々です。サイパン，グアム，満州やカラフトで大勢の死傷者をみてきた人々です。その意味でこの人々は歴史の生き証人です（蘭信三ほか編『戦争と社会3 総力戦・帝国崩壊・占領』岩波書店，成田龍一『「戦争経験」の戦後史』岩波書店，中村隆英『昭和史 上・下』東洋経済新報社）。

前記の人々が中国・アメリカなどとの戦前の戦争，戦後の飢餓，不況，台風・地震・豪雨などの災害，企業の盛衰を含めた社会の荒波の中で，100歳まで生きられたのはまことに「偶然」であったからかも知れません（塩沢・島田『ひとり暮らしの戦後史』岩波新書）。

1945年3月10日は東京大空襲で10万人の人々が死んだとされる日です。また4月から6月にかけての沖縄での地上戦は県民の少なくとも4分の1は死亡したとされ，8月6日，9日の広島・長崎の原爆は富める人も貧しい人も一瞬のうちに数十万人の家族を喪い，財産を失いました（荒井信一『空爆の歴史』岩波新書，原田良次『日本大空襲』ちくま学芸文庫，栗原俊雄『東京大空襲の戦後史』岩波新書，瀬長亀次郎『沖縄からの報告』岩波新書，中日新聞社会部『新貧乏物語』明石書店）。

戦後の日本人は廃墟の中から立ちあがってきました。生きてさえいればそのうち「いいことが必ずある」を信じて必死に働いてきた人々です。また現在豊かそうに見える人も，50年前，60年前は，ギリギリの最低の生活でしたし，事業家，企業のトップを含めて貧しくはないが決して豊かではない人が大半でした。この人々は世の中の動きや景気などの影響で知人らがあっという間に夜逃げしたり，

転落したことを少なからず見ているはずです。

　いま安定したようにみえるこの人々の生活も自分と家族が健康であったという「結果」オーライに近い連続の生活であったと率直に感じていると思います。しかし，昭和の末から平成への30年の生活は格差が進行し，重苦しい雲が社会と個人を襲い，生きづらくなっています（岩田正美『貧困の戦後史』筑摩書房，共同通信社編『ルポ私たちが生きた平成』岩波書店）。そんな複雑な歴史を背負って「いま」100歳の人は生きています。

（戦後日本の原型を作った人）
　②　他方，100歳の人々は戦後77年にわたって戦争で誰も死んでいない日本の原型を作った人々です。例えば戦後初めて女性も参加した国会の選挙で，憲法13条の個人の尊重と幸福追求，憲法9条の戦争の放棄，憲法24条の両性の平等，憲法25条の生存権規定などの憲法制定は勿論，その後の国民皆年金，国民皆保険などの社会保障の制定と充実に関与してきた人々です。この人々は家族を育て，企業の発展に尽くした人々です（安藤良雄編『昭和政治経済史への証言 上・中・下』毎日新聞社）。

　ただ日本人の学校教育と家庭教育の欠点は，権力者の歴史は学んでも，祖父母から父母，父母から子ども，子どもから孫と1つの家族でも連綿とつづく社会と家族の歴史を親子間で共有し，継承していないことです。

　祖父母はあまりにも生活の「つらい」体験ゆえに子にも話すことができずにいました。

　しかし，祖父がアジア・太平洋戦争の戦場で何をしたのか，祖母が1945年5月，6月の2ヶ月の沖縄の地上戦，そして8月6日，9日の広島・長崎の原爆や3月10日の東京大空襲でどんな悲惨な状況を目撃したかが語られるべきです（東京新聞社会部編『あの戦争を伝えたい』岩波書店，朝日新聞テーマ談話室編『戦争 上・下』朝日ソノラマ，『戦中・戦後の暮らしの記録』くらしの手帖社）。また子育ての過程での労苦と喜び，とくに病弱な子どもが中学を卒業し，高校まで進学できた喜びなどが家族の間で語られるべきです。100歳の人々は多くの重い荷物を背負っ

てこれまで生きてきました。そして，この人々にとって50年前，70年前，90年前のことはつい昨日のような出来事です。

（高齢社会のもたらしたもの）
③　巷間伝えられる高齢者といえば，寝たきりや病気の人ばかりではありません。むしろこの50年の変化で元気で活発な人が増えています。人生50年時代の70歳と，人生100年時代の70歳では体力，気力，労働力の点で全く異なります。現に定年もこの50年ほどで50歳，55歳，60歳，65歳と15年も延長されています。高齢者が元気な証拠です。

高齢化社会になっての副産物ともいうべきものがあります。例えば医療保険の適用で，医療機器メーカーが新しい医療器具を発明して多くの人々の生命を救いました。また介護事業者が増加し，地方でも大都市でも雇用の増大につながりました。

リフォーム会社は60代，70代の家庭の台所，トイレ，風呂などのバリアフリーで仕事を作り出しています。ベッド，杖，靴などの介護用品も開発されています。さらに紙おむつ業者が様々な高齢者向けのパンツを販売しています。

また「おばあちゃんの原宿」と言われるように，高齢の人々が街に買い物に出かけるようになりました。とくに年金の支給月に多く人が街へ出ます。旅行業界や食品業界は高齢者をターゲットにした商品を販売しています。また箱根や日光などに繁忙期以外に旅行に出かける高齢者が増えました。それも車椅子で出かける高齢者が多くなっています。街も交通機関もホテルも温泉もバリアフリーになったことが大きいといえます。車椅子状態で入浴できる温泉も出てきています。高齢の人と若者夫婦，子どもが旅行に来ているときの大半は「勘定」は高齢者が担っています（ホテルのフロントでお金を払っているのは高齢者）。

また80代，90代の1人暮らしの在宅での生活をしている人を対象にした宅配サービスの弁当も販売されるようになっています。デパ地下やスーパーには高齢者用の食材であふれています。これらは人生50年時代には全く見られない光景です。高齢者の増加は経済の活性化に貢献しています（阿部道生『社会保障が「公

共事業」となる国へ』つくばね社)。日本ではオリンピックや阪神が優勝するとすぐに「経済効果」を主張するのに，高齢社会に伴う新しい産業と，ホテルなどの収益などについて経済効果を主張しないのは理解できません。

（変わる高齢者）

④　今後の医学の進歩で認知症が治療されたり，現在，延命治療されている病気もそうでなくなる時が必ず今後きます。そうすると現在，要介護状態の人も普通に街を散歩をし，レストランで食事ができるようになる時がきます。高齢者も若者と同じく身体の条件さえ許すならば故郷へ再び行ってみたい，音楽会や美術館や，京都の嵐山や詩仙堂などの紅葉を観てみたいとの欲求をもっています。さらにいえば100歳の先の110歳まで多くの人々が生きられる時代が早晩くるとすれば，100歳は1つの通過点になる可能性があります。

また，現在90歳位で「老衰」といわれている現象も，今後の医学の発達で大幅に改善されるはずです。ＩＴ社会の今日，子どもや孫と1週間に1度ぐらいはパソコンのズームの会話やスマホのラインを活用してメールの交換ができるようになります。90歳の人は，40歳の人と「メル友」になることもできるようになります。

語学のできる人は世界中の人々と情報交換ができるようになります。

2020年から2022年の新型コロナの関係で，病院や介護施設は家族との面会が禁止されましたが，施設によってはパソコンのズームで親子の会話の工夫をしているところも増えてきています。

今の社会ではあらゆる媒体を活用して社会と繋がることができます。高齢の人が長生きをしてよかったと実感できるようになります。そのような高齢者の発言力，発信力は社会を今後大きく変えていくことになります。

高齢者は成人人口の3分の1前後まで迫っています。選挙のことを考えると政治家と政党はいままでのような高齢社会危機論は唱えることができなくなるはずです。

（100年を生きるための生活設計と費用）

⑤　人生100年時代は1人ひとりの人に人生50年時代とは全く異なったライフスタイルを要求しています。人生50年時代の倍の時間を人生100年時代は生きるのですから，これまでの「余生」と根本的に違う新しい生活のスタイルが求められるのは当然です。その1つが定年後の所得の保障というか，経済生活をめぐる問題であり，もう1つは長生きに伴っての病気と介護の問題です。3つは公民として社会の諸問題にどれだけ関与していくかです。それらの多くは経済政策と国の社会保障政策による福祉国家の実現に関わるところが大です。そしてもう1つ大切なのは自由と人権を基本とした精神の自立と自由な言論による社会参加です。

人生80年時代ならば年金及び退職金プラスアルファの預金でなんとか定年後20年の生活ができたのですが，人生100年時代になると，その程度の預金では80歳から100歳まで生活するには明らかに不足します。それは80歳からの加齢に伴って病院通いが増え，要介護状態になって介護費用が著しく増えるからです。年金はどちらかといえば減額傾向なのに，医療，介護の自己負担は増大しています。ちなみに病気で差額のある病室に入ると1日1万円前後（高いのは5万円）の差額ベッド代がとられます。

また保険の適用のならない先端医療には数百万，数千万円がかかります。さらに老人保健施設でも1ヶ月15万円から20万円前後の費用がかかります。高いところでは月50万円するところもあります。安倍政権時代の年金カット法案で年金が減額されつつある状況の下で，定年までに退職金とほぼ同額の預金を中年時代から定年までに貯えていないと，定年後30年ないし40年の生活が維持できなくなる可能性があります（なお高齢者問題の簡単な法知識として拙著『高齢者の生活の安定と法知識』創風社参照）。

（3）すべての人が人間らしい生活を営むために

（格差を是正して人間らしい社会を）

①　今，日本社会の働く人の生活と家族の現状を立て直し，すべての人々が現在及び「老後」を安心して生活するには，格差社会以前の政策に戻すことです。

例えば大企業のトップと一般労働者の賃金格差を現在の 100 倍から少なくとも 10 倍以内とし，非正規雇用の人の賃金を「同一労働同一賃金」とし，派遣期間を原則 3 ヶ月以上とし，「派遣切り」を禁止し，生活の安定を図ること，非正規の業種を絞り込むこと，派遣先及び派遣元の研修を強化すること，真面目に働いていれば収入が増加して 20 年も働けば家を持つことが可能になる政策に転換することです（菊池信輝『日本型新自由主義とは何か』岩波書店，都留重人『体制変革の展望』新日本出版，盛山和夫ほか『公共社会学 <2> 少子高齢社会の公共性』東大出版，野村正實『終身雇用』岩波書店）。

　2022 年 7 月 15 日の東京新聞によれば，2022 年 3 月期に 1 億円以上の報酬を得た上場企業の役員は 285 社の 656 人になるとのことです。この人々は非正規労働者の年収が 300 万円前後であるのに，前記報酬金額の異常性については無自覚です。オーナー経営者と違って企業に巨額の出資もしていないのに，この人々の多くは自分の能力にふさわしい報酬とさえ考えています。もっというと足るを知らない人々です。

　ところで大企業になればなるほど社会的責任が増加します。それは大企業は水，空気，電力，人間などの社会の恩恵をうけており，有名・無名の人々の見えない協力で成り立っているからです。

　以上のように考えると，大企業は企業市民として社会に多大の貢献をして恩返しをする社会的責務があります。（例えば経団連の加入企業は 3. 11 のとき 1 社あたり 1 億円，企業のトップは 1 人あたり 1000 万円の寄附を被災自治体にするとかが考えられてもよかったといえます。）高額報酬をとっている人の中には，せめてソニーの大賀社長のように軽井沢の大賀ホールを作って社会に報酬の一部を還元することがあってもよいといえます。日本の財界人はアメリカ並みに寄附の文化を実践すべきです。

　お金を稼ぐことは現在及び将来の生活を物質的，精神的に豊かにするために不可欠です。しかし一部の事業家や大企業のトップのように，高額の金を得ることが自己目的になると，社会の人々の反発を招きます。時には守銭奴とあまり変わらなくなります。目的意識のない金持ちは尊敬するには値しません。私の知人は

商業で財をなし，その金で私立高校を作り，オリンピックで活躍する多数のスケートの選手を送り出すことに貢献した人がいます。前記の656人の中に大賀社長のような人がどれだけいるか疑問なしとしません。志の低い人があれこれ社会に向かって述べても説得力に欠けます。

（政策の是正を）

②　また小選挙区制を廃止して，中選挙区制に戻して同一の政党の候補者でも選択できるようにすることです。そのことによって政党と政治家個人の政策・人柄をじっくりとみて選挙民は投票できます。さらに企業献金と政党交付金を廃止し，企業・個人の政治資金の規正を強化すべきです（谷口将樹『現代日本の選挙政治』東大出版会）。

　小選挙区制では政党が決めた落下傘みたいな地元に全く縁の無い人を選ぶため，地域住民の政治離れを加速させています。実際，最近の国の選挙の投票率は50%前後が多くなっています。国全体で考えると国民の30%前後の支持をとった政党や政治家が過半数をとって国を動かすという異常なことが生じています。

　今日の国際社会では石油，ガス，食料などを他国に依存する割合が異常に高くなっています。73年秋の第1次オイルショックでは灯油や石油が不足し，トイレットペーパーが品薄になって大騒ぎをしました。そのときは盛んに「省エネ」がさけばれましたが，ノド元過ぎると熱さ忘れて，いつの間にか再び石油に頼る生活に戻っています。その後も地球環境は悪化の方向を辿っています。

　2022年2月にロシアがウクライナに侵略した結果，3月末にウクライナ国民の約400万人が外国へ脱出しています。ウクライナの人々の窮地を知りながら，自分が快適な生活をするための車のガソリンが値上がりして困ったという市民の声をマスコミは大きく取り上げています。戦争で多くの人々が生命を失っている中で自分のことしか考えていません。何が重要なことかをマスコミが忘れていて恐ろしい気がしてなりません。日本人はいつから自分のことしか考えない冷たい人間になったかと思わざるをえません。

　いずれにしても個人と家族が安心して暮らし，充実した日々を過ごすには経済

の安定と社会保障が重要です。マネーゲームの株の投資家やＩＴ関連の人を中心とした現在の経済政策は非正規の人・貧しい高齢者の衣食住と医療と介護の機会を危うくします。

　ロシアのウクライナ侵攻で小麦などが値上がりしています。国内で生活の安定のために日々消費するものは地産地消と同じく自国で生産するよう転換することです。

（生きることへの公的支援）
　③　社会は元気で働き盛りの人達だけで成立しているわけではありません。社会は富める人から貧しい人，健やかな人から病める人を含めていろんな人で成立しています。

　病気で病院へ出向いた人ならばわかるように，大学病院，公立病院，街の開業医を問わず，1 時間待ち，2 時間待ちが普通です。それだけ生きたい，元気になりたい，長生きしたいという人が大勢います。そうだとすると，その人々の気持ちを直視して医療費の負担を少なくし，誰もが安心して病院にかかって元気に暮らせるようにするのが国と政治家の最大の義務です。

　しかし最近の政治家の多くは地盤，看板，鞄の三バンの世襲で高額な報酬と多種の手当をとって安楽な生活をしているためか，あるいは 2 世，3 世議員のように特権階級を形成しているためか，国民の声を聞こうとしません。ちなみに最近でいえば，小泉，福田，麻生，安倍などの元総理と岸田総理は 2 世，3 世議員です。この人々は格差社会の下で，国民に対し，少しでも豊かな生活をしたいのであればひたすらガンバルべきだと訴えています。がしかし，繰り返しますが世の中には商才のない人やどんなにガンバッテも成果がでない人がいるし，病弱な人，障害のある人，また 90 歳，95 歳の高齢者のようにガンバルにもガンバレない人がいます。

　乳幼児から障害者，高齢者を含めてすべての国民が人間らしい生活をするためには，国の公的責任と公的費用負担が不可欠です。

　また病弱な人，貧困の人，寝たきりの人，判断能力に難のある人，などへの共感と社会連帯の気持ちを多くの国民が持ってそれを社会保障の充実へとつなげる教育が大切です（成清美治『欧州福祉国家の自由・平等教育』明石書店）。そして医療と福祉に従事する人に手厚い財政支援をすることです。これが福祉国家です（坏洋一『福祉国家』法律文化社，山森亮編『労働と生存権』大月書店）。

（福祉国家）

　④　福祉国家とは「すべての人」に安心と安全を与える社会です。生命を大切にする社会です。格差社会を容認する大企業の経営者や評論家の自己中心の不適切な発言に黙っていては，格差社会の是正は勿論，福祉国家は実現しません（森岡孝二『日本経済の選択』桜井書店，今野・藤田編『闘わなければ社会は壊れる』岩波書店，藪下史郎監修『再分配とデモクラシーの政治・経済学』東洋経済新報社）。

　国と政治家は福祉国家の義務を十分に果たしていません。例えば新型コロナウイルスで国と専門家会議の人々は盛んに，患者が増えたならば日本の医療は崩壊する，重症者しか診れなくなるとして自宅待機（治療拒否）を国民に求めていました。しかし憲法25条の公衆衛生を軽視し，基礎医学の必要性に耳を傾けず，病院のベッドと医師，そして保健所を30年以上にわたって半分前後まで減少させたのは国と自治体です。そして，これに賛成した「専門家」の人々です。国と専門家はこのことを忘れ，国民皆保険制度を危機に陥れていることを自覚せずあれこれ一方的な発言をしています。いろんなことを中長期の視点から検討できる人が専門家です。その場限りのことならば素人でも発言できます。日本の医学者らの専門性には？がつきます。また政治家はさかんに経済との両立を主張しています。しかし，この間に「両立」の犠牲になって死亡している人の大半は高齢者です。

（達成感のある人生を）

　⑤　人生100年時代に人間らしい社会を今後日本で実現するには4つのことが必要です。1つは普通の庶民・民衆の社会常識が通用する社会にすることです。ここで「普通の」とあるのは，1945年8月15日前後の庶民の苦しみと悲しみ，家族が灯火管制のない自宅で夜の食事ができる喜び，もう誰も空襲で逃げ回ったり，死ななくてもよいのだという安心，国や権力者のやり方に不平や不満を述べても近所の人から非国民とか「主義者」としてののしられたり，特高に逮捕され

ないで済むという安心感を体験した庶民のことです。

　2つは生活や病気で苦しんでいる人がいるならば，国の責任で衣食住を満足させたり，病院にかかれるようにすることです。生活保護，年金，医療などの社会保障を充実させて安心して生活できるようにすることです。そして誰もが最後に「ああいい人生だった」と思って死んでいける環境を作ることです。

　3つは教育です。日本は敗戦まで脱亜入欧の名の下に西洋の科学技術を取り入れるも，西洋の政治・思想・文化を軽視し，天皇制の教育，教育勅語を最大限重視する教育をしてきました。そこでは国民は国のために生命を捧げることが義務づけられていました（山住正己『教育勅語』朝日新聞社）。

　1946 年 1 月の天皇の人間宣言以来，国民は自分の進むべき道や生き方は自分で決めることができるようになりました。学校の教科書でも学問の自由や教育の自由が尊重されて自主的な人間が目指されていました。それがいつのまにか国や企業が「期待する人間像」や戦後の一連の改革（例えば再軍備の禁止，教育の民主化，男女平等，子どもの人権の尊重，社会保障など）が事実上，否定される方向になり，没個性のステレオタイプの画一的な人々が多くなっています。

　4つは長生きを長寿に変え，長寿の質を高めるためには，企業社会の垢を洗い落とし定年後は自由に発言し，行動し，自らの人生を自主的に設計できる人になることです。とくに 65 歳から 75 歳前後の 10 年間は元気に活動できるときです。旅行をし，音楽会や芝居をみて生活をエンジョイすることもできる時です。

　他方，前記の 10 年にはNGOやNPOに入って国内外で困難な生活をしている人の支援をすることもできます。それには学生のときの青雲の志を思い出して，自主的に生活を設計するための自由・平等・博愛の人権の考えをしっかりと中高年の時に身につけることです。企業社会の「籠の鳥」から抜け出すことです。

　日本の戦後の政治のように特定の政党が長年月にわたって政治や経済の実権を握るようになると「ものいえば唇寒し」の状況となり，官僚も大勢に従った方が利口となり，そして権力者の旗振り役になって金儲けを考える企業人が次第に街

の中で増えています。

　今一度，日本人は戦後改革の原点とは何かを考えて各人が行動すべき時になったというべきです。仕事，家庭，公民として国際社会，国，地域，社会に関心を持って生活することです（毎日新聞外信部編『世界はいまどう動いているか』岩波ジュニア新書）。また公民として社会問題に関心をもって行動するとともに，芸術・文化・スポーツなどの人生を楽しみながら達成感のある人生を営むことです。その意味で定年後，何をするかを，中年の時から生活設計をもつ時代になったといえます。それには中高年のときから後述の自由と生存を大切にする生き方を心がけることです。

第2章　高齢者の安心としての社会保障
—— 老後の公的保障と財政問題 ——

序

　ここでは長生きと長寿の基本である年金，医療，介護が憲法13条の個人の尊重と憲法25条の生存権の水準に合致しているかを，社会保障の歴史と諸外国の給付水準に即して検討します。また国やマスコミはさかんに社会保障の財源がないと述べていますが，国の税制，とくに法人税と金融取引の税などで金持ちを優遇しなければ財源は十分にあることを述べます。

（1）高齢期を安心して過ごすために

（不慮の事故と残された人）
　①　人は働けるときはその仕事と責任の程度において，あるいはその人の事業などの才覚などにもとづいて所得にデコボコがありえるのはある意味ではやむをえないことです。

　しかし稼得能力のない高齢者は所得や障害の有無・程度などに関係なく，最低限度の生活が平等に保障されなければなりません。そうでなければ収入と資産のない高齢者は貧しさのため栄養失調や病気，時には窃盗などで刑務所へ入るか，餓死することになりかねません。安心して生活するには老後の要の年金が衣食住プラス医療と介護を含めて人間らしく生活できる水準である必要があります。

　弁護士の仕事は人の死にかかわることが多い仕事です。社会保障の必要性を日々仕事のうえで体験する職業です。50年以上も弁護士をやっていると交通事故，労災，ガンなどの病気，体罰・いじめでの子どもの死，スポーツ事故，介護事故，保育事故などの死に沢山関与し見聞もします。

　また3．11の津波でも私も知人を失いました。友人・知人の女性の中には55歳のとき30歳の子どもを亡くして，1年後に60歳の夫を亡くした人がいます。さらにその半年後に自宅が全焼した人もいました。これでもかといえるほど特定の家と人に「不幸」が集中するのを目撃しています。そんな事例を少なからずみるにつけ，どんな人にも生きる希望を与える社会保障の必要性と平穏な生活の大切さを自覚せざるをえません。

　いずれにしても人間の一生ほど不確かなものはありません。各人の健康の問題，家族の進学や引きこもりの問題，失業や労災の問題など，次々と難題が年齢に関係なく発生します。さらに毎年の台風や大雨，阪神大震災や3．11の地震と津波，そしてフクシマの原発のような災害も発生して家族と財産に打撃を与えています。

　実際に3．11の地震，フクシマの原発の避難などでの災害関連死の多くは高齢者です。高齢者の生活に必要なのは，生活できる年金，医療などの社会保障と災害などからの生命と生活を護る住宅の確保です。

（現代の生存権の特徴）
　②　社会保障などの生存権は思想の自由や言論出版の自由などのように「国家からの自由」とは著しく異なります。社会保障は国家による財政支援があって初めて実現するものです。財政支援を伴わない生存権（例えば年金）は絵に画いた餅と同じです（大須賀明編『生存権』三省堂，中村睦男『社会権法理の形成』有斐閣，中村陸男・永井憲一『生存権・教育権』法律文化社）。

　生存権は歴史的に自由と平等の実質化として発展してきた歴史があります。少数の特権階級の「自由」を圧倒的多数の市民や労働者のものにするために，フランス革命などの市民革命が実施され，平等の延長として働く人々の最低生活保障が生まれました（波多野敏『生存権の困難』勁草書房）。自由のない生存のみの保障は動物園の動物と同じです。人間は自由と平等を誰でもどんな状況でも常に求めています。

　ところでどこの国家でも，どんな権力者でも，思想の自由や言論出版の自由を嫌悪するのと同じく，国民の生存権の実現に熱心ではありません。

　今日の社会で生存権が実現するには国会が法律と予算を決定します。そのために，労働者や労働組合，あるいは社会的弱者が各種の運動やストライキ，そして裁判などを行って初めて生存権立法が実現します。泣き寝入りしたり，黙っていたり，権利を実現する主体の力が弱いと生存権は大きく後退します。

　現代の生存権は年金や医療などの給付をうける人々が政府に対して常に要求することによって，権利性が強化される性格をもっています。その点でいえば社会保障をもっとも必要としている労働者と労働組合の役割は大きいといえます（熊沢誠『労働組合運動とは何か』岩波書店，中央社会保障推進協議会編『人間らしく生きるための社会保障運動』大月書店）。

　また，生存権の分野はいわば国と労働者などとの「力関係」に影響されやすい分野です（沼田稲次郎ほか編『社会保障の思想と権利』労働旬報社，大河内・岸本編『労働組合と社会政策』有斐閣）。現に日本でも，1960 年代から 1970 年代に労働運動が活発なときは社会保障は大きく発展しました。

　これに対し 1980 年代以降，労働組合の力が弱体化し，労働運動が不活発になったころから，生活保護の母子加算，老齢加算の廃止が論議され，21 世紀になると年金と生活保護の給付水準が下げられています。前記の経験は社会保障は「自然」にできたのではなく，これを必要とする人々の権利のための闘争があって実現するということを意味しています。

（私的責任から公的責任へ）

　③　若い人や富裕層の中には自分の生活は自分で護る，年金などは不要だと考える人がいます。そこで改めて生存その他について個人の責任から公の責任への転化の歴史を述べて，社会保障は「ゆりかごから墓場まで」乳幼児から高齢者までの全世代に関係することを述べます。

　現代の社会はかつては個人の責任としていたものを「公」のものとしてきた歴史があります。例えば水はかつては各人が川から運んだり，井戸を掘っていたのを自治体が水道にして「公」の事業にしました。また台所の「燃えるゴミ」やト

イレは，かつては各自の家の庭に穴を掘って埋めたり，汲み取り，そして畑の肥料にしていました。しかし今日ではゴミは自治体が収集に来て，汚物は下水道で流すというのが公の仕事となりました。

　上記と同じようにかつては個人の費用負担であった医療や介護も，今日では公の仕事となって国公立の病院ができ，医療保険や介護保険という社会保険のシステムが作られました。

　介護は北欧型のように国が税金で全面的に責任をもち，ヘルパーさんらは公務員として対応する方法と，ドイツのように介護保険で対応する方法に分かれています。また医療もイギリスのように国が全面的責任をもって無料で治療が受けられる国と，アメリカのように民間の保険を中心にする方法があります（武内・江之下『公平，無料，国営を貫く英国の医療改革』集英社新書）。

　日本の医療と介護の方法はヨーロッパ型に近いものの，未だ個人の責任が色濃く残っています。公助よりも自助が強調されるため憲法 25 条の公的責任と公的費用負担の原則に反する仕組みが随所にあります。社会保障の歴史や原理に無知な人や恵まれた生活の政治家はさかんに自助を強調しています。

　しかし，高齢者や重度の障害者のように稼得能力がない人は今日では公的支援がなければ生活そのものができません。この人々は生活保護や老齢年金，障害年金などの制度を要求したり，医療についても自己負担分をゼロにし，すべての人が安心して生活できるように取り組みをしてきました（小川政亮『増補新版 社会保障権』自治体研究社）。これらは 1 人ひとりの人間の生命・身体を大切に扱うべきだとのヒューマニズムを基調とする生存権思想と社会連帯の精神や人間の尊厳の理念を具体化したものです。

（慈善事業と社会保障の違い）

　④　現代の社会保障は，金持ちの慈悲ではなく国民の権利です。それゆえ権利である以上，不備があったならば司法救済を求めて立法の改変を迫ることができます（今日の社会保障の実情については，井上・高野編『実務社会保障法講義』民事法研究会が詳しい。また裁判の状況は井上英夫先生古稀記念論文集『社会保

障裁判研究』ミネルヴァ書房参照）。つまり権力者や金持ちの慈善事業の「ほどこし」と社会保障は全く違うことです。

　金持ちなどは善意で，資金のゆとりのある範囲でほどこしを貧困者に対し，行っています。これに対し，社会保障は給付やサービスを受ける人々の必要から出発する点で慈善事業や救貧法時代の保護と大きな違いがあります（伊藤周平『社会保障史　恩恵から権利へ』青木書店，大沢真理『イギリス社会政策史』東大出版会）。

　また働く人々の社会保障はアメリカ，イギリス，ドイツのそれのように労働の再生産を可能にする労働者保護が大きな柱となっています。さらにイギリスのベバリッジ報告やチャーチルとルーズベルトの「大西洋憲章」のように労働者に戦争後の「希望」として社会保障が提唱された歴史があります（金子光一『社会福祉のあゆみ』有斐閣）。

　以上みたように，社会保障の基本原則は失業，労災，障害，老齢，死亡などの生活上のあらゆるリスクに対応できるものでなければなりません。社会生活上の様々なリスクによって生活困窮者になる人がいなくなるような社会保障制度が基本原則です（ダニー・ピーテルス，河野正輝監訳『社会保障の基本原則』法律文化社，唐鎌直義『脱貧困の社会保障』旬報社）。

（2）戦後日本の出発としての生存権保障

（社会保障の誕生）

　①　戦前の日本にはすべての人を対象にした社会保障はありませんでした。貧しい人は明日のパンに困るため小学校さえ卒業しないうちに働きにでる人がいたほどです。ＧＨＱが憲法25条の公的責任と公的費用負担による社会保障を国民の権利として定めたのは，中国への侵略の背景に日本人の著しい貧困の問題があったからです。

　民主主義を実現するのには，国民が権力や金持ち，使用者に遠慮することなく自由に発言し，行動できることが必要です。それには戦前日本の農村の貧困の要因であった小作農をなくして自作農とする農地改革が，働く人のため労使対等の

労働三権の保障が，商工業の人の公正な競争を実現するために財閥解体が，子ども
もの教育の機会均等の保障が，それぞれ必要不可欠でした（雨宮昭一『占領と改革』
岩波新書）。

　人は「貧すれば鈍する」「貧乏暇なし」の生活では国や社会的力の強い者に遠慮
する生活になるといえます。

　またGHQは戦後の飢餓的貧困をはじめとして病気，障害，稼得能力などの減退・
喪失などによる貧困の救済のために昭和 21 年に旧生活保護法などを実現しました
（村田隆史『生活保護法成立過程の研究』自治体研究社）。昭和 22 年 8 月に来日し
たワンデルを団長とするアメリカ社会保障制度調査団は，公的責任による社会保
障の拡充強化の報告書を昭和 23 年 7 月に日本政府に手渡しています。

　戦後の日本政府は働く人々が労災，失業などで生活が困らないようにするため
に，昭和 22 年，労災保険，失業保険などを実施しました。さらに昭和 25 年 10 月
の社会保障制度審議会の「社会保障制度に関する勧告」では「社会保障制度とは
疾病，負傷，分娩，廃疾，死亡，老齢，失業，多子その他困窮の原因に対し，保
険的方法又は直接公の負担において経済保障の途を講じ，生活困窮に陥った者に
対しては国家扶助によって最低限度の生活を保障するとともに公衆衛生及び社会
福祉の向上を図り，もってすべての国民が文化的社会の成員たるに値する生活を
営むことができるようにすることをいうのである。このような生活保障の責任は
国家にある」としています（社会保障研究所編『戦後の社会保障資料』至誠堂）。

　戦後日本の社会保障の進展は若干のデコボコはあるものの，この勧告で基本的
な方向づけがされたといえます（なお社会保障制度審議会の歴史は社会保障制度
審議会事務局編『社会保障の展開と将来』法研が詳しい）。

（生活保護から年金へ）
　②　戦後日本の社会保障はアメリカのニューディール政策とイギリスのベバ
リッジ報告をうけて構想されています（新川健三郎『ニューディール』近藤出版，
山田雄三訳『ベバリッジ報告』至誠堂）。

　アメリカはニューディール時代に世界で初めて社会保障法を制定しました。またイギリスのベバリッジ報告は第2次世界大戦中に，戦争終了後の働く人々の生活の向上をにらんで発表され，そこでは「ゆりかごから墓場まで」といわれるように社会で生起するあらゆる事故に対応できる制度設計がされました。ちなみにドイツのビスマルク時代には労働者が社会主義化しないための「アメ」と「ムチ」の「アメ」として社会保険制度が構想されています（福澤直樹『ドイツ社会保険史』名古屋大学出版会）。

　第1次世界大戦後のワイマール憲法151条は生存権条項を定めましたが，ドイツの空前の不況の中でワイマール政府は憲法どおりには生存権を実現できませんでした（坂井榮八郎『ドイツ10講』岩波新書）。

　世界の先進国が第2次世界大戦後，社会保障を推進したのは，すべての人が自由と平等を享受して人間らしい生活を営むには貧困の解消が不可欠と考えたからです。

　社会保障を実現するためには国の富，とりわけ金持ちの富を再分配して，貧しい人々に支給する必要があります。富の再分配は税制を通じて実現します。具体的には金持ちの所得に高額の税金（累進課税）を課して，その税金を貧しい人々へ分配して平等を実現するのが所得の再分配です。

　そのため社会福祉を実現するには貧困問題の調査・研究が不可欠です。貧困の実態の調査を伴わない社会福祉は絵に描いた餅に等しいといえます（江口英一編『社会福祉と貧困』法律文化社）。金持ちは社会保障の充実に反対します。所得の再分配の典型が全額税金で成り立っている生活保護です。金持ち，そして一般の人は生活保護の受給者に対して激しい攻撃をします。しかし，これまでの生活保護の水準は「生かさず，殺さず」の劣等処遇に近い最低の生活の水準であるため，「攻撃」自体が根拠がありません。のみならず，国による生活保護家庭への様々な事前・事後の資産調査（ミーンズテスト）などのチェックがあるため受給者に少なからずのスティグマ（屈辱）を与えていました。そのような屈辱をうけなくても済むように働く人々が拠出をして（積立をして）病気，失業，高齢などの事故に対応できるようにしたのが年金などの社会保険制度です（小川政亮『権利とし

ての社会保障』勁草書房，菊池馨美『社会保険の法原理』法律文化社）。

（年金と生活保護の異同）

③　以上のように年金は生活保護に比べて国民の権利性が強く使途にもチェックがないところに大きな特徴があります。

生活保護では必ずしも人間らしい生活ができないとして，先進国でより生活しやすく，権利性の強い社会扶助，社会保険などが生み出されたといえます（塩野谷・平石訳『ＩＬＯ社会保障への途』東大出版会，Ｃ・ギリオン，Ｊ・ターナーほか『社会保障年金制度　上』法研）。

また社会保険は強制加入が原則ですので，任意加入の民間の生命保険，損害保険とも全く異なります。年金の金額が生活保護の水準より低かったり，年金で生活できないということがあってはならないことです。何故ならば今日の生活保護はあくまでも年金などの制度に加入していない谷間の人々のセーフティネットだからです。

ところで生活保護があるから年金の金額があたかも低くてもよいかの論議をする人がいたり，そのような判決もありますが，本末転倒の論議です。

現代の福祉国家では年金で生活するのが第１であり，生活保護はあくまでも例外であることを忘れるべきではありません。

生活保護の重要性を強調すると怠け者を弁護するのかと揶揄する人がいます。私は怠け者は好きではありません。また貧乏と闘わない人も好きではありません。

しかし最も好きでない人は大勢の生活困窮者がいるのに，この人々の存在を無視ないし歯牙にもかけず，平気で所得税や法人税を下げることを強調したり，他人の金（国の予算や企業の金）を事実上，私物化して自己の懐を増やすのに熱心であったり，野心（防衛力の強化と軍事大国化）を遂げようとしている政治家と企業人たちです。この人々は自分の考えに反対する人を「こんな人に」負けるわけにはいかないとして異なる人を排除しても平気です。さらに情けないのはそん

な冷酷の人に金魚の「ふん」のように従っているように見える官僚と若手議員の存在です。この人々は基本的に，近代人としての自主・独立の心と，博愛の心とヒューマニズムを有しているようにはみえません。

（遅れている日本の社会保障）

④　戦前の日本は富国強兵のため軍人には恩給が明治初期から支給され，その後，警官と教職員などの公務員に恩給が拡大された経緯があります。しかし戦前の国民の多くは著しく貧しかったにもかかわらず，一般国民の生活には国は責任を全くといってよいほどもちませんでした。わずかに 1874 年に「恤救規則」が，1925 年に「救護法」ができた程度です（横山・田多編『日本社会保障の歴史』学文社）。

ただ鉱山で働く人や大企業など働く人にも部分的に社会保障が実施されました。さらに 1941 年に戦費調達をにらんで労働者年金保険法ができました（高岡裕之『総力戦体制と「福祉国家」』岩波書店）。

戦後ＧＨＱは軍国主義排除との関係で軍人恩給を中止しました。講和条約が発効すると元軍人らは軍人恩給復活の運動をしてこれを実現しました（田中信尚ほか『遺族と戦後』岩波新書）。

軍人らのみを優遇するのは不公平・不平等であるとして国民が怒り，昭和 33 年，34 年の国民皆年金，皆保険になった経緯があります（小山進次郎『国民年金法の解説』時事通信社，有泉・中野編『国民年金法』日本評論社）。

1970 年代以降，厚生年金などの支給が本格化し今日では国民の多くは老後の生活費の大部分を年金に頼って生活しています。今日では老後に家族と同居したり，子どもから仕送りをうけない高齢者が増加しています（田多英範『日本社会保障制度成立史論』光生館，岩田正美『老後生活費』法律文化社）。

年金は衣食住を満たし，医療と介護を安心してうけ，文化をエンジョイできる水準である必要があります。別言すると動物としての生存を維持する程度の劣等処遇に近い「低い金額」では憲法 25 条の年金とはいえません。

　ところで日本の政治家は与野党を問わず社会保障に詳しい国会議員や専門家が極めて少ないのが現状です。多くの政治家は年金や医療に詳しくありません。なお政治に興味の強い人の中には，政権が変わると社会保障制度も自ずとよくなると主張する人がいます。確かにそのような側面がないわけではありませんが，自民党政権から民主党政権になった10年前に社会保障が前進したかといえば必ずしもそうではなかったといえます（中北浩爾『現代日本の政党デモクラシー』岩波新書，山口二郎『政権交代とは何だったのか』岩波新書，日本再建イニシアチブ著『民主党政権失敗の検証』中公新書）。

　また2022年7月の参議院選挙では高齢者の年金の増額，医療，介護の自己負担を軽減し，誰もが安心して生活できる社会保障を提言している政党はほとんどなかったといえます。そのためか生保などは医療や介護の保険などで業績をあげています。

　いずれにしても50年の弁護士生活で私は年金などの裁判を少なからず担当し，国会議員や労働組合，そして学者の協力を少なからず求めてきました。が，しかし経済情勢の変化の中で生活できる年金とはいくらなのか，国は財政難を主張しているが本当に国には財源はないのか，今日の所得税，法人税の税率は所得の再分配との関係で適切なものなのかなどを，国の税制と予算にもとづいて実証的に説明できる国会議員が極めて少なかったといえます。国会議員は高額の報酬と年金があるため，社会保障に関心が少ないのではないかと思わざるをえません。

　さらに今日の国民生活は，幼児から高齢者まで社会保障がなければ暮らしが成立しないほど，日常生活の中で大きな位置を占めています。しかし国の社会保障政策の後退をマスコミは大きく取り上げず，国民の関心が薄いのが少々気になります。多くの人は他人の生活に無関心であり，国が財政難だからしょうがないとあきらめて自己負担の増大を受け入れています。その背景には国の誤った税制政策が貧しい人を大量に作り，その人々への共感が国民に少ないことがあります。この人々は自分がその貧しい人になるかも知れないことへの想像力が欠如しています。少し先を見るべきです。

（3）年金制度について

（社会保険制度と年金）

①　年金制度はドイツやイギリスなどで資産のない労働者が老後の生活に心配のないように，労使が掛金を拠出して生活の安定を図るために作られました。いうならば個々の労働者の生活保障だけでなく，働く仲間のために拠出してお互いが助けあう社会連帯が基礎になっています（江口隆裕『変貌する世界と日本の年金』法律文化社）。

ただ個々の労働者の任意性に任せると，保険料を拠出しない人がでるので強制加入としたものです。そうはいっても労使だけの拠出のみでは低い年金しか支給されない恐れがあるため，国も相応の財政負担をして，「生活できる」年金をめざしてきた歴史があります（伊藤周平『社会保障法』自治体研究社，駒村康平『年金はどうなる』岩波書店，ＯＥＣＤ編 岡野史哉訳『図表でみる世界の年金（2013年版）明石書店）。

そこで生活できる年金とはいくらかです。衣食住の最低限の生活需要を満足させるだけでなく，今日では年金で医療，介護をカバーでき十分に生活できる水準である必要があります。それゆえ年金受給者が医療，介護の高額の保険料を支払い，利用のたびごとに高額の自己負担をしたならば，高齢の人は衣食住の生活さえ危うくなるといえます。その意味で年金の金額と他の社会保険制度は密接に連動しています。

また憲法25条にもとづく生活要件とは健康で文化的な生活を指しており，生活保護と年金はそのような水準であることが必要です（岩永理恵『生活保護は最低生活をどう構想したか』ミネルヴァ書房，山田篤裕ほか編『最低生活保障と社会扶助基準』明石書店，中村美帆『文化的に生きる権利』春風社）。

政府は10年ほど前に年金を改正したとき「100年安心の年金」を作るのだと豪語した責任をとっていません。今日では野党を含めてほとんどその責任を追求できていません。国会議員は年金の積立金の使途に関心はあっても，年金の水準に

は興味がないようです。そんな国会議員の無関心をよいことに政府は，過去に年金の積立金を国民保養センター，サンピア，グリーンピアなどの保養施設に投資して多額の赤字を出しても誰も責任をとりません。また今日でも政府は年金の積立金を株式市場などで投資して市場の活性化を図っているため，年金減額の可能性さえあります。政府は年金の積立金を乱用しています（飯塚和夫ほか『年金の根本問題とその解決の道を考える』あけび書房）。

（社会保障と労働組合の関係）

②　社会保障が不十分ならば，働く人々が病気や労災になったとき，安心して療養できないし，退職した後の年金が低額ならば現役のときに長時間労働をして老後に備えて預金をせざるをえないことになります。そうなれば体をこわしたり，退職後も安心して生活ができません。そのため先進国の労働組合は現役のときの労働条件の向上と同じく，ＯＢの社会保障の推進，発展のために尽力してきた歴史があります。実際，これまで世界各国の労組が社会保障の改善に取り組んできました（小川政亮『人権としての社会保障原則』ミネルヴァ書房）。

いずれにしても「生活できる年金」にする役目は高齢者の予備軍の組織である労働組合にあります（大河内一男・岸本英太郎編『労働組合と社会政策』有斐閣）。

現に73，74春闘時の労働組合はそのような役割を果たしていました。例えば73春闘，74春闘で労働組合が年金ストをしたり，国鉄・私鉄などの春闘共闘委員会が全1日のゼネストに近いストを配置して企業との団交で1万5000円，3万円の大幅賃上げを獲得したことや，政府との交渉で老齢福祉年金の引上げや年金の物価スライド制，高額療養費の限度額などの国民的諸課題について成果をあげました。しかし，その後の日本の労働組合は社会保障に必ずしも熱心でなく，社会保障担当の役員は論文も著書もなく，二線級の人が少なくないのが実情です。そして政府などの審議会に労組代表で出席する人も「当て職」に近い人です。

いずれにしても格差社会の下で国民の間から正義，公平，平等，博愛への関心が少なくなってから，労働組合は貧しい人や高齢者の生活の向上のためにほとんど動こうとしません。端的にいうと労働組合の力が弱まるにつれて，国の一方的宣伝のみが国民に浸透しつつあります。本当に高齢者に使う財政はないのか，財

政難といいながら毎年，防衛費を値上げするのは何故か，企業の法人税が値下げされ，株などの「泡銭」を稼いでいる富裕層への税金が異常に低いのは何故かの根本的疑問を，労働組合もマスコミも取り上げていません。有識者も政府もこの点を全く回答をしていません。金持ち優遇の税制は貧困者を必然的に作り出します。

（日本の年金制度）

③　ここで日本の年金制度の概略について述べます。日本の高齢者の年金制度は 3 階建てになっているといわれます。

1 階が国民年金（基礎年金），2 階部分が報酬比例部分です。そして 3 階建ては企業年金です。1 階と 2 階部分が強制加入で 3 階部分は任意です（本沢一善『日本の年金制度』学文社，佐藤進編『ハンドブック 公的年金』青林書院）。

（自営業者の年金）

（7）　1 階の基礎年金は国民全員が加入することになっており，約 7000 万人近い人が加入しています。自営業者や 3 号被保険者といわれる専業主婦などは 1 階部分のみです。1 階の老齢基礎年金は 40 年満額で月額約 6 万 7000 円（平均で約 5 万 6358 円）ほどです。かつては 25 年以上の拠出を要件にしていましたが，現在は 10 年でも O K です。

国民年金ができた昭和 30 年代の中頃は人生 50 年か 60 年でした。法律の制定時は，仮に 60 歳過ぎて自営業者の売上が下がれば売上の減少分を年金でカヴァーすればよいとの発想があったとされています（前掲小山『国民年金の解説』）。しかし今日の自営業者の多くはスーパーなどに顧客を奪われ，シャッター通りの言があるように生活は厳しくなっています。また月に 6 万円前後の年金だと都会では生活できません。そのため生活保護を受けざるをえなくなる人もいます。

与野党の勢力が国会で拮抗していた 1990 年代に，1 階部分の基礎年金部分を全額税金でカヴァーするとの提案が政党幹部から出されたことがあります。ちなみに 3 号被保険者の専業主婦は昭和 60 年の年金大改正で任意加入から強制加入となり，全額税金でカヴァーされています（経済企画庁経済研究所編『新たな基礎年

金制度の構築に向けて』大蔵省印刷局）。

　自営の人も生活保護を受けずに普通に年金で生活できるよう，基礎年金額の大幅改定がされるべきです。なお 2022 年 6 月 23 日の東京新聞によれば，生活の苦しさもあって保険料免除，猶予の人が過去最多の 612 万人になったとのことです。

（サラリーマンの年金）
　（イ）　一般のサラリーマンのうち民間の人の多くは厚生年金，公務員は公務員共済に加入して 2 階建て部分の年金を支払っています（但し 2015 年に統合）。これは制度の発足の時期が異なるのと，各年金で支給金額が異なることによります（現在の年金の種類，不服申立などについては堀勝洋『年金保険法（第 3 版）』法律文化社が詳しい）。2 階部分は報酬比例ですので給与によって支給額に変化があります。1 階と 2 階をあわせて 18 万円前後から 25 万円の支給のゾーンに入る人が多いといえます（厚生省 年金局 年金課編『わかりやすい改正年金法』有斐閣リブレ，七訂『国民年金，厚生年金保険改正法の逐条解説』中央法規）。

　3 階部分は国民年金基金や厚生年金基金，確定拠出年金，年金払い退職給付，確定給付企業年金などの企業年金です。3 階建て部分は 5 万円から 20 万円前後の人が多いと思われます。

（安定した年金を）
　（ウ）　ところで年金生活者の敵は 3 つです。
　1 つは戦争です。戦争になると軍備費が増加し，社会保障予算はカットされます。場合によっては年金の掛金が軍備の調達のために活用されかねません。現在，自民党はウクライナ問題を口実に防衛費を 5 年で増やすとの方向を出しています。この増額分を医療費や物価高で生活苦の年金受給者に回すという政策がどうして出てこないのか不思議です。

　2 つは年金を切り下げる政府の誤った政策です。3 つは物価の上昇です。2 つ目は政府の政策に強く反対して生活できる年金を維持するしかありません。3 つ目の物価の上昇は政府でなんとかできないところもあります。そうだとすると 73，74 春闘で労働組合が獲ちとった物価スライド制の年金の水準を堅持することで

す。しかし，安倍内閣は賃金が下がると年金も下がるといういわゆる年金カット法案を可決成立させました。そのため 2021 年，2022 年は 2 年続けて年金が下がっています。

　日本の労働組合のほとんどはこの年金カット法案に強力な反対をしませんでした。総評時代の労働組合であれば国会前に座り込みをし，数万人規模で国会を包囲したはずです。

　2021 年，2022 年の 2 年間は賃金は下がっても物価は上がっています。年金受給者にとってみるとダブルパンチです。まして 2022 年 3 月からロシアのウクライナ侵攻で食料品，ガソリンなどが上昇しています。この点の年金の是正要求が働く人の生活を護るべき労働組合のトップからは聞こえてきません。いかに労働組合の幹部がＯＢの退職者のことを忘れているかです。

　最近の組合の幹部は働く人の年金や生活保護を引き下げてきた安倍元首相の 2022 年の 9 月 27 日の国葬に「苦汁」の決断で出席するとさえしています（苦汁の意味が一般の国民の理解と大きく違います）。

　年金生活者は自己の生存権を護るために国の政策に強い関心をもって政策変更を迫る必要があります。1980 年以降の年金切下げの国の動向を考えると，国民の不断の努力で権利としての社会保障を護るために社会保障の改善に熱心な政治家を選ぶ必要があります。北欧では高齢者の投票率が高いのと年金受給者の発言力が強いと言われています。北欧の高齢者にできて，日本の高齢者にできないことはありません（竹﨑孜『スウェーデンはなぜ生活大国になれたのか』，同『スウェーデンはどう老後の安心を生み出したか』いずれもあけび書房）。

（4）医療保険について

（医療費について）

　①　戦前の日本には 1922 年の健康保険法，1938 年の国民健康保険法などがありましたが，昭和 33 年に国民健康保険の制度ができるまでは，公務員や大企業の人を除いては農民や自営業の人の大部分の人は健康保険に未加入でした。

医療保険に加入していない人は病気が悪化するまで病院に通院・入院をしなかったといわれています。しかし国民皆保険になってからは，病院も歯科も保険証一枚あれば通院できるようになり，そのことが国民の平均寿命を大きく延ばすことに貢献したといえます（吉原健二・和田勝『日本医療保険制度史』東洋経済新報社，印南一路ほか『医療政策』東洋経済新報社）。

（老人医療費について）

（ア）　1960年代後半から1970年代にかけて，日本社会は高齢化率が7％前後になりました。それに伴い，65歳，70歳の人々も増加し，この人々の所得保障（年金）とともに々医療費の問題が社会問題化しました。岩手県の沢内村では村長が65歳以上の老人の医療費を無料化するために率先して尽力したとされています（菊池武雄『自分たちで生命を守った村』岩波新書）。高い医療費は日本人の長寿化を妨げているとして，これの改善が地方からさけばれていました。

東京，大阪，名古屋，横浜，神奈川などの革新自治体は1970年前後には65歳以上の高齢者医療の無料化を実現しました。これに驚いた政府は，参議院選挙での「保革逆転」を阻止する必要もあって，昭和48年に老人福祉法を一部改正して70歳以上の老人医療の無料化を実現しました。これによって全国の多数の高齢者は安心して病院に無料で通院できるようになったといえます。

（誰でも利用できる医療に）

（イ）国民皆保険になっても毎月の3万円，5万円の3割負担は患者と家族には大変でした。73，74春闘で労働組合は高額療養費の限度額の設定を要求し，政府もその後これを認めたため，国民の医療費の負担は大幅に軽くなり長命化へ向けての大きな一歩となりました。

私が長年関与してきた腎臓病の透析患者はかつては透析に多額の費用がかかったため，「金の切れ目が生命の切れ目」と言われていました。昭和46年ごろに透析に健保が適用になり，さらに3割負担についても国の全額負担となりました。透析患者は事実上自己負担ゼロで治療を受けられるようになりました。その結果もあって昭和47年当時の透析患者の生存率は10年と言われたのが，今日では50

年と大幅に改善されています。いずれにしても患者団体や労働組合の運動もあって，健保の適用の範囲は大きく拡大し腎臓移植も健保の適用となりました。また歯科の健保適用は高齢者が食事を美味しくとり，長生きすることに貢献しました。かつてのように老人ホームのミキサー食や「おかゆ」の必要がなくなりました。

しかし，高齢者の多くは国民健康保険の加入者のため健保の赤字を引きおこし，昭和57年に老人保健法が制定されて，老人医療は有料化へ大きく変化しました（島崎謙治『日本の医療』東大出版会）。

老人医療の有料化は当初こそ1人あたり数百円という金額でしたが，今日では70歳以上の多くは1割負担となり，3割負担の人も少なからずいるのが現状です。そして75歳の後期高齢者医療制度の導入によって保険料だけでも年間70万円ほど支払っている人もでてきています（伊藤周平『後期高齢者医療制度』平凡社新書）。これでは高齢の人は働くな，長生きするなと言っているのと同じです。

（日本の高齢者医療の問題）
②　日本の医療制度には先進国と比べて幾つかの問題がありますが，ここでは高齢者に限定して述べます。

1つは年金以外に収入のない高齢者から死ぬまで保険料を徴収していること，2つは利用者から1割ないし3割の負担金を徴収していることです。この1部負担はかつて被用者本人は原則10割給付であったのが，1983年以降に9割となり，8割となり，7割となった経過があります。その後，老人保健法が改正され75歳からは国民健康保険から高齢者医療と変更となり，わずかの所得で現役並みと称して2割，3割の負担金をとっています（社会保障研究所編『医療保障と医療費』東大出版会，芝田英昭『医療保険「1部負担」の根拠を追う』自治体研究社）。

3つは保険の対象外の支出があることです。差額ベッド代がその典型です。その金額は1日あたり5000円から5万円までいろいろです。個室ではなく複数部屋でも「差額」がとられます。利用者にすると，入院が長期化すると差額ベッド代のため治療どころではなくなるのも事実です（ささえあい医療人権センターCOML編『差額ベッド料 QアンドA』岩波ブックレット）。

4つは薬価を改定して高齢者の負担を少なくすることです。薬価は一度決められるとジェネリックの薬品にならない限り，原則として値下げされません。そのせいか，今日ではコンビニの数より薬局の数が多いとされるほど利幅の大きい商売となっています。血圧，糖尿などの患者は毎月の薬代の負担が大きいといえます。

5つは高齢社会になっているにもかかわらず，高齢者の特性にあった総合的診療ができる病院や医師が少ないことです。そのため高齢者は眼科，内科，整形外科，皮膚科など病院を月に数回，回らなければなりません。遠方から病院通いをすると本人の負担は勿論，医療費の抑制の面でも早期に老人の特性にあった医師の養成に努めるべきです。

6つは老健施設のように高齢者医療を低額（マルメ）にしたり，高齢者が長期に入院すると保険定数が下がり病院から追い出される事態がでてきていることです。またコロナ禍で明らかになったように，街の開業医や保健所は陽性反応の疑いの濃い高齢者の診察を事実上拒否して在宅扱いにしました。これは国民皆保険を根底から危うくするといえます。高齢者医療と公衆衛生の問題を軽視してきた「つけ」がコロナで爆発したといえます。

（国民負担の軽減を）
　③　既に述べたように，医療費などの社会保障は国民と権力との力関係に左右されます。労働組合や患者団体の力が弱まるにつれて次第に保険料が高額となり，本人負担が増え出しています。例えば入院中の食事代が新しく徴収されたり，75歳以上の高齢者に対して後期高齢者として通常の健保と別立てにして高齢者の費用負担を増額したり（相澤與一『医療費窓口負担と後期高齢者医療制度の全廃を』創風社），あるいはリハビリの期間を短くして治療の必要を軽視しているのがそれです。

　また医療費の負担の増加は高齢の人が病院へ通院することを減らすことにも繋がりかねません。高額医療費の限度額も次第にアップして，国民の負担が重くなっています。

現状のように国民の負担が重くなると，今後は国民皆保険による生命・身体の維持は勿論，長寿社会を維持するのさえ難しくなるといえます（井上・上村・脇田『高齢者医療保障——日本と先進諸国』労働旬報社，佐藤幹夫『ルポ高齢者医療』岩波新書，二宮厚美・福祉国家構想研究会編『誰でも安心できる医療保障へ』大月書店，二木立『世界一の医療費抑制政策を見直す時期』勁草書房）。

（5）介護保険について

（介護について）

①　1990 年代になると要介護状態の高齢者が著しく増加しました。寝たきり老人 100 万人，「ボケ老人」が社会問題となり，介護の共倒れ，介護殺人が続出しました。このように介護問題が社会問題化したのは，自民党が家族介護を日本型福祉として長年月にわたって称讃していたことと無関係ではありません。

高齢化社会における介護問題の特徴は介護を要する人が増大し，介護の期間が長期化するところにあります。5 年, 10 年という長期化する介護を 24 時間, 365 日, 家族が介護をすることは共倒れを続出させました（武田京子『老女はなぜ家族に殺されるのか』ミネルヴァ書房）。

また高齢化に伴い 1 人暮らしの高齢者や高齢世帯が著しく増加して，家族の介護に頼れない状況もでてきました。高齢者夫婦の「老々介護」，軽い認知症同士の「認々介護」さえでてきています。ここでも日本政府の政策の立ち遅れがみられます。

国は子どもが介護のために離職するのを防止するために平成 3 年介護休業などの制度を準備をしましたが，期間・休業中の給与の負担などで利用者は少なかったといえます。関係者から北欧並みに全額公費で行う法の制定の要請がありました。しかし大蔵省（財務省）などの了解を得られず，厚労省は税ではなく，社会保険方式の介護保険法を制定しました（高野・佐野・伊藤『これでいいのか介護保険』エイデル研究所）。

（介護保険法と財政）

②　この法律は措置時代に国5，都道府県2．5，市町村2．5の財政を，介護保険料などで5割をまかない，国が2．5，都道府県と市町村が1．25と半額の負担にしたものです。そのため利用者の人数が増加すると保険料を値上げしたり介護報酬を下げたり，利用者の1割負担を2割，3割負担することにになります（拙著『措置と契約の法政策と人権』創風社）。この方式ですと国庫負担を増やさない限り利用できない人が増大します。

介護保険法制定のもう1つの動機として医療保険の赤字の救済（削減）がありました。介護保険前は高齢者のいる家族はかつての養老院（特別養護老人ホーム）に入所させるのを社会的体面から嫌悪して病院へ入院させていました。そのため病院の中には高齢者が7割前後になる老人病院が全国に沢山できました。この「社会的入院」のため医療費は高騰したとされています。老健施設などを医療保険の対象から除外し，介護保険の対象にする必要がありました。いうならば医療の赤字を介護保険がカヴァーしたことになります。また病気の末期の高齢者は病院で死を迎えるのではなく，老人ホームの「見守り」にしたのも医療費の削減と関係しています。

（介護保険の利用方法）

③　65歳以上の高齢者が介護保険を利用するには40歳以上の人が毎月5000円から1万円前後の保険料を支払うこと，要介護認定をうけること，ケアマネのケアプランにもとづいて介護サービスを（施設か在宅か）選択し，介護事業者と介護サービス契約を結び，要介護度に応じた1割負担をすることが原則です。また要介護の上限の5の人の中には6とか7に相当する重度の人もいますが，限度は5です。

要介護認定は身体が移動できるかが中心ですので，寝たきりの人は5，徘徊する認知症の人は2となったりします。しかし介護の実情を考えると寝たきりの人の介護よりは徘徊や暴言などを繰り返す人の介護の方が大変です。さらに施設介護の場合に要介護3と5で介護サービス（食事，おむつの回数）にどれだけの差が実際上あるかが不明確です。

いずれにしても日本の介護保険はドイツなどと対比しても今後も改定の要のあ

る制度です（ちなみに法は 3 年ごとの改定を予定していました）。現状はお金のある人には有利，ない人には著しく不利な法制度です。また国は要介護認定を厳しくして要介護 1 を要支援にしたり，特養ホームの入居要件を要介護 3 以上にしています。さらに近時，要介護 1，2 の事業を国から自治体に移管し，国の責任を軽減して，自治体の責任を重くしようとしています。その結果，財政力の弱い自治体の住民は十分な介護サービスを受けられなくなる恐れがあります。1 割負担のできない人や保険料の支払えない低所得の人は生活保護をうけない限り，介護サービスをうけられません（伊藤周平『介護保険を問いなおす』ちくま新書）。

　ところで措置の時代と介護保険が決定的に違うのは介護サービスは民々の契約となり，行政は住民の介護サービスの実施に原則として責任をもたなくなったことです。その意味で厚労省のいう「社会福祉基礎構造改革」は行政の役割を軽くし，利用者の負担を重くしたといえます。利用者が増加し財政が厳しくなると保険料を値上げしたり，要介護度 1 が要支援になったり，特養ホームは要介護 3 以上の人でないと利用できなくなるなどの改正がされています。

（行政の責任）
　④　前述したように介護サービスの契約は利用者と事業者間の「民々の契約」になったため，行政は市内の高齢者の誰がどこの施設や事業者と契約を結んでいるかを含めて把握しなくなりました。一人暮らしの人などの安否には行政はほとんど関心をもたなくなったといえます。まして貧しいために介護サービスを利用できない高齢の在宅の人の介護状況や安否などについて行政は把握しなくなっています（伊藤周平『介護保険』青木書店）。

　また貧しい高齢者 1 人の世帯では家族にも介護してもらえず，近隣の人の通報がない限り措置をうけられず，孤独のうちに死亡する人もいます（山口道宏編『無縁介護』現代書館）。

　介護の問題で行政が責任ある対応を迫られるのは，虐待の問題が発生したときが多いといえます。しかし，その虐待の発見と対応さえ，多くの市町村は社会福祉法人の地域包括支援センターにまかせています。そのため行政によっては「やむををえない措置」を発動してよいかどうか，どこの老人ホームのベッドが空い

ているかの情報と対応能力に欠けるところが多々でてきています。

　また政府は老人ホームなどの施設介護に費用がかかることを理由に，「施設から在宅へ」を提唱しましたが，24時間の在宅介護をうけるには施設の数倍のヘルパーなどの費用負担が各個人にかかるため，多くの人は施設介護を望んでいます。そのため老人ホームに入所できない人は数年間自宅などで待機させられているのが現状です（拙著『介護保険法と老人ホーム』創風社）。

(7) 社会保障の財源と税制問題

（財源をめぐる問題）
　①　社会保障は言論・出版の自由や思想の自由とは異なって国による財政支援が不可欠です。そのためか政府やマスコミはさかんに財源との関係で高齢社会危機論を展開しています。つまり，高齢者が増加し，生産人口や納税者が減少するならば財政が破綻するというものです。しかし，この人々は防衛費を平気で聖域としているため「防衛社会危機論」を全く主張しません。

　そこで憲法に照らして社会保障の財源のあり方と国の防衛費優先の主張の誤りについて検証をします（神野直亮『財政のしくみがわかる本』岩波ジュニア新書，湯本雅士『日本の財政はどうなっているのか』岩波書店，斉藤愼・山本・一圓編『福祉財政論』有斐閣）。

（財源について）
　②　社会保障の財源の問題についてまず２つの視点から検討します。１つは国の予算の中での優先順位の問題です。もう１つは税制のあり方の問題です（三木義一『日本の税制 新版』岩波新書，井出英策『日本財政・転換の指針』岩波新書）。

（優先順位について）
　(ｱ)　戦後の日本は軍国主義国家から福祉国家となりました。そして軍事力を保持せず国民生活の安定を第１とする国として出発しました。そうだとすると国の予算は国民生活の安定と幸福のために策定するのが第１です。具体的には治山・治水などを含めての自然災害から国民の生命と暮らしを守ることであり，社会保

障を通じて国民の健康で文化的な生存を確保するために予算を使用することです。

　現在国が行っている産業界への各種の補助・助成や海岸の埋立などの景気対策のための土建国家ともいうべき公共事業は前記の自然災害からの国民の生命と生活の防禦と社会保障の重要性からみるとはるかに後順位です。まして冷戦終了後の今日，防衛力の強化の問題は専守防衛を是とするにしても著しく後順位です。しかるに現状の国の財政の優先順位はこれが逆転しています。ちなみに軍事力の強化をさけぶ人は常に「仮想敵国」を作り，危機をあおっています。

　マスコミは生活苦で高齢者が自殺したり，一家心中する話は取り上げません（全国「餓死」「孤立死」問題調査団偏『餓死・孤立死の頻発を見よ』あけび書房）。それでいて防衛費の増額のための口実に，北朝鮮のミサイル発射をＮＨＫをはじめとしてマスコミは「臨時ニュース」で毎回取り上げています。しかし，ミサイルが日本海のどこに落下したかの特定さえ国はできていません。軍事大国化を志向する北朝鮮は特定の権力者の保持のため，多くの庶民の生活は困窮しているとされています（北朝鮮研究学会編『北朝鮮はいま』岩波新書，平井久志『北朝鮮の指導体制と後継』岩波現代文庫，東京新聞社会部編『兵器を買わされる日本』文春新書）。また米韓の合同演習のミサイル発射にマスコミは詳しくふれません。

　いずれにしても日本の政治家，官僚，財政学者らは前記の財政に関する憲法上の優先順位の考えが欠落しています。そのため社会保障のことになると徒に財源を主張したり，「社会保障と税との一体改革」と称して社会保障の削減に力を入れています（武田宏『高齢者福祉の財政問題』あけび書房）。

（税制について）
（イ）　次に税制の問題です。
　社会保障は所得の再分配を基本とします。国民の自由と平等の視点から税金の公平な徴収は極めて大切です。

　経済大国となった日本にあっては，税負担でいえば法人の支払う税金の方が個人のそれより巨額になるはずです。法人は自動車工場や家電製品の工場やビルの工事現場を例にあげるまでもなく，機械化やロボット化，そしてＩＴ化が進行し，

少ない人数で24時間フル稼働をし，巨額の生産と利益をあげています。マーケットも国内だけでなく，世界各国です。トヨタやソフトバンクは二兆円の利益をあげていると報じられています。

また銀行やトヨタなどの大企業は赤字があれば原則として法人税を支払う義務がありません。単年度で黒字を出しても累積の赤字を活用すれば，大企業は法人税を支払うことなく推移することができます。つまり大企業は国から多額の助成をうけているのに，あれこれの名目で低い税金しか支払っていないのが実態です（富岡幸雄『税金を支払わない企業』文春新書）。

さらに日本の大企業の役員は中小企業のトップと異なって，銀行から連帯保証人になることを求められません。そのため大企業のトップは経営に失敗しても個人として銀行の借金を支払うことはありません。その意味で大企業の経営者は中小企業の経営者に比較すると気楽といえば気楽です。それでいて大企業のトップは高額の報酬をとっています。

また国は東京電力に3．11のフクシマの原発の放射能モレに関して数兆円ないし10兆円近くの支援を今日も続けています。東電が日航と同じように赤字であったならば破産申立すればよいことです。しかし銀行の利息収入と収益に配慮し，国は東電に対し破産申立を指導していません。

東電の不始末に対し国民の税金を惜しみなく国は使っています。いうならば東電は多大の被害を国民に与えながら，その被害者の国民の税金で補償をするという大企業ならではの奇妙なことが行われています。そのため，東電は今回の事故の対応・補償などは基本的に国まかせであり，他人事のような対応をしています（日野行介『原発棄民』毎日新聞出版，小森敦司『原発時代の終焉』緑風出版，添田孝史『東電原発裁判』岩波新書，一般財団法人日本再建イニシアティブ『福島原発事故独立検証委員会・調査・検証報告書』ディスカヴァー，一般財団法人アジア・パシフィックイニシアティブ『福島原発発生事故10年検証委員会』ディスカヴァー）。なお2022年7月13日に東京地裁は株主代表訴訟で4人の東電の元幹部に13兆円の損害賠償を命じました。

（負担を回避する人々）

③　ところで税制の不平等に関しては他に重要なことが4つあります。

1つは国際課税をめぐる問題であり，もう1つは法人税の度重なる値下げであり，3つは消費税の増税です。そして4つは富裕層の税逃れです。

（国際課税の問題点）

（ア）　グローバル経済とIT化に伴って，国際化時代の今日，製造業の多くは賃金が安い中国，タイ，ベトナム，ミャンマーなどに製造の拠点を移しています。そのため国内の産業は空洞化しています。例えばタイやミャンマーで災害や政変があると，部品が入手できず日本のメーカーは完成品が作れません。新型コロナのとき，マスクを生産していたのは中国です。国内に製造拠点がなく感染拡大を許しました。それなのに感染防止に役立たない「アベノマスク」のような布マスクに政府は約450億円ほどを投下したとされています。しかも，このマスクは欠点だらけの商品であり，急場しのぎにも役立たず，返品の山であり，在庫管理に巨額の金がかかっています。いかに政府が感染症の専門的知見もなく場当たり的にコロナに対応をして無駄遣いをしているかは明らかです。450億円の金があれば多くの人々が医療や生活保護を安心してうけられます。

また近時，インターネット関連のアマゾン・ツイッターなどの巨大IT企業は，税を不当に免れているとされて国際的に問題となっています（諸富徹『グローバルタックス』岩波新書）。いずれにしても国際課税の問題は日本の税収源をなくすとともに，課税逃れの可能性が常にあるのが実情です。

（法人税の値下げ）

（イ）　法人税は数千人，数万人の労働者が稼いだ企業の利益に課税するものです。その金額も巨額です。日本は国際競争力を高めると称して，この30年の間に法人税をほぼ半分近くまで下げています。この税収減は社会保障の源資を危うくしています。また3.11の復興税は個人はいまでも徴収されていますが，法人は数年で廃止です。明らかに法人優遇です。選挙権のない法人が税金を軽くされ，稼ぐ力のない高齢者の負担が重いというのはあまりにも理不尽です。そのためか近時，世界各国で法人税の下限を定めようとしています。

（法人税と消費税の関係）

④　国は法人税の下げた分の税収を消費税でカヴァーしています。このことについて少し述べます。

　岸田首相は 2021 年 10 月 12 日の国会で消費税を 5％に下げるべきではないかと質問した野党に対して，消費税は社会保障の充実のために必要だから応じられないとしています。

（ア）　しかし当初の消費税はガソリン税などのような目的税ではありませんでした。使途には限定はありませんでした。実際，竹下内閣の消費税導入時には数％しか社会保障のために使っていない旨が報告されています。現在でも消費税の中から道路や防衛などのために多額の支出があります（伊藤周平『消費税が社会保障を破壊する』角川新書）。

（イ）　日本の消費税の導入は直接税と間接税の是正（間接税の値上げ）にあって社会保障の財源は関係はありません。それなのに政府は強引に社会保障と結びつけてきているに過ぎません。今日では 3％，5％，8％，10％と値上がりしていますが，その値上がりの時期と法人税の値下げが事実上連動していることに注目すべきです。

　法人の便益のための税の値下げで失った税収を一般国民の負担の消費税でカヴァーしているのが現状です。（なおその後，消費税の一部は社会保障の財源にする旨の改正がされました。）

　消費税は低所得の高齢者ほど負担が重いといえます。そのため消費税が社会保障のために不可欠だという国の主張は十分な説得力をもっていません。

（ウ）　また消費税は日本国内の消費にかかる税です。それゆえ自動車産業のように輸出型の企業は消費税の戻り分で巨額の利得をしています。ちなみに自動車などの高級品にはかつては物品税がありました。が，しかし，消費税は物品税に比べて安いため販促の視点からも企業は消費税にウェルカムです。

　以上のようにみると消費税で利得しているのは輸出型の大企業であり，苦しんでいるのは所得の低い人々です。

（金持ち優遇）
　⑤　以上みたように現在の税制は明らかに法人と金持ちを優遇して社会保障の財源を奪っています。近時，企業や個人の富裕層は税金の安い租税回避地の国などに本社や住居を移して税逃れをしています（志賀櫻『タックスヘイブン』岩波新書，上村雄彦『不平等をめぐる戦争，グローバル税制は可能か』集英社新書）。この人々は国や財界などのリーダーとして発言力をもっています。例えばわかっているだけでも，アップル，ナイキ，そしてソフトバンク，商船三井，東京電力，住友商事らがそれです。パラダイス文書がそのことを暴露しています（奥山俊光『パラダイス文書』朝日新聞出版）。

　また格差社会の金持ち優遇の象徴である有価証券などの売買や金融取引について，他の税金などよりも国は著しく低額にしています。つまり国は金持ちをいろいろ優遇をしています（ケネス・ジーヴほか『金持ち課税』みすず書房，エマニュアル・サエズ／ガブリエル・ズックマン，山田美明訳『つくられた格差』光文社）。

　私は勤労者個人の所得税はある程度低い方がよいと思いますが，大金持ちや不労所得に近い金融取引には多額の課税をすべきだと思っています。

　岸田首相は金融取引の課税を見直すとして自民党の総裁選に立候補しながら，総理になるとその公約を簡単に「消して」います。自民党は普通のバランス感覚をもっている人を権力者＝政策決定者につけない集団であることを示しています。

　上記の経過から判明することは社会保障の財源がないのではなく，国が財源の法人税や金融取引の税を軽減し，国民に生活できる年金などを支給する気がないだけです。はっきりしていることは，社会保障に使う財源がないのではなく，政府が出す気がないだけです（小越洋之助ほか『年金の根本問題　その解決の道を考える』あけび書房，成瀬龍夫『国民負担のはなし』自治体研究社）。それでいて政府は 100 年安心とか「持続可能な」社会保障と広言しています。政府や官僚は社

会保障予算は毎年増額していると称していますが，それは高齢者などが増大することに伴う自然増にすぎません。

（何故，法人・金持ちを優遇するか）

⑥　小泉，安倍，菅，岸田の各内閣はこの20年表面上は財政再建を掲げて社会保障予算を毎年のように減額しています。それでいながら，毎年巨額の赤字国債を政府は発行しており，予算は膨張を続けています。その使途は無駄な公共事業と産業界への巨額助成，そして防衛費の増額が中心です。また証券市場への支援です。巨額の赤字国債は子孫に重い負担を残すものです。政治家は財政赤字を先送りをしないと述べながら平然として赤字を増大しつづけています（加藤・小林編『財政と民主主義』日本経済新聞出版社）。

（ア）　ところで自民党が法人優遇と金持ち優遇，そして格差政策に固執しているのは，3つの理由があります。

1つは今日の経済は個人ではなく法人，とくに大企業が動かしていること，2つはその法人に多額の補助をする代わりに政治献金と選挙の票をもらっていること，3つは格差をつづけることによってガンバッタ人はそれだけ多くの収入が，そうでない人は個人の努力が足りないということを国民に印象づけるためです。しかし大企業や株の売買などの投資家だけが富裕になっても，多数の国民が貧困へ転落したならば，ガンバル気力もなくなります。

高齢者はガンバルにも体力，気力そして仕事もありません。

社会にはどんなに個人がガンバッテも失業，病気，労災などがあります。そんなときのために社会保障があります。これは人類の英知が生み出した制度です。それなのに現在の政府は英知を軽視して金持ちを優遇しています。政府は過労死した人，孤独死した高齢者，認知症の人，原発で10年以上故郷に帰れない人の姿と顔が見えていないのかもしれません。

（イ）　産業界は国から多額の助成を受けながら支払う税金を赤字を口実に支払わなかったり，証券取引のように安い税金しか支払わないのは企業市民としての義

務を果たしていないことです。法人であれ，富裕層であれ，自分だけ利得するのではなく，市民として支払うものは支払うべきです。

　かつての財界人の多くはオーナーであり，この人々のなかには大原美術館やサントリー美術館，出光美術館，石橋美術館などの美術館を作った人がいました。しかし，今日の財界人はサラリーマン重役であり，資本金はほとんど出していません。この人々は自分の任期中の企業収益と自己の報酬の確保に大きな関心があるようにみえます。つまり，企業が社会の1人として存在していることを忘れて年間数億円の報酬の確保には熱心な人です。そのため企業収益をあげるために便利な低賃金を維持し，非正規労働者の増大と法人税の軽減，株価の維持，産業界への助成に多大の関心がある人です。企業収益に圧迫をもたらす法人税や社会保険料の値上げや社会保障の推進には反対ないし極めて消極的です。

　以上のように考えると，財界人なる人々の財政と社会保障に関する発言には「慎重に」対応すべきことが多いといえます。

　(ウ)　また巨額の利益をあげている法人が，政権の力や国際課税，そして租税回避地を利用して「合法的」に脱税に近いことをしているのは問題です。

　法人（企業及び宗教法人）は国民主権の下では選挙権はないのに政治に大きな力を発揮して政治を歪めています。とくに宗教法人の人々は日本会議を作って政治への圧力を強めています（青木理『日本会議の正体』平凡社）。そのことの異常性をマスコミや有識者はほとんど指摘しません。選挙権のない法人が政治に口を出すのは明らかに民主主義をゆがめる不正常なことです。いま社会問題になっている旧統一教会は国会議員へいろんな形で働きかけ，国の政策に影響を与えようとしていることが報じられています。

　2022年9月6日の朝日新聞は，租税措置特例法で税が優遇されている国の税の減収が少なくとも年8兆円になると報じています。企業の研究開発費，金融所得，住宅ローンなどが多いのですが，その実態は大企業，富裕層に偏る恩恵だとしています。汗水垂らして働いた人には重税で，株の売買や富裕層には軽い税金というのは明らかに不公平です。富裕層などの人への現在の8兆円を貧困者，年金，

58

介護に回すならば日本の社会は少しはよくなります。

　（エ）　これらの不公正を是正する力をもつのは企業に従属しなくてもよくなっ
た定年退職者です。定年後の高齢者は公民として積極的に政治に関与して行動す
べきです。そして志の低い政治家や自己中心の財界人の言動にふりまわされるこ
となく，これまでの体験に照らしてものを言うべきです。それには定年退職者は，
これまでのような「見ざる，言わざる，聞かざる」の企業社会の弊害の「垢」をしっ
かりと洗い落とし，社会正義と公平を実現する社会をめざすために尽力すること
です。

第3章　40歳から64歳の生活が定年後の生活を決める
—— 経済的・精神的・文化的財産の貯蓄を ——

（1）中年時代の過ごし方

（中年時代の特徴）

①　40代後半から60代前半にかけての中年時代は多くの課題をかかえる時です。それでいて定年後への，いわば橋渡しとなる時期でもあります。幾つか例示してみます。1つは夫婦で中学・高校の子育てをいかにするかです。2つは40代後半から，いくらの金額の住宅をどこの場所に購入するか，3つは父母が要介護状態になり，父母の介護にどのような形で関与するかです。その4は老後の預貯金をいつから，いくらを目標とするかです。ただこれまで多くの人々は，定年後の関心といえば年金，預金などの経済生活を中心に考えがちでした。確かに日々の生活は衣食住を成立させる経済生活の充足があって初めて可能です。それゆえ定年後に備えての資産形成は老後を生きるために重要です。

しかし，中年時代の重大な役割は，定年後の30年を何をして過ごすのかの生活設計をどう構築するかです。日々の時間を有効に活用して自分の本当にやりたかったことの準備をする時が中年時代です。

さらに，人生100年時代を迎えての中年時代のもう1つの重要性は，前述の住宅を新築したり，子育てをしたり，貯蓄などに限定されません。それと同程度に大切なのは旅です。そして芸術・文化などや，友人・家族の思い出などのお金では買えない精神的財産をどれだけ多く蓄積するかです。それの有無・程度は老後を楽しくかつ有意義に過ごすかの1つのバロメーターになります。

他方，企業人の長い人生，いろんなことがあります。40代から50代にかけての中年時代は企業の管理職になり，仕事中心の生活になりがちです。そのためややもすると，家庭生活を犠牲にしがちなため，夫婦・親子の間でトラブルが発生

する場合があります。また仕事の関係も順調にいけばよいのですが，そうではないことが多々生じるのが企業人の人生です。一流企業の部長や執行役員に40代でなったのに，トップの不祥事にまきこまれて50代で地位を失った人もいます。そうかというと最近の銀行や生保・損保のように合併などがあって全く企業風土が異なる企業となり，退職せざるをえない人もいます。前記のことは仕事が生きがいと考えている人への警鐘でもあります（内橋克人ほか編『会社人間の終焉』岩波書店，リスク・ディフェンス研究会編『ファイル 企業責任事件Ｖｏｌ．2』蝸牛社，佐高信『企業と経済を読み解く小説50』岩波新書）。

　（大事にしたい家族との時間）
　②　定年後に充実した生活をもつには，夫婦・親子の関係や自分の日常生活が団欒や潤いがある生活であることです。それぞれが自分の趣味をもち，地域社会などで活動したり，休日に映画や芝居などを観たり，お茶を飲みながら2人で話し合う時間を大切にすることです。それぞれが話題を多くもつことです。

　また個人としては勿論，友人らと芸術や文化，旅行や登山，スポーツなどの趣味をもっているかが問われます。例えば家族や友人と，かつての三大テノールやフジコ・ヘミングのピアノ鑑賞，国内外の美術館めぐり，地産地消の食材を使った料理，スポーツでいえば大相撲，箱根駅伝，テニスの4大大会，4年に1度のオリンピックやワールドカップのラグビーやサッカーなどの観戦は現在及び「老後」の生活を豊かにします。ロータリークラブやボーイスカウト，そしてＮＰＯなどを通じての社会貢献は，普段の仕事では出会わない人々と一緒に諸問題に立ち向かう楽しみを味わうことになります。

　前記の団欒や潤いのある生活スタイルや社会貢献は，退職後に突然できるものではありません。中年時代の延長としてリタイア後の充実した生活があります。

　ところで中年時代は住宅や家電製品，車などや子どもの教育ローンというように，人生の中で最も支出の多いときです。この時代に，背伸びした横並びの欲望を満たす生活をすると，病気などの事故が発生すると躓いたり，人生が暗転することがあります。その意味で，あれば便利なものは買わず，収入に見合ったゆとりのある生活を心がけることです。いらないものまで買っていると，定年時には

退職金以外に預金がほとんどない生活となります（ジュリエット・B・ショア著森岡孝二監訳『浪費するアメリカ人 なぜいらないものまで欲しがるか』岩波書店）。

「生活は質素に，志は高く」の目的意識をもった中年時代の生活を心がけることです。戦前の日本人は国から滅私奉公を強要されたこともあって，戦後は他人のために献身的に尽くす人が著しく少なくなっています。大切なことは仕事を通じて，何をするか，家庭人としてどう生きるか，地域社会の一員としてどんな生き方をするかの指針をもつことです。そして長生きすればするほど人間性に深みがでるような生活をすることです。公と私をバランス良く生きることです。

ところで中年時代の支出で優先順位をあえてあげると，子どもの教育費，住宅の新築・購入，旅行，芸術・文化の観賞，老後の資金の貯蓄ではないかと思います。私立の中・高・大に入ると年間80万ないし100万円の支出がかかります。家を購入するとなれば毎月10万円ないし15万円が必要です。老後のための貯蓄は月5万円が必要です。そのため教育費は30代から，家の費用は40代から，老後の金の貯蓄は40代後半から取り組むことです。

また住宅は夫婦の生活の時間と期間を中心に考えることです。子どもと一緒にいる期間はせいぜい20年前後です。これに対し夫婦の期間は50年前後は続きます。夫婦の時間を重視したスタイルをすることです。
例えば夫婦で近隣を散歩したり，地域や学校の行事などに参加して友人を増やすことです。たまには2人で旅行に出向いたり，親しい友人・知人とお茶や食事をする時間をもつことです。

いずれにしても中年時代の生活のあり様は，老後に備えての精神的「貯蓄」となります。中年時代に経済的財産は勿論，精神的財産を自分のタンスの中にどれだけ増やすかです。

またリタイア後の夫婦の老後の生活のありようは，40代後半から50代前半の2人の過ごし方が左右するといえます。「フロ，メシ，ネル」の会話しかない夫婦や子どもの学校の成績しか話題にならない親子の間では，退職後に会話が突然活

発になるわけではありません。

（人生を楽しむ）

③　他方，人生はお金で買える楽しみが多々あります。40代の連休のとき弘前の桜，そして角館の桜，吉野の千本桜の見学へ出かけるのもよいと思います。また夏には上高地や乗鞍へ出かけると快適な気分になります。秋には京都の紅葉が楽しみです。

また島根の足立美術館，奈良や京都の博物館，九州の陶磁器の博物館，久留米の旧石橋美術館，長野の碌山美術館や北沢ガラスの工芸館や箱根のガラス工芸などの美術館，ポーラ美術館，酒田の土門拳の写真館などへ出かけると心が洗われます。そして時には青森のねぶた，仙台の七夕などの東北三大祭，富山の八尾の「風の盆」，京都の祇園祭，徳島の阿波踊りに出向くと強い印象が残ります。また長野の諏訪神社の7年に1度の「御柱祭り」や長崎の諏訪神社の7年に1度の「こつこでしよ」の神輿は，その時季がくるのが楽しみになります。

（夫婦での旅行）

他方，多少お金にゆとりのある50代に，夫婦で少しぜいたくな温泉旅行をするのもよいと思います。例えば箱根の宮ノ下の富士屋ホテル，日光の金谷ホテル，伊勢志摩の志摩観光ホテル，奈良の奈良ホテル，和倉温泉の加賀屋などでは，料理を含めて後々まで思い出となります。各ホテルで帰りにホテルのパンやジャムなどをお土産に購入し，自宅で食するのが楽しみです。また盛岡でわんこそばを食べたり，京都では河原町の林万昌堂の甘栗や錦市場で漬物を買うのが楽しみであったり，金沢の近江町市場で新鮮な魚貝類や五郎島金時も楽しみです。長崎へ旅行したときはカステラ屋さんを5，6軒まわって食べたり，高松ではいろんなうどん屋，とくに倉庫みたいな店でネギを持参して食べるのも思い出に残ります。

また50代後半から60代始めは体力もまだあるので，少し遠いところへ出向くことが可能です。例えば陶器の好きな人は5月の連休のときの益子，多治見，信楽，伊賀上野，萩，有田や九谷などへ出かけて，作家の工房を訪ねるのも楽しみです。弘前，二戸（浄法寺），村上，木曽，輪島，高松，出雲などの漆器の産地を訪ねるのもよいかも知れません。人間国宝の作家などに聞くと，陶器や漆器は観るので

はなく買ってもらわないと職人の腕が落ちるので，是非買って使ってほしいと言っています。

　そうかといえば『奥の細道』のコースで中尊寺の光堂に行ったり，山形の山寺の中には子どもを早く亡くした人の思い出がつまっている寺もあります。鳥海山のふもとの象潟などを訪ねて奥の細道の時と今日の地形の変化の違いを知るのもよいかと思います。映画の寅さんシリーズの撮影地の伊根や竜野へ行ったり，司馬遼太郎の『街道をゆく』の国内の道やイサバラ・バードの『日本奥地紀行』や，田山花袋の『温泉めぐり』（岩波文庫），有吉佐和子の『日本の島々，昔といま』（岩波文庫）の旅もよいかも知れません。

　また美味しい食材を求めての旅もよい思い出です。九州の唐津で食べた呼子のイカ料理，富山湾のブリやホタルイカ，白エビ，下関の春帆楼や臼杵の山田屋の「フグ」，北海道のサッポロビール園のジンギスカンとビール，増毛のボタンエビ，オホーツクのタラバガニなどを食すると身体全体に血が充満し，生きている実感を味わえてます。

（寺参り）

　さらに四国88ヶ所や西国33ヶ所の寺を何回かに分けて巡るとよいかもしれません。高野山の宿坊に泊まって奥の院を早朝に歩くのもよいと思います。女人高野の室生寺の階段をのぼって土門拳の好きな五重塔をみたり，山上の景色をじっくりとみるのも素敵なことです。ただ山上にあるお寺（例えば羽黒山）は階段が多いので60歳前後までに出向くとよいといえます。なお長野の諏訪大社に参拝した帰りに新鶴の塩ヨウカンを買ったり，旧片倉工業のプールみたいな温泉に入るのも楽しみです。

　他方，退職後に国内外をゆっくりと旅行したいと思っても，50代で本人が病気や事故などでできなくなる時もあります。中には家族の中に大病をする人もでてきます。本人及び家族が元気で定年を迎えるということは，すべての人ができることではありません。それゆえできるときに，できることを行うということが大切です。いまを生きることの連続のうえに定年後の文化的で豊かな生活があるといえます。

64

（自問自答のとき）

④　ところで40代，50代は企業や社会の中のリーダーとして活発に活動するときです。仕事に満足している人もそうでない人も，自分の人生はこれでよいのか，もっと違う生き方があるのではないかという自問自答する時です。子どもの時に読んだ野口英世やガンジーなどの生き方，そしてキング牧師が35歳でノーベル賞を受賞したことと現在の自分の生き方の落差の大きさに，これでよいのかと考えざるをえないときが頭をもたげる時でもあります（ケン・ベラー・ヘザーチェイス『平和をつくった世界の20人』岩波ジュニア新書）。

　また3．11の津波とフクシマの原発の避難の人々の深刻な状況をみて，自分はいまの仕事を続けていてよいのだろうかとの内心のうずきみたいなものを抱えるのが中年時代です（創風社編集部『震災の石巻―そこから』創風社，豊田直巳『福島 人なき復興の10年』岩波ブックレット）。前記の，ある意味では正常な疑問点を大学ノートなどに記述し，それを定年後の生活にどう生かすかのヒントにすることです。定年はパンのことを心配せずに，自分がやりたかったことをできる時です。

　他方，30歳で没した青木繁が『海の幸』などの秀れた作品を発表し，28歳で死去した細井和喜蔵が『女工哀史』や『奴隷』（いずれも岩波文庫）を発表し，45歳の自分は何を残したのかの不安をおぼえます。また学生時代に漱石の『三四郎』や『心』などを読み，その後，山本周五郎の『さぶ』『青べか物語』などを読んだ文学青年であった自分が，企業に入社後は忙しくてほとんど小説を読まない，映画も観ない人になっていると心の渇きを覚えます。このまま歳をとっていくことへの不安といらだちさえ持ちます。いくらパンのためとはいえ企業や上司の指示に汗水たらして働いて，いったい何が自分に残るのかという気持ちをもった状態でいつも過ごしていてよいのか。自分にはもっと違うことが，例えば好きなことをやりながら，それが社会のためになることがあるのではとの疑問をもつのが中年時代です。その悩みを定年後にどう解消するか。それを考えて生活することが重要です。

（2）仕事の位置づけと個人・家族の生活

（老後の不安と仕事）

①　日本人はかつて「エコノミックアニマル」とか「働き蜂」とか言われたものです。これは家庭，地域社会を軽視し，芸術や文化を楽しむ時間をもたないでひたすら働き続ける生活状態を指しています。

評論家や政治家は日本人は勤労意欲が旺盛で勤勉な民族だと称していました。そのような側面があるのは否定しません。しかし日本人の勤労意欲が旺盛なのは，老後の不安があることも大きい要因です。

少しでもよいポストを社内で得て高い給料をとって「ウサギ小屋」といわれる住宅から脱却したり，老後の預金と退職金を増やして安心して老後を過ごしたいとの気持ちが勤勉さの底流にあることを評論家は故意に看過しています。多くの人は病気や老後に備えて預金をしたいとの気持ちがあるから懸命に働くのです。

ところで政府が生活の安定の要の年金の充実について消極的なのは，年金・医療・介護などが充実したならば，現役の人々は老後に備えて一生懸命働かなくなるとの懸念を強くもっているからです。低福祉・高負担の社会保障（マスコミはこれを「持続可能な社会保障」といっています）ならば老後の不安があるため，経営者の指示・命令に忠実に従って労働者は懸命に働かざるをえないだろうとの思惑があります。

いずれにしても日本人の勤労意欲を看板どおりには受けとめてはいけないことをこの機会に知るべきです。

この点，社会保障を充実させて仕事は勿論，文化，旅行，余暇などを楽しんで「いまを生きている」西欧の人々と，日本人のゆとりのない働き方に相当違いがあります。西欧の人はスポーツや芸術・文化を楽しみ，夏の20日ないし1ヶ月のバカンスのために働いています。このバカンスは日常と違う非日常の生活を過ごすこともあって，一年の生活の中ではバカンスは重要な意味をもっています。

　仮に日本でも住宅と教育，年金，医療の社会福祉と社会保障が西欧のように充実していれば，休日は勿論，平日の夜も夫婦，家族でゆっくりと食事をしたり，夜は芸術・文化を楽しみ，各種スポーツの中継を楽しむことができるようになるかと思います。週末や休日には近隣の街への旅行，ハイキング，都心のレストランで食事をしたり，上野や竹橋などの美術館などに行くことが可能となるはずです。

　また地域の人々と合唱を楽しんだり，俳句の会で楽しむ人も増えるはずです。企業社会の仕事一筋の生活は，日本人からゆとりと家庭の団欒の時間と地域の文化を享受する機会を奪ったといえます。

（仕事の位置づけ）
　②　そこで日本人が仕事をどう位置づけているかについて考えてみます。日本のサラリーマンの多くは企業（役所を含む）に身も心も捧げる生活をしています。そのため多くの人は自分の生活と家庭を犠牲にしています。早朝出勤し，夜遅く帰宅します。時には土・日も出勤したり，会社仲間とゴルフ，旅行をしています。このような会社中心の生活は，先進国ではありえないことです。端的にいえば自分の人生における仕事の位置づけと家庭の関係がないことです。

　今日の企業社会の下で，長時間労働，残業の連続で身体をこわしたり，精神病になり，過労死する人さえいます（森岡孝二『働き過ぎの時代』岩波新書）。何故そんなにしてまで日本人は会社に身も心も捧げるのかです。別言すると企業は夫婦・親子のことをなんと考えているのかです。この分析は容易ではありません。

　1つは賃金が低く，残業代で生活をする必要があることです。他の1つは社会保障には頼れないので老後の生活に備えて預金をする必要があるからです。しかし，長時間労働の生活スタイルは老後になる前に倒れたり，パートナーや家族との関係が稀薄もしくは疎遠になります。端的にいうと日本人の多くは企業（仕事）と個人・家庭の距離のとり方が極めて不得手です。

　学者や芸術家などの自由業，オーナー企業の経営者ならば，仕事自体が本人の

生きがいであったり，社会貢献の道であることがあります。しかし圧倒的多数の
サラリーマンは企業の指示・命令で働く存在です。パンのために生きています。
バブルの崩壊や2008年のリーマン・ショックのように，企業が業績不振になれば，
それまでの功績とは関係なくリストラの対象になります。

　また近時の生保・損保，銀行のように合併がされると，ある企業の部門で優秀
であった人も，合併後は不要な人材となります。いずれにしても企業は営利を追
求する場です。営利追求に不要な人材を企業がカットするのはある意味では当然
です。そこに人生のすべてを賭けるのはあまりにもリスクが大きいといえます。

　まして定年になるとどんなに優秀な人でも65歳ないし70歳で不要となります。
その点で終身のパートナーである家族とは明らかに違いがあります。そうだとす
ると家族の生活を第1に考える仕事のスタイルに転換しないと，健やかなときも
病のときも家族を成立させ，人生100年時代を乗り切れません。

（仕事と立ち位置）
　③　そこで改めて長い人生の中における仕事の立ち位置について考えてみます。
　(ｱ)　仕事は衣食住の生活を満たすために大事です。また人は仕事を通じて自分
を高めたり，社会貢献ができたり，人間のいろんな欲求を実現できます。しかし
仕事が大事だといっても冷静に企業と個人の関係を観察すると，個人がどれだけ
社会に役立っているか不明なことが多いといえます。例えば最近20年前後で，マ
スコミで報じられた例でも銀行の貸しはがし，オリンパスなどのパワハラと公益
通報の問題，日産，神戸製鋼，スバル，三菱自動車，三菱電機，日野自動車のよ
うに検査その他で不正があったことが報じられています（2022年の8月22日の
ニュースでは，日野自動車は国の検査で不正が発覚し，全車種を出荷停止にした
旨が報じられています）。そのような不正の手助けや隠蔽の努力がどれだけ社会的
に意味があるかです。

　金儲けの欲望のためには不正もいとわないという企業のトップに是非，木下順
二の『夕鶴』を読んでもらいたいと思います。運ずと惣どにそそのかされる「与
ひょう」の苦しみ，助けられた恩返しに機を織る「つう」のやさしさと愛情の深さ，
そしてつうを失った与ひょうの悲しみをじっくりと味わってもらいたいと思いま

す。

　世の中には金儲けの欲望より大事なものがあることを是非，企業人に理解してもらいたいと思います。この本は日本人が失いつつあるものを見事に描いています。

　また東芝のように「不正会計」が「発覚」するまでの間，あるいは公認会計士に指摘されるまでの間，社員はどんな気持ちで仕事をしていたかが問われるべきです（今沢真『日産・神戸製鋼は何を間違えたのか』，同『東芝不正会計』いずれも毎日新聞出版）。

　（イ）　月間のノルマなどを達成することは企業と個人の成績になっても，その尽力が社会のために役立っているとは限りません。これまで私が関与した人や見聞した人の中には社会問題化した証券会社，銀行，生保，損保，郵便局，ゼネコンなどの社員がいましたが，これらの人々の中には，ダーティの仕事をし刑務所の塀の上を歩くような危うい仕事に従事させられていた人が少なからずいました（細野祐二『会計と犯罪』岩波書店，佐藤章『ドキュメント 金融破綻』岩波書店，奥村・佐高『会社事件史』七ツ森書房，大武泰南『証券会社が敗訴するとき』ダイヤモンド社，チームＦＡＣＴＡ『オリンパス症候群』平凡社）。

　（ウ）　さらに大企業の役員の特別背任事件や不祥事を担当していると，役員や部課長の中には一流大学を出ているのに「太鼓持ち」か「男芸者」並みの人がいました。「ああは生きたくない」との見本の人を少なからず見ました。この人々は「逞しい」生き方をしていますが，そこには一片の誠実さもみられません。この人々は何が楽しくて働いているのか，そして家族にどう仕事を説明しているのかと考えざるをえません。

　（エ）　企業の幹部の中には社会の常識，倫理観からみて許容できない人がいます。例えば2022年4月19日ごろ報じられた牛丼の吉野家の常務が早大で講演した，田舎から出てきた生娘を牛丼であたかもシャブ漬けにするとの発言や，ある会社の在日コリアンへの差別発言がそれです。

（オ）　数年前の関西電力の幹部らが原発立地の元助役から「脅されて」金品を受領したとする「奇妙な弁解」などは一般人には全く理解できないことといえます。

（カ）　四大公害裁判のチッソは労使一体となって水俣病の患者を会社の門前から暴力的に排除しました。

また私が関与した事件では，少数派の第1組合員を多数派の第2組合員が会社の指示で正門前で暴力をふるって脱退させる，退社を迫るということがありました。そのため行方不明の人や自殺者さえでました。前記の各行為は，いくら「会社のため」とはいえ人間としての倫理観と自立性を失った恥ずべき行動です。そして人間は保身のためならば反社会的な行為をする集団であることを示しています。

（パンのための仕事の意味）
④　以上の（ア）（イ）（ウ）（エ）（オ）（カ）の例は，企業に個人の生活のほとんどすべてを捧げることへの根本の疑問を示しています。これらの不正な行動は企業のためになっても，個人や社会のためにはなりません。まして人から正義感をなくする行為は，家族や子どものためにもなりません。記者会見で頭を下げるトップの姿を見て社員と親族は泣いています。

人はパンのみに生きるにあらずが真実のように，「衣食足りて礼節を知る」も事実です。少しは豊かになったのですから，不正に関与したり，企業に滅私奉公に近い生活はやめるべきです。

企業ぐるみで不正を行っているとき，それに加担しなければ社内では白眼視されるかも知れませんが，これでは子どものいじめに加わるのと同じです。逮捕・起訴されたり，懲戒処分を受けることに比べれば白眼視を気にする必要はありません。多くの人々は上司から会社から指示されて前記の暴挙をしただけだとして，自己の責任を正面から認めようとしません。

また不正をした企業の中には平気で，その後もテレビでCMを流しています。社長の謝罪の言葉は口先だけで反省のかけらもみられない企業があります。これ

では企業の上から下まで自由と平等という人権が保障されていない時の戦前の二等兵と全く変わらない精神構造の社員であると言わざるをえません（飯塚浩二『日本の精神的風土』岩波新書）。

いずれにしても 50 代は多少過去をふりかえって自分のこれまでの歩み――家族の関係，社会と自分の位置――などを冷静にみつめるときです（森岡孝二『過労死は何を告発しているか。現代日本の企業と労働』岩波書店）。

（職業人としての矜恃）

⑤　前述したように生活をエンジョイするには，中年時代に不正や 3．11 のフクシマの原発事故の際の保安院の官僚や，東電の社員，一部の原発の研究者のように，生じた事故について責任をとらず，住民の避難にも責任をとれないような仕事には関与しないことです（関西学院大学災害復興制度研究所ほか編『原発避難白書』人文書院，震災対応セミナー実行委員会編『3．11 大震災の記録』民事法研究会）。不正に関与している人の少なからずはいろんなことを見ても見ぬふりをしたり，倫理観が欠けたり，保身のためにやっています。経産省の若手官僚や税務署の若手官僚がコロナの給付金を不正に取得したり，ゼネコンの談合の汚職もそれです。会社のためとはいえ逮捕・起訴されると将来が見えなくなります。パンのためにしたとしてもパンを失います。

また 2020 年 5 月安倍首相に近いとされる黒川検事長の定年延長が社会問題になっているとき，産経と朝日の記者が黒川検事長と賭けマージャンをやっていたことが明らかになりました。さらに 2022 年 4 月 7 日の朝日や東京新聞によれば，朝日新聞の編集委員が安倍前首相の意をうけたのかは定かではありませんが，週刊ダイヤモンドの安倍前首相の記事に関し「安倍総理がインタビューの記事を心配されている。私がすべての顧問を引き受ける」として介入し，停職 1 ヶ月の処分になったことを報じています。

これらはマスコミ人が権力者と癒着しているとみられてもやむをえない行為です。また 2022 年 7 月に安倍元首相が銃殺されましたが，その後，自民党の国会議員の半数近くが旧統一教会と関係し，旧統一教会の人々の国会議員への選挙支援が問題視されています。マスコミは安倍派と旧統一教会の関係を相当前から知っ

ていたのに，これまでほとんど両者の関係を報道してきていません。

　前記の各行為はマスコミが日常的に流しているニュースが権力と如何に結びついて「加工」されたフェイクニュースに近いものになる可能性があるかを示しています。

　また 2022 年 9 月に放送倫理番組向上機構は NHK の「河瀬直美がみつめた東京五輪」で「五輪反対デモに参加している男性」は「実はお金をもらって動員されていると打ち明けた」という虚偽の字幕を紹介したことに関し，「半ば捏造的，重大な過失があった」としています。これは当時の NHK が 2020 の東京五輪推進派の人々と一体となっていたことと無関係ではない（2022 年 9 月 15 日東京新聞社説）とされています。これではマスコミが権力の侍女といわれても弁明できないと思います。

（良心と統計不正）
　⑥小泉・安倍政権は格差政策を推進して実体経済を反映しない日銀関与の株高のアベノミクスで景気がよくなり，失業率が改善されたとしています（柿崎明二『検証安倍イズム』岩波新書）。しかし，それがいかに歪められた統計にもとづくかは下記の統計偽造からも明らかです。

　2022 年 5 月 14 日の朝日新聞とその後の記事によれば，国の基幹統計「建設工事受注動態統計」について，国交省の有識者会議で受注実績を官僚が無断で書き換えて二重計上したことを明らかにしています。

　注目すべきは前記の統計不正の 2013 年度から 2020 年度の時期はアベノミクスを提唱する安倍元総理の時期と付合することです。この時期は官僚の忖度が流行り，モリカケ問題，桜を見る会などで世間を騒がした時期でもあります。官僚が国の統計をゴマカスのは病院が健診の数値をゴマカシて，病気なのに健康というのに等しい犯罪行為に匹敵するといえます。

　これらの不正は「政界の常識」と同じく一般の人からみると「世間の非常識」です。いったん出るところに出ると文書偽造の刑事事件となります。

　悪いことだと知りながら不正を行うのは自己の保身を社会の公共の利益より優先させているからです。2022年10月21日の『朝日新聞』は，三菱電機は累計197件，17製作所で不正があった旨を報じています。前述の官僚の統計の不正と同じく，長年にわたって不正に関与している人々にはいつのまにか良心がなくなっています。

　大学などを優秀な成績で卒業して大企業や官庁に入ったにもかかわらず，良心まで企業や権力者に売ることは西欧では考えづらいことです。西欧ではキリスト教の信仰にもとづいて常に自分の言動が良心に合致するかをチェックしています。ここで良心とは，人類の理性と知性に照らして自分に恥じることのない心に曇りのない生き方です。良心を大切にすることは保守も革新もありません。良心を失った者は政治の世界では人々から信頼されません。ヴァイツゼッカー元大統領がドイツで高い評価をうけているのは良心にもとづく言動をしているからです（加藤常昭訳『良心は立ち上がる。ヴァイツゼッカー講演集』日本基督教出版局）。

（3）定年に向けての生活の準備を

（定年後を想像する）
　①　千葉の佐倉の商人の伊能忠敬は，50歳で商売を後継者に委ねて幕府の了解を得て全国各地を測量に出かけました。恐らく測量術，天文などの勉強を50歳前から研鑽していたと思います。また測量は海岸線や山などを歩くのですから，体力作りにも励んだと思われます。50歳以後，第2の人生をスタートさせて北海道から九州まで実地に測量したその仕事は，後の地図と比較しても遜色がないとされています。伊能忠敬のような大きな仕事ではなくても，学生や青年のときにやりたかったことを中高年のときからチャレンジする準備をすることです（三國清三ほか『人生を考えるのに遅すぎるということはない』講談社）。横並びの生活やみんなと一緒の生活は充実感がありません。

　生活は質素にし，自分らしさを求める生活をするべきです。自分の夢を実現したり，社会貢献を考えるべきです。そして四季を楽しむことです。季節の草花や虫，七夕，中秋の名月などを楽しむことです。

　子どものいる家庭では春休みや五月の連休，夏休み，9月か11月の連休，年末年始に一泊旅行に出かけて潤いのある生活をすることです。それが人生の四季となって良き思い出となります。企業で働くことは前述した潤いのある生活を可能にする資金を得るためです。また社会貢献についていえば，商社の人のようにいままで自分がやってきたことを発展途上国で生かすために海外に出かけて現地の人びとにいろんな支援をすることも重要です。ＪＩＣＡなどに尋ねるとそれなりの仕事があるはずです。また難民支援や子ども食堂の支援もあります。地域の環境の仕事もあります。

　いくつになっても本人さえその気になれば「山椒は小粒でもぴりりと辛い」生き方がいろんな形でできます。現役のときにできなかった，何か一つでも後の世の人に役立つことをできないかを考えていれば，必ずそれは見つかるはずです。岩宿で石器を発見した相沢忠洋さんのように，これが私の仕事だというもの（足跡）を後世の人に，1つか2つは残したいものです（相沢忠洋『岩宿の発見』講談社文庫）。

（身近な社会貢献）
　②　いずれにしても，現在の65歳はかつての50歳よりも体力，気力もはるかに充実しています。このことをしっかり認識し，定年は「余生」ではなく，これからが自分が本当にやりたかったことが始まる時であることを自覚することです。そのための取り組みを40代，50代から開始することです。

　例えば，登山の好きな人は難所といわれる登山道の整備に協力するのも1つです。

　また静岡の三島の柿田川のような湧水の保全も重要です。三島の源兵衛川は，一時期に汚染されてドブ川になっていました。そこで三島市の有志が協力してかつての清流を取り戻したことが報じられています。このことは後世の人々に大きな意味があることです。

　さらに城下町，例えば柳川や松江，そして近江八幡の人々が舟で堀を遊覧できるように堀の清掃を行った例もあります。また近所の小川に蛍が舞うよう環境整

備をすることもあります。海底や川底のプラスチックゴミを回収する仕事もあります。そのゴミの山とプラスチックゴミが魚や鳥，そして人間にとって有害で，場合によっては海や川の生物を奪うことを社会にアピールすることです（枝廣淳子『プラスチック汚染とは』岩波ブックレット）。

他方，荒れ果てた里山の山林の下草を刈ったり，伐採などをして美林を作るというのも1つです。伐採材を使って積み木やお盆などの工作物を作るのもその1つです。

コウノトリが生息できるよう田畑の環境整備をしたり，ブナの原生林の保全やラムサール条約の湿地の水鳥の生息を保護する取り組みも大切です。これらのことは営利第一の社会では見捨てられた分野ですが，後世の人々への遺産を残す重要な取り組みといえます。今日の私達の環境が先人の努力で維持されてきたことを自覚し，後世の人々へつなげる尽力をすることです（私と地域社会との関わりは拙著『子どもたちの事件と大人の責任』創風社）。

（第2のゴールデンエイジ）
③　ところで定年をゴールとして考えてしまうと新しい出発が難しくなります。少なくとも65歳から75歳ないし80歳までは元気で活動する分野が沢山あると考えて，中年時代から，そのための人生設計を準備することです。50歳ぐらいからアンテナをはって預金を含めた第二の人生のスタートの準備を始めることです。前記の社会貢献とは別に個人の楽しみを若干述べてみます。

（ア）　現役の時にできなかったこと（外国旅行，クルーズ船，キャンピングカーでの国内旅行）をやることです。

（イ）　故郷に帰って海で釣りをしたり，スキーをして過ごす人もいれば，田舎暮らしでのんびりと畑仕事をして過ごすのもよいかもしれません。全国の川での鮎釣りや北海道から九州のゴルフ場で春夏秋冬を楽しむのもありかも知れません。

（ウ）　また合唱などのサークルもあります。1人でできること（散歩，水泳，テニス，ゴルフ，囲碁，将棋，旅行など）も大切です。

　以上みたように，リタイア後の10年ほどの生活は，誰にも遠慮せずに自由に生きてやりたいことができるときです。長い人生でそのようなことは学生時代とリタイア後の10年前後です。これまで過ごしてきた土地で過ごす人の中には，40代，50代から地域の人々と交流を深めることです。定年デビューは今日の地域社会では中々難しいといえます。定年後に備え，中年のときからいろんな地域の活動に参加して老後の準備をすることによって，定年後の充実した生活が待っています。

（4）不動産・株などの投資と相続対策

（資産形成について）

　①　定年後に少しでもやりたいことや安心した生活をするには一定の生活の裏付けが必要です。そのためか低い年金では生活できないとして，中年のときから資産形成に関与する人が増えています。

　資産形成の方法として，かつて預貯金を3分の1，不動産を3分の1，株を3分の1の割合でもつとリスク回避もできてよいといわれた時がありました。

（有価証券と不動産の売買）

　（ア）　しかし株についていえば銀行，電力などのかつての「資産株」はいまはなくなっています。アベノミクスや円安で，株は実体経済を反映していないため乱高下します。不動産もかつての右肩上がりからバブル崩壊後は半分8掛，2割引といわれるように，極端に下落します。また東京近郊のリゾート物件は5年後，10年後には購入時の2割前後になっており，資産の価値は著しく低いというべきです。

　いろんな事情で自己使用以外の不動産をもつのであれば，いつでも売却できる換価性のある物件にすることです。駅から10分以内，準工業地域などの50坪前後の土地ならば比較的売却がしやすいといえます。間違っても北海道の原野などの土地を買わないことです。

（投資の危険性）

（イ）最近，株などに投資して給与以外の収入を得ている人がいます。とくに近時は証券会社に売り買いに出向かなくても自宅のパソコンで株の売買ができるので，サラリーマンの中に一定の支持者がいます。

また証券会社以外に最近では銀行が外貨預金，投資信託，ファンドラップなどを勧めています。これらの金融商品は手数料が高額で元金の保証がありません。

またセミプロに近い人でも金融商品の投資などにあてる金額の上限を予め決めて，それ以上は絶対にお金を動かさないという気持ちが必要です。素人に近い人は「つみたてＮＩＳＡ」で年間の非課税投資枠から始めるとよいといえます。

（ウ）さらに投資に関係してマンションやゴルフ場の会員権の売買をする人がいます。マンションは駅から 10 分以内に限定することです。またマンションは 10 年経つと値下がりすること，修繕費も増えることを覚悟すべきです。サラリーマンの中には投資目的で中古マンションを買っている人がいますが，入居率や修理費の関係であまりお勧めできません。さらにゴルフ場はバブル崩壊後倒産してクローズするところが多々あります。ゴルフ場によっては会員権が値下がりして名義書替料の方が高いところがあります。資産として会員権は役に立ちません。

（マンションの経営）

②　都市近郊の農家の子どもや親の代から不動産を保有する人の中にはアパートやマンションを建築して，その家賃などで老後の生活をしようとする人がいます。その際に銀行とゼネコンが勧める方法には，銀行から借金してアパートなどを建てると，相続発生のときプラスの相続財産からその借金を控除できるので，相続税が安くなる，というふれこみです。そのことは間違いではありませんが，要は銀行へローンで毎月支払いをするか，相続税で一括して支払うかの問題です。父母や本人が死亡した後でもローンは支払わなくてはならないので，場合によっては相続の際に税金で支払った方が総額では安くなるときがあります。

またアパートやマンションは入居率が 7 割ないし 8 割を切るとローンの支払いに困ることになりかねません。そのためゼネコンなどの中にはローン期間の家賃

は保証するところがありますが，そうすると自分の手取りは大幅に減ります。慎重に考えるべきです。

（専門職の責任と人を見る目）

③　ところで平成元年ごろのバブルのころ証券会社・銀行や信託銀行などとタイアップしていた税理士や「ファイナンシャルプランナー」の中には，右肩上がりの景気を前提にして，いま考えるととんでもない危険なプランを資産をもっている人に提示していました。このプランを前提に銀行から巨額の融資をうけて不動産などを購入した人の中には，大火傷をして破産する人もいました。

私は田中内閣の昭和48年の列島改造の不動産下落の事件などを担当した経験をもとに，依頼者から相談をうけた時，このプランに大反対したことがあります。後日依頼人からはプランに従わずによかったと言われました。

相続対策だけを考えるのであれば，更地にして駐車場として第三者に賃貸し，相続が発生したときに売却した方が結果的によいことがあります。ちなみに都会の更地だと相続税のときに物納もできます。

ところで，人生100年時代にあってはいままで常識と思われたことがそうでなかったり，ありえないと思ったことがたびたび発生します。例えば訪問販売のリフォーム詐欺の問題，オレオレ詐欺や振り込み詐欺，安全第一の銀行の投資信託の金融取引のハイリスクの問題がそれです。

最近ではピアノや「不要の貴金属」を高価で購入すると称して自宅に来て必要なものまで強引に売却させられたり，2人組の1人と応対しているうち，他の1人にタンスの高価品の窃盗にあって思い出の指輪までなくなったという例さえあります。高齢者はこれらの事故や不祥事を何とか乗り切ってこそ，人生の後半戦を少しは安心して生活できます。

他方，最近特に顕著なのはれ，職業人としての使命を懈怠してでも「平気」という風潮があります。

　ある評論家は昔に「男の顔は履歴書」と称していたことがあります。それは長い職業生活を通じてその人の人柄その他が顔に凝縮するということを指しています。他人に暴力や喝上げをするヤクザの顔や人をみたら「泥棒と思え」の刑事の顔，債権回収や貸しはがしをするサラ金や銀行員の顔，狭い社会で生きているのに，自分が正義の具現者と思っている体罰教師や検事の顔，人権の番人ではなく権力の番人になっている裁判官などがいます。これらの人の人柄などは自然と顔と言動にでるものです。それゆえ中高年になったならば，その人の社会的地位や肩書きあるいはマスコミで有名な会社か否かでその人を判断しないことです。人物本位です。

　ただ，この人物本位で人を見ることほど難しいものはありません。花を愛する人には悪い人はいないとか，芸術，文化を愛する人は良い人だとの単純なパターンで人間を見ると間違います。例えば画学生であったヒットラーは第2次世界大戦でヨーロッパの秀れた絵画を各地で略奪していたことは有名な話です。そうかといえば国家主義的な音楽家といわれる人でも作曲，演奏などは素晴らしいという人がいます。その意味で自分との接点を見出して，その範囲で他人と交流をもつことが大切といえます。

　高齢化社会を乗り切るにはいろんな分野の友人・知人を沢山もつことです。例えば医者であったり，弁護士であったり，税理士であったり，それらの職業のことをよく知っている友人・知人がそうです。この人々と知り合って生命と生活のリスク管理をすることです。人生の荒波を乗り切るには素人の船頭1人では無理です。複雑な社会を無事生き抜くには，専門家，友人，知人の力を借りることです。それゆえ企業以外の場に普段から友人・知人を作ることです。

(5) 人生100年時代の親子関係

（各年代と個人の楽しみを味わう）
　①　そこで人生100年時代の良好な親子関係の作り方について今一度考えてみます。

　日本人の多くは，青少年時代の20年，中年時代の20年，定年後の30年という，

各時代に特有の人生の楽しみがあるのに，それを味わうことが少ないといえます。

　長い人生を心豊かに過ごすには，少年期・青年期に生きていくうえで大切なものや楽しみを沢山経験することです。親子での川や海での遊びやキャンプ，夫婦・家族での旅行，芝居や映画を観たり，読んだ本の感想を述べる関係もあります。私がこれまでみてきたサラリーマンの親子の多くは，前記の楽しみを味わうことなく仕事中心で過ごしている人が大半でした。仕事中心の生活は企業の方針，人事に振り回されて生きることになりかねません。

　これに対し，いろいろな趣味をもって人生を楽しんでいる人は「地位に汲汲とせず」仕事，趣味，家庭をバランスよくこなしていました。仕事も大事だが，そのために自分の楽しみを犠牲にしたくないとのことです。恐らく，この人は幼いときからいろんな楽しみを親子で沢山経験していたのではないかと思います。そして，どこに異動しても楽しみを見出せる人です。東京から北海道へ転勤になると，夏は川や湖でカヌーを覚え，冬はスキーやスケートができる人です。長野や岐阜への転勤になると，日本アルプスの登山を楽しんだり，長崎や佐賀へ転勤になると，五島列島などの島めぐりやキリシタンの教会群を訪ねたり，波佐見や有田そして伊万里などの磁器に夢中になれる人です。また金沢へ転勤になると九谷や輪島などを訪ねたり，近江町市場で新鮮な魚を購入し，地酒を楽しめる人です。群馬や栃木，福島へ転勤になると温泉地をくまなく訪ねるのが好きな人です。仕事も大事，趣味も家族も大切とのスタイルを中年時代にとるように努力することです。

（世界の家族と日本の家族）
　②　そこで人生100年の内外の親と子の実情について改めて考えてみます。

　（ア）　まず日本の親子関係と先進国の親子を比べて考えてみます。世界人権宣言第16条3項では「家庭は社会の自然かつ基礎的な集団単位であって，社会及び国の保護を受ける権利を有する」と定めています。また国際人権規約（Ｂ規約）23条では「家族は社会の自然且つ基礎的な単位であり，社会及び国による保護をうける権利を有する」としています。

　さらに子どもの権利条約の前文では「家族が社会の基礎的集団として，並びに

家族のすべての構成員特に児童の成長及び福祉のために自然な環境として，社会
においてその責任を十分に引き受けることができるよう必要な保護及び援助を与
えられるべきであることを確信し」と定めています。

　国際社会のルールは世界の人々があらゆる出来事を検証して作ったものであり，
普遍性があります。これに対し，日本の社会では前記の国際的なルール・原則が
学校や地域社会ではほとんど教授されていません。そのためか，戦前以来の封建
的な親子関係を著しく引きずっている家庭があります（清水盛光『家族』岩波書店）。

　日本国憲法はアジア・太平洋戦争の反省にもとづき，国際平和主義を取ってい
るにもかかわらず，時の政権に都合の悪い条約を換骨奪胎して批准したり，ＩＬ
Ｏなどの勧告を軽視ないし無視して平然としています。日本の政府は真に憲法の
国際平和主義を護り，国際社会で名誉ある地位を占めたいのであれば，親子関係
を国際社会のルールに合致するよう，児童福祉法や学校教育法を改正し，企業へ
の時短，残業規制，指導を通じて見直す時になったといえます。

（子どもと親の関係を考える）
　（イ）　日本の親は子どもが将来安定した生活が営めるようにと生活費の相当部分
を教育費（塾，大学など）に注いでいます。

　しかし，日本の子どもはあまりにも受験中心の生活のため，いろんなことが未
熟です。それは子どもの時の特有な体験と感動が少ないことに加えて，大人になっ
たらどんな職業と生き方をし，社会で何をするかの考えをもっていないからです。
それは企業人の親自身が子どものときにいろんな体験をしていないことや，いろ
んな生き方をしている人の存在を知らないからです。また仕事中心で子どもと接
する時間が短いため，子どもの性格・関心との関係で子どもが何に向いているか
を十分に把握できていないこともあります。

　（ウ）　また学生・社会人の生き方に関して，かつて「鶏口と為るも牛後と為る無
かれ」ということわざがありました。それなりに職業選択では学生はかつては悩
んだものです。

　近時は「寄らば大樹の陰」でなんでもいいから，大企業入社を志向する人が増えています。しかし，賃金が高く，勤務中及び老後が安心なことが本当に幸福な人生なのかという問を，いま改めて発してみる価値があります。親も子も自分の志，生活，好きなことなどをじっくり考えて職業を選択する時です。

（職業の選択）
　（エ）　そこで職業に関していえば，農業や漁業から建築などの衣食住の基本の仕事などや，銀行や証券会社など多種の仕事があります。また収入が少ないがやりがいのあるＮＧＯや福祉関係の仕事もあります。日本の伝統産業の加賀友禅などの職人や信楽焼の職人などの仕事などもあります。また歌舞伎や新劇，声楽などの音楽の仕事もあります。少年期に工芸品などの人間国宝の作品や歌舞伎や演劇の舞台を観たり，プロの音楽会へ出向いたり，高齢者・障害者の施設の見学をして進路を考えることです。

（自己主張ができる子に）
　（オ）　他方，日本人はアメリカ人のようなディベートが学校ではされず，異なる考えへの反論や自己の主張を明確に述べることが教育されていません。むしろ日本人は「宗教と政治の話は人前ではするな」と学校でも社会でも言い伝えられていて社会問題には抑制的であることです。そのため子どもは仮に社会のことにいろいろ考えをもっていても，それを整理して発表できないまま，大人になる人が多いといえます。小さい時から自分の意見を発表することは，自分の考えを確かなものにするために不可欠です。考え，発表することは人間の成長・発達に不可欠です。しかし，日本ではこのことの重要性が軽視されています。学校や企業でも声の大きい人，支配的な意見に従う，大勢順応の人になりがちです。何かおかしいと思っても，反論するだけの準備がないため従っています。わからなければせめて保留するとの考えもありません。以上のことを考えると，今後は国際社会で活躍するには，ものごとを総合的に考えて自分の意見を述べる学習をすることが大切です。定年後に親子で会話を楽しむためにもいろんなことで自己主張は大切です。ディベートのような訓練は個人の人格を形成するためにも有益です。

（北欧の親子と日本の親子）

③　超高齢社会にあっては子どもにとってみると親に育ててもらった期間と同じか，それ以上の期間，成人後も親と関わりをもつことになります。私は1990年に日弁連の調査団の一員としてスウェーデン，ノルウェー，デンマークの北欧3ヶ国に老人福祉施設の調査に出向いたことがありました。

スウェーデンなどでは親の介護の問題は子どもの責任ではなく，国の責任だと考えています。それは働いて日々税金を支払っているのは，病気，障害，老齢などの事故が発生したときに，その税金を使うべきだとの考えがあるからです。そんな国の親，子の関係だから一見すると北欧では親子の関係はクールかと思っていました。

しかし実は北欧の方が日本よりずーっと濃密な親子関係です。例えば老人ホームが都心にあるせいもあって，土・日には子どもたちが親を訪問して近況を話したり，昔話に花を咲かせていました。昔話ができるということは，多くの体験を子ども時代に親子でしているからだと思います。例えばハイキング，サイクリング，キャンプ，日本流にいえば七夕や中秋の名月を親子で楽しんだということがあるからだと思います。そして近況とは映画，芝居，街で流行っている洋服屋，レストランや，子どもの家族のことを指しています。

いずれにしても子が大人になっても，親と子が家庭や地域のテーマは勿論，政治，経済，文化，社会の諸問題について率直に語り合う関係が北欧ではできています。親と子の間で人生で大切なものは何か，我が家の楽しみと大切な時間とは何かを共有することです。そのうえで，社会の人々とどう協力して生活していくのかという生活の指針が必要といえます。

ところで私は老人ホームの責任者を長年してきましたが，前述の北欧のような親子の光景は日本の老人ホームではあまり見かけませんでした。むしろ最近の日本では，成人してからの親子関係が濃密な人が少なく，薄い家族が多くなっています。親と10年ぐらい連絡がない子もいます。老人ホームや区役所から連絡があって親が死んだことを知る子どももいます。親が財産的価値のあるものを保持していないときは，遺体の引き取りにも来ない子がいます。連絡をうけても自ら遺品の処分に関与するのではなく，遺品を整理する業者に頼んで「一件落着」する人

もいます（木村榮治『遺品整理士という仕事』平凡社新書）。

（6）安心な老後のために

（老後は誰にも予測できない）

①　多くの人の一生で，経済生活の面でやり直しがきくのは稼得能力のある60歳ぐらいまでです。それ以後は年金と預金と若干の資産に頼って生活するため，抜本的なやり直しは無理です。ただどんな人でも生活のあり様を大きく変えるならば，いつからでも充実した生活が送れます。

　現代の大企業のトップの圧倒的多数はオーナーではなくサラリーマンから出世した人々です。企業のトップにいる限り，高額の報酬を得ることが可能です。しかしトップの多くは2期4年か3期6年が通例です。トップといえども70歳前後で定年です。

　近時のように社会の目が厳しくなるとかつてのような社長退任後の相談役などの制度もなくなっています。70歳を過ぎるとタダの退職者です。そして数年経つと会社からも忘れられる存在になります。大企業の役員もリタイア後，70歳，80歳，90歳と年金，医療，介護で社会保障のお世話になります。そして本人や家族が大病をして手術や集中治療室に入ると多額の費用がかかります。

　定年後は年収600万円の人と年収3000万円の人は3階建ての企業年金などでは大きな差がありますが，毎月の公的年金でいうならば拠出期間にもよりますが，5万円ないし10万円の差ではないかと思われます。

　また高齢の人が要介護状態になると，在宅でのヘルパーの支援や老人ホームの入居が不可欠です。かつて75歳で約1億円の預金をもって，有料老人ホームに入った人がいました。毎月40万円の管理料，食費などを払うとともに5000万円ほどの一時金を支払っていました。この人は自分が90歳まで生きればよいと思って老人ホームに入居したのですが，90歳過ぎても元気でいたため預金が底をつき，他の安い施設へ移っていったとのことです。

さらに，ある事業家が子どもに事業を譲って老後を悠々過ごしていた後に息子が倒産し，連帯保証人として数億円の金を支払って生活に窮した人がいます。

上記の例をみても人生は最後まで何があるかわかりません。

いったん大きな事故があると金持ちとされる人も公的支援がないと老後の生活は大変苦しいものがあります。私がさかんに社会保障の必要性に関係して，貧しい人だけでなく「すべての人」の生存権保障を強調しているのは，前記のような「高額」所得者の「経験」にもとづいているからです。

（一寸先は闇の老後でよいか）
②　実際問題，働く人々の勤務中の生活は勿論，退職後の30年ないし40年の生活は必ずしも平穏とは限りません。自然災害のために自宅を失ったり，家族が死去する人がでるかも知れません。とくに子どもや配偶者が交通事故や労災に遭い，あるいは病気になり，多額の費用を使ったけれども死亡した人もいます。

折角80歳まで生きてきたのに，災害のために死ぬのはあまりにも無念です。そこで日頃から住宅の立地場所の近くに川やガケなどがないかを自治体のハザードマップで予め探すことです。27年近く前の神戸の地震，11年前の東日本大地震で，長生きには住宅の堅固さと立地場所の重要性が改めて認識されました。前記の2つの地震の被害，死者の中で高齢者の占める割合が相当高かったといえます（藤野・細田『3.11東日本大震災と「災害弱者」』生活書院）。

他方，医療の進歩に伴って，かつては手術ができなかった病気も手術ができるようになりました。例えば心臓や肝臓，腎臓などの移植手術がそれです。これらの移植手術の中には健康保険が適用になって誰でも移植が可能になり，寿命が10年，20年と伸びている人もでてきています。

以上述べた事柄の多くは人生50年時代には想定できなかったことです。長寿社会にあっては，所得の有無・程度を問わず，すべての人の老後は平等に公的責任で安心して生活できるようにすべきです。少し「先をみる目」のある人ならばこのことは容易にわかるはずです。

（老後の不安と社会へのアッピール）

③　いまの日本社会の若者や中年世代の人は，今日の私達の生活が90歳以上の人の血と汗で築かれたことへの感謝を忘れています。そもそも20代，30代の若者は祖父母がどんな思いでこれまで戦前の20年，戦後の75年を生活をしてきたかを聞いたことさえないと思われます。祖父母にすると子や孫といろんなことをじっくりと話したいのではないかと思われます。

また子の中には要介護状態の人をあたかも「汚れた物」であるかのような目で見ている人がいます。年寄りは近いうちに死ぬから十分な介護は必要ないと考える人や政治家と評論家がいます。最近では老後に困らないように若いときから「爪に火をともす」ようにして貯めた預金を1000万円ほどもっていると，老人ホームの自己負担を1割から2割にしようとする動きがあります。さらに75歳以上の「後期」高齢者になると，従来の1割負担から2割負担となり，健康保険料も配偶者と別建てとして，一家でいえば従前の倍近くを支払う人もでてきています。この国の政策は貯えた資産をすべて吐き出してから死んでいけと言っているのに等しいものです。いまのような社会保障の削減がつづくならば，若者たちの老後は惨憺なものになります。

そこでそのような高齢者の人権を無視している人に対し，高齢者が反撃をするよう，中年の子どもは父母に対し働きかけることです。今日の社会は「ＩＴ」時代です。自宅でも老人ホームでもパソコンやスマホを使って大勢の人々に訴えることができる時代です。トランプ大統領のツイッターではないですが，勤労者や高齢者もツイッターを利用して社会問題について発言することができます。そうすれば本人の努力と周囲の支援で高齢者の生活は大きく変わる可能性を秘めています。中年の子どもは現状の福祉の改善を社会にアッピールするよう親や社会に働きかけることです。

3600万人の高齢者が今日の日本の貧しい社会保障の水準について新聞やＳＮＳに投稿したり，社会の人々に訴えて常に警鐘を発していれば，その声は次第に大きな波となり，山は動くことになります。新聞に投書して，人生の最後がこんな状態でよいかを訴えるべきです（ちなみに若者は新聞を読まないので，高齢者の

発言は新聞社にとっても財政上も無視できません）。

（公民権の行使が老後を変える）

④　また人生100年時代には多くの人は一生懸命働いて預金をしても，年金がなければ人生の最後のステージの85歳から100歳まではとても生きられません。そこで中高年の人々は労働組合を動かして賃金を引き上げさせたり，年金の引上げの討議をするよう組合に対し求めることです。わかっていても是正しない労組の幹部や政治家にはＮＯをつきつけることです。これが民主主義社会の国民主権の意味です（杉原泰雄『国民代表の政治責任』岩波新書，大山礼子『政治を再建するいくつかの方法』日経新聞出版社）。その努力をせず不満だけ口にしても何も変わりません。

　いずれにしても国のあらゆる政策と制度を決めるのは主権者たる国民です。戦後77年に限っても地方自治の関係では，監査請求，住民訴訟，首長や議会のリコール，オンブズマンなどができてきました。

　国の関係でも女子の衆参の選挙権，情報公開，個人情報の保護などが制定されてきました。そこで国や国会議員の違法な支出（例えば自衛隊の海外派兵や領収書のいらない月100万円の国会議員の文通費）などに監査請求や住民訴訟類似の請求や裁判ができるようになれば，行政と立法府はいまよりは少しは緊張して仕事をするはずです。それには北欧などにある国の憲法違反の違法な支出や国会議員の脱法行為に近い支出をストップさせるための監視組織（例えばオンブズマン）を作ることです。そして裁判所をして憲法の番人になるよう，最高裁の裁判官の国民審査で厳重なチェックをすることです。それにはアメリカの最高裁判事の選任のように，国会で最高裁判事の候補を公聴会に呼んでチェックする機会をもつべきです。

　最後に，高齢の人の生活と社会保障の現状を知っているのは親の年金，介護，医療で苦しんでいる子である中年の人々です。中年の人が親と自分の老後を少しでもよくしたいというのであれば，北朝鮮問題や防衛問題で大言壮語したり，コロナで経済との両立を主張する無策な政治家ではなく，国民生活の向上のために，地道に取り組んでいる政治家が国会で多数になるようにすべきです。それが若者

と高齢の人のためにできる中年の人々からの贈り物です。

第4章　65歳から80歳を自分らしく生きるために

―人生の後半戦の留意事項と充実感のある人生を―

（1）定年後の諸問題

（定年後の生活の変化）

①人生100年時代にあっては，定年後の30年，40年は自分がやりたいことをやれるという意味で人間らしい生活を過ごすことができる時代です。定年後は，これまでのようにパンのためとはいえ営利追求の仕事や，効率一辺倒の仕事，そして嫌な上司に従う必要もない時です。また勤務時間やノルマなどもなく若い時から本当にやりたかった社会貢献ができる喜びと達成感を味わえる時です。それには仕事を生きがいとしてきた人が定年後に何を生きがいとすることができるかです。別言すると後述の企業社会の垢をどれだけ定年前後に洗い落として生活ができるかです。

また定年後は企業の人事で一喜一憂する必要もなく，不愉快な人と付き合うことなく，気心のあった人とのみ交際できるときでもあります。とくに65歳から75歳の10年は本人さえその気になれば本当にしたかったことができる「黄金の10年」です。そして公民として社会の様々な問題に発言したり，取り組むことができる時です。

そこで問題は40年以上に及ぶ企業人の長い生活で青雲の志や自由と生存・連帯を脇というか横において仕事をしてきた人がこれを忘却していないかです。

ところで，今日の企業は再雇用制度を活用して，定年後の働く人の生活まで介入しています。そのこともあって多くのサラリーマンは定年前後も企業に忠誠心を誓って，企業と個人，家族との距離のとり方が十分でありません。そのため定年後も自分の生きがいは何であるかの指針というか方向性をもてない人がいます。

　それでいて最近20年ほどは，かつて箱根や熱海で一泊二日で行われていた戦友会，企業のＯＢ会，会社の慰安旅行などはほとんどなくなりました。「会社人間」にとってはさびしい限りかも知れません。そんなことをあれこれ考えると定年後の生活はいままでの生活の延長ではなく，全く新しい人生のスタートと解すべきです。

　第1のゴールデンエイジを学生のときや新婚時代だとすれば，定年後は第2のゴールデンエイジです。定年後はしっかりとした目的をもった生活をすることです。現役のときと全く違う日常生活がこれから30年ないし40年始まるとの自覚をもって，自分らしい生き方をすることです。

（定年前後の変化）
　②　しかし，多くの人は定年後に何をするか，したいのかの明確な目標をもっていません。それでいて「毎日が日曜日」のような徒に馬齢を重ねる日々への不安もあります。弁護士を50年以上やっていると，いろんな分野の人や職業の人との付き合いがあります。企業のトップから生活保護を受けている人まで多様な人との付き合いがあります。その中で魅力的な人は正義感が強く，人生の目標をもっており，知的好奇心が強い人です。

　私と企業人の付き合いの多くはどちらかというとオーナー企業の人でした。この人々は一定の信念をもってビジネスをしているので率直に意見交換ができる人が多かったといえます。

　これに対し，大企業の社員は「そつ」はないが没個性的で印象に残る人は少なかったといえます。その差は社会人として，政治や経済，文化などについて自己主張があるかないかではないかと思われます。サラリーマンの多くは社会正義，公平，ヒューマニズムと博愛の心が企業本位社会の中で大幅に脇において生活しているからと思われます。

（人柄と老い）
　立身出世した官僚や大企業のトップは仕事ができても，文化的な生活（趣味，芸術，スポーツ）に関心が少ないため，個人としては魅力に欠ける人がいます。

定年後はかつての仲間が寄りつくこともしません。いうならば多くの人々は「パンのため」だから，嫌いな上司と交際していただけなのにそのことを上司は知りません。多くのトップは，自分の人柄・人格を曲解しているため，元部下や同僚の「不義理」を責めるのが常です。

　また元トップの中には一般の社員が低賃金で長時間働いているのに，相談役の自分の報酬が少ないとクレームを言う人さえいます（なお映画の中の「老い」について天野正子『老いがいの時代』岩波新書）。

（人は見掛けも大事）
　ところで圧倒的な定年退職者は年金を頼りに生活しているのではないかと思います。年金で生活するとなれば現役の時の収入の3分の1ないし半額の人が多いのが実情です。それでも年金と若干の預金があって定年後の生活ができるのであれば，映画を観たり，旅行や趣味，ハイキング，音楽会，美術館めぐりなどに出向くことです。ただ年金以外に新たな所得がないので，毎月，年間の収支を考えて計画的に生活することが求められます。そうかといって節約を心がけすぎるのも問題です。

　定年になるとワイシャツをクリーニングに出すこともなくなり，男女ともスーツを着て外出することも極端に減少します。女性は退職後，美容院の回数も減り，化粧をあまりしなくなります。男は10分間1000円の床屋に行ったり，顔の「ヒゲ」を毎日剃ることもなくなります。

　また加齢に伴って体から臭いがするから気をつけろと子どもたちから言われることも多くなります。その意味でリタイア後はまず洋服や身辺の身だしなみに気をつけることです。

　さらに歯の治療，とくに前歯の治療をすることです。歯がないと極端に老けてみえるからです。

　いずれにしても高齢になると前歴などは全く関係なく，人は「見掛け」だけで判断される割合が強まりますので要注意です。

（定年後の要考慮事項）

③　サラリーマンを 40 年前後経験して定年を迎えた人の中には，自分は世の中や経済のことをなんでも知っているかのような「自信家」がいます。しかし，私たち弁護士のように社会と人間の「ウラとオモテ」をみてきたり，あらゆる分野・業界の人をみてきている身からすると，サラリーマンの多くは実に「狭い社会」の中で生きている人が多いといえます。そんな自信家は世の中には悪い人が身近にいることを知らず，詐欺まがいの事件に巻き込まれることがあります。

現在の高齢者は子どもとは同居せず 2 人か 1 人暮らしの人が大半です。そんな高齢の人をねらって，いろんな宗教団体が「平和」とか「家庭」，あるいは先祖の供養とか，病気の治療の名目で近寄ってくる場合があります。宗教団体に洗脳されて財産を全部とられた人もいます。

また 80 歳ぐらいになると相続のことを考えておかなければなりません。長年一緒に生活をしてきた配偶者が自分の死後に安定した生活ができるよう，預金と住宅を配偶者のために確保する旨の遺言書を作成する必要もでてきます。

さらに 85 歳前後になると財産の管理を誰に任せるか（子どもか弁護士などの専門家か）も考えておく必要があります。「ボケ」た場合に備えて，子どもや後見人などのために自分の財産をどうしてほしいのかなどをメモしておくと良いと思います。

他方，80 歳を過ぎて老後資金がなくなると，最近，持ち家の人を対象に不動産業者や銀行などがいろいろな「提案」をしてくることがあります。ある業者は持ち家をいったん業者に売却し，その家を業者から賃借りをしてそのまま，そこに住めるという「提案」をしています。しかし仮にこの提案の生活をした場合に，自分が思っている以上に長生きしたため，家の売却代金がなくなったときは，「賃料」を支払えなくなり，立ち退かなくてはならなくなります。

またある金融業者は自宅を担保にして金を貸し，存命中は金利のみを支払うという「提案」をしてきます。これは自宅の担保価値を著しく低く見積もるところ

に特徴があります。

　前記の2つの「提案」は，預金がなくなった後に自分の家に一定期間（場合によっては死亡まで）居住できるところにメリットがありますが，不動産の売買金額や担保価値が著しく低いのが特徴です。それゆえこの提案は第三者に単純に売却するより手取りの金額が著しく低いのが特徴です。

(2) 企業の定年と人生の定年

（定年を期に）

　①　日本の老人福祉法制は原則として65歳以上を高齢者とし，75歳以降を後期高齢者としています。しかし，人生100年時代にあってはそのような区分けは現実的ではありません。

　国が65歳を今日でも高齢者としているのは，年金の支給開始の時期と関係しています。75歳を後期高齢者としているのは，医療費の負担，とくに夫婦別々の健康保険料の徴収に関係しています。

　65歳の定年は，年金の開始時期や企業などの雇用の継続との関係で意味をもっているだけです。現に農業，漁業，税理士，弁護士などの自営の人は65歳をリタイアの時とは全く考えていません。いずれにしても企業の定年は人生の定年を意味するわけではありません。

　サラリーマンの定年の迎え方は人によって違います。もうパンのために働かなくてもよい，これからは人生を楽しみたいと思う人もいれば，年金も預金も少ないので，あと5年は働かなくちゃという人もいます。前者の人は定年後の第2のゴールデンエイジを楽しみたいので，「晴耕雨説」の生活をし，加藤周一の『日本文学史序説 上・下』にでてくる小説などを読んで生活をしたいという人もいます。また社会貢献を中心に生きたいという人もいます。さらに「歴史探偵」を自称していた故半藤一利さんのように，文芸春秋社に勤務しながら資料収集をされ，退職後90歳ごろまで日本軍の戦争指導について多くの作品を残した人もいます。その人の生き方が問われます。

　さて，定年前の生活は，ある程度，企業や大学などの肩書きがものをいう時代です。しかし，定年後の20年ないし30年は前職の肩書きは全く通用しません。定年後は大学の教授も無職です。大企業のトップも無職です。中小企業の工具も無職です。多くの人は70歳前後で無職になります。それなのに周囲の取り巻きみたいな人の甘言をうけ入れていつまでも地位に固執していると，事件に巻き込まれることがあります。例えば日大の理事長はアメリカンフットボールなどの不祥事があったのに社会的責任をとらず，その後，系列病院の問題で逮捕されました。

　また2020年のオリンピックでは組織委員会の元首相の森会長は女性差別で辞任し，開会式の責任者の電通の担当者も女性蔑視で退任に追い込まれ，2022年8月に電通の元専務が紳士服のアオキとの関係で逮捕されました。この人は電通を退任後も大きな影響力をスポーツ界のビジネスで発揮しつづけたため，今回の事態になったといえます。その後，マスコミの報じるところによれば，この人は計約2億円近くを収賄したとして4回逮捕されています。この人に関連した人々が次々と逮捕されています。

　また2022年11月25日には電通はオリンピックのテスト大会の入札の談合容疑で家宅捜索をうけたことを新聞は一斉に報じています。あまりにもオリンピックには「オモテなし」がなく「ウラ」がありすぎます。高齢になった人は晩年を不遇に過ごさないためにも社会的地位のあった人は70歳を過ぎると名誉欲，権力欲，金銭欲を自ら断ち切り，悠々自適な生活か社会貢献をすることが求められます（内橋克人『退き際の研究』日本経済新聞社）。

（定年後の楽しみ）
　②　今日の65歳は気力は別として体力もあり，本人さえ，その気になれば75歳ないし80歳までは普通に社会活動ができます。それゆえ，定年後の10年ないし15年間はまさにゴールデンの時期です。この期間をそれまでの延長として漫然と過ごすのはまことにもったいないといえます。

　折角，自分がやりたいことができるようになったのですから，健康寿命の維持に努め，好奇心をもって第2の人生の社会活動や趣味の生活をすることです。自

分らしく生きることに貪欲であり，自分の人生をエンジョイして生きることです。サラリーマン時代の上司の目や，世間体を気にした「籠の鳥」のような生活スタイルは定年後には全面的に考え直すことです（将基面貴巳『従順さのどこがいけないのか』ちくまプリマー新書）。現に安倍元首相の統一教会と国葬に関係してデモなどに立ちあがっている人の多くはリタイアした人々が多かったといえます。3600万人の有権者の声と力を公民の1人として発揮することです。

　営利活動とは関係のない仕事，例えば社会福祉協議会やシルバー人材センターのボランティアをしたり，仲間や夫婦でハイキングや散歩を日常的にすることもその1つです。たまには東京の高尾山や京都の高雄や嵯峨野，青森の奥入瀬の春と秋や，岩手の八幡平の散歩などをすることです。

　また近くの公園や街を散歩しながら植木や草花，あるいは山梨の桃の花や初夏の箱根のアジサイ，近くの公園のウグイスの鳴き声，夏のセミや野鳥の鳴き声，秋の紅葉などの四季を味わうのもよいかも知れません。

　夫婦や友人らと江戸時代の建物や戦前の軍関係の施設などについて見学をするのも意味があるといえます（戦争遺跡保存セットワーク編『日本の戦争遺跡』平凡社，歴史教育者協議会編『石碑と銅像で読む近代日本の戦争』高文研）。そして途中で甘味処や喫茶店でお茶をするのもよいかといえます。これらの日々の連続の足跡は，85歳ないし90歳になったときも夫婦や友人らと歩いた道としてきっと心に残ります。

（おしゃれを）

　さらに東京周辺の人でいえば，数ヶ月に1度はちょっとおしゃれな服装で銀座などへ出てブラブラするのも刺激があってよいかと思います。四丁目の和光の地下とか6階の展示室，帽子のトラヤ，カバンのタニザワ，文房具の伊東屋などを覗いたり，娘や孫のためにミキモトを覗くのも楽しみです。そして帰りに予約していた空也の最中を購入したり，「銀座百点」をもらって帰るのも楽しみです（銀座百点編集部編『私の銀座』新潮文庫）。

　また日比谷で映画や芝居をみて，帝国ホテルでお茶をするのも楽しみです。

　さらに数ヶ月に1度は神田の古本屋街を歩いたり，神保町の「ささま」の和菓子などを食するのも楽しみです。上野の美術館などに行ったときは「うさぎ屋」のどら焼きを買ったり，河童橋で台所用品を買った帰りに浅草の亀十のどら焼きもよいかと思います。ただ散歩するだけでなく，楽しみのある生活は心を豊かにします。

（しがらみのない生活）
　③　企業人のときは言いたいことの半分も言わずに過ごしてきましたが，定年後は企業のしがらみがなく「自由」です。

　ただ企業社会の中で30年も40年も自由に発言する習慣が事実上奪われていたため，定年後も世の中の不正に対する怒りを自重する「くせ」がついてしまっている人もいます。

　また世の中の大勢に従ったり，無関心を装ったり，それらをもって正常と考えている人は，企業社会の垢を洗い落とすことが先決です。

　いずれにしても，定年後何をするかで迷っているならば，大学の公開講座や新聞社のセミナー，全国各地で活動しているNPO，NGOの活動に学ぶのも1つです。そのうえで各種の学術書などを読み，自分なりの世界観を形成して社会に向かって発言するのも1つです。自分の好きなことをしながらも，後の世の人々のためにダメなものはダメということです。そして達成感のある人生を営むことです。

　国や自治体の不正に対して，主権者として国や社会の不正を黙認することなく，「NO」と意思表示をして社会正義を貫くことです。しかし，日本人の多くはあまりにも長年月の間，「子どものため」「会社のため」「家族のため」として自分の意見を抑えて生活する習慣を身につけてきてるため，自分のいまの生活に直結しないと立ちあがって自己主張をする人が少ない人が多いといえます。これは世界の水準でいえば自らを否定するに等しいこととみられます。

（3）定年後をどこで過ごすか

（どこで生活するか）

①　人には大都会が性格にあっている人，人口10万人位の街がよい人，農村や漁村が肌にあっている人などいろんなタイプの人がいます。パンのために働かなくてもよくなったならば，自分が暮らしたいところで20年ないし30年を過ごすのがよいといえます。

いずれにしても定年後の生活を充実させて生活するには，本人の日々の努力と住んでいる地域によっても異なります。定年まで長年住んでいたところが住み慣れて最もよい人もいるかもしれません。ただこの機会に指摘しますが，日本は高度成長以後，東京・大阪のような金融，金儲けの場所が重視され，旧幕時代以来の地方都市がもつ秀れた文化や農業，漁業などの地産地消のよさが著しく軽視されてきたことです。

地方の海辺の小都市に生活して魚，野菜，果物などの地産地消の新鮮な食品を食べることの幸福は，本人がどれだけ，それを意識しているかは別として大都会の人には味わえない幸福といえます。また桜やカキツバタやアヤメ，紅葉の名所近くに生活している人は，今年も元気で花をみれた幸福を感じることが多いと思います。ただ率直にいえば，大都会と地方都市や田舎では賃金水準が異なります。田舎の低い賃金で暮らしていけるのは物価などが安いこと，野菜や魚などが自給自足ができているからです。現に田舎にいくと，若干の畑のある人は6万円前後の基礎年金のみで暮らしている高齢者が少なからずいます。そのため年金の低い人は地方へ移住している人もいます。

中学，高校の同級生と一緒に，あるいはサークルの仲間でカラオケを熱唱する時間を幸福と感じる人もいるかもしれません。

他方，大都会に住んでいる人は歌舞伎や宝塚などの芝居やN響のオーケストラなどの音楽会，そして上野などの美術館で一流の絵画を容易に観る幸福があるかと思います。しかし，それらの観劇などをひんぱんに観るには高額の金がかかり，

生活にゆとりのない人にとってみるとかえって大都会に住んでいる不幸を感じるかもしれません。

（別荘暮らし）
②　定年になったら海外（例えばニュージーランドやオーストラリア）で生活したいとか，別荘を購入して，そこに住みたいとか，故郷に住みたいと考えている人がいます。

健康で十分な年金などがあって自分で3度の食事など作ったり，日曜大工や庭仕事などが好きとか，車の運転ができるならばそれも1つの考えです。そうかというと別荘まで行って食事の準備をするのは嫌だとか，田舎には知り合いもいないのでそんなところには住みたくないという人もいます。別荘は常時居住するわけではないので管理のための費用がかかります。

海外に出向いた人の多くは75歳前後に日本に帰ってきています。病気や死ぬ時，あるいは親族のことを考えてのようです。また別荘は2000万円前後の値がします。人によってはそれだけの金をかけるのであれば1泊2万円のホテルに泊まった方がよい。少なくとも2人で500回前後は各地のいろんなホテルに泊まれるし，「上げ膳，据え膳」の生活でその方がよっぽどよいという人もいます。

夫婦2人の海外生活や田舎生活は素敵なように見えても，日頃から会話があって家事の協力関係が成立している夫婦にはよいといえます。しかし，そうでない人や定期的に病院通いの人や緊急の病気のときに大きな病院が近くにない田舎や別荘暮らしは心配なことが多いといえます。

（どんな街で生活したいか）
③　老後の生活に関して住むのにどんな街がよいかは人によって違います。あえてあげるとすれば次の条件があればよいかと思っています。

1つは旧制中学か旧制高校，そして大学がある自治体であること，2つは県立病院などの専門の病院があること，3つは街の中にゆっくりとできる喫茶店や和菓子や洋菓子店があること，4つは公会堂や美術館があって「全国区」の芸術家や

作品がくる自治体であること，5つは地産・地消の食材が多く手に入ること，6つは美味しいものを食べさせる地元の人が経営するレストラン，飲食店があること，7つは年齢構成がバランスがよい街であること，8つは買い物を楽しめる商店街があること，9つは春夏秋冬の楽しみや城下町などの山車にみられる行事などがあること，10は地場産業があり，街が景気に大きく左右されないこと。11は半径30kmないし50km以内に米軍基地や自衛隊基地，あるいは原発がないことです。12は過去100年前後に地震，津波，豪雨などの災害や空襲などで大きな被害に遭っていない街であることです。

　前記以外の個人的事情としては，近くに温泉があることや地酒の酒蔵があること，そして海釣りの好きな人は海の近く，スキーの好きな人はスキー場の近くを選択する人がいるかも知れません。

　前記のことを全部を満足させる街を探すのは容易ではありませんが，あえて都市名を挙げると旭川，帯広，小樽，函館，弘前，盛岡，山形，会津若松，村上，高崎，鎌倉，小田原，沼津，松本，金沢，高山，奈良，倉敷，松山，尾道，萩，久留米などがそれにあたるかと思います。

　人口は5万人から40万人前後の街です。大学などがあることは街が学問と学生を大切に扱い，若者が多いので活性化します。そして公会堂などがあることは地域の文化を発信したり年に数回は全国区の音楽・芝居を楽しめることを意味します。

　春夏秋冬のお祭りがあったり，桜，紅葉などを近くで楽しめたり，季節の食材を味わえることも重要です。そして地場産業があることは金沢の陶器や漆器，着物などにみられるように街が安定しています。金沢も久留米も美術館が有名です。弘前は大学があり，喫茶店が多い文化的な街です。旭川はオホーツクや北見の食材が豊富であり，近くに大雪山があり，動物園，富良野などがあり，ある意味で文化都市です。帯広も大学があり，じゃがいも・小豆の産地であり，冬はスケートができ，街に全体として落ち着きが感じられます。小樽と函館は北海道の海の玄関口であり，市内各地に文化財があり，海の幸が豊富です。高崎は連隊があって8月15日に空襲に遭いましたが，戦後早くオーケストラを結成し，県内各地で

演奏活動をしています。松本は音楽や古い建物を残し，倉敷は大原美術館と古い街並みが素敵です。村上は堆朱やシャケ，瀬波の夕焼けが有名です。会津若松は薩長によって町が壊滅的打撃をうけましたが，大平内閣の伊藤正義にみられる会津人の意地みたいなものが色んなところで感じられる街です。高山は街並みと飛騨の匠の山車があります。松山は俳句とお茶が盛んな街です。

（4）定年後の生活をエンジョイする

（楽しみの多い生活を）

①　定年はあくまでも国と企業の便益を考えてのことです。それゆえ個々人の人生には定年がありません。むしろ，これまでの仕事の大半は家族を養うためであったり，「パン」のための仕事でした。この機会に自分の初心と志が何であったかをよく考えることです。例えばこれまで封印をしてきた日本100名山や海外のモンブラン，キリマンジャロなどの登山に出向くのもよいかと思います。

また750ｃｃのバイクなどで北海道一周を2週間ぐらいかけて道東の10ｋｍの直線の道路を楽しむのも素敵なことです。ロンドン，パリ，ローマの海外旅行や世界一周のクルーズ船に乗って2ヶ月ほど海外旅行をゆっくりできるのも定年後です。

また長寿を楽しむには，芸術，文化，箱根駅伝などのスポーツなどを鑑賞したり，家族は勿論，友人・知人と団欒をして，日々の生活を楽しめる生活状態にあることが望ましいといえます。折角定年を迎えたのですから，長生きをして人生を楽しまなければ損です。

ただヨーロッパへ出向いた人ならば誰もが気がつくはずですが，市役所の広場などで5，6人の大人（その多くは高齢者）が幾つものグループを作って会話（その多くは世間話）を楽しんでいます。これに対し，今日の日本は冷暖房が発達したり，団地・マンションになったせいか大人同士が家の縁側や家の前に椅子を出して将棋や囲碁などをして会話をしなくなっています。

また1970年代ごろまでの企業や労働組合は文芸や園芸などのサークルをもち，

スポーツのクラブもありました。いまは終身雇用が崩れて，ゆとりがなくなり，そのようなサークルは職場や労働組合にもありません。また日本のサラリーマンはヨーロッパの労働組合のように産業別ではありません。そのため職場を越えた地域の人々との付き合いが少ないのが特徴です。

そのせいか少なからずの退職者は庭仕事などの生活をしたり，ゴルフや競馬などを楽しんで生活しています。

（地方議会などのチェック）
②　これからは社会と関わって公民として主権者として生きたいという人は，まず地方議会の議員の人数，報酬，そして議会での発言や活動のチェックを試みるのも1つです。

仲間とサークルを作って議会の傍聴に出向き，議員がどんな質問をし，役所の側がどう応えたのか，そしてその質問が理にかなっているのか幼稚なものなのか，の感想を交換し合うことです。その結果如何によっては，議員定数の削減と報酬の問題に取り組むことができます。広報紙やラインやメールで感想を流したり，時には「議会だより」みたいなものを市民へ流すことがあってもよいと思います。

またあるテーマで議員を呼んでその質疑・回答を参考にして市民の投票活動に役立てることがあってもよいかと思います。特に最近の国会や地方議員の中には政治活動の前歴の全くないタレント，アナウンサー，スポーツ選手などのように「高収入」をあてにした「就活」目的の人がいます。こんな人々が国会議員になって各種法律が作られるとなれば，いろんな点で心配がでてきます（川人貞史『日本の国会制度と政治』東大出版会）。

市会議員の中には公示前の2，3ヶ月の活動で4年の生活が保障されると考えて立候補している人もいます。そんな人はどんな政策を表面的に掲げても実行をする気がないのでNOというべきです。

さらに他の市町村と自分の市町村の条例（例えばオンブズマン）を比較検討して条例の改定運動をすることがあってもよいと思います。市の公職（教育委員，

人事委員，監査委員，選挙管理委員，農業委員など）の人選の基準と委員の職務
が適正になされているかをチェックすることも大切です。特に教育委員会を傍聴
して教育委員の発言や子どもへの愛情の有無をチェックすることです。

（ボランティアの生活）
　③　他方，民生委員や保護司などになって，地域社会の裏方として献身する方
法もあります。他に，達成感のある仕事として2～3年，海外協力事業団やNG
Oの活動に参加してアフリカや南米の国々の，あるいは難民の人や現在のウクラ
イナの海外避難者のため支援もよいかと思います。

　外務省の人ならば欧州憲法条約やヨーロッパ人権条約のアジア版を作ることに
尽力すべきです。農林省の人であれば里山を保全したり，漁船の乱獲やトロール
船の漁法を禁止すべきです。外国から言われてマグロなどの規制に反発するだけ
では食品ロスを防げません。厚労省出身の定年者であれば年金，医療，労災など
の改善のために発言したり，元教師であれば低学力の子どもの補習のお手伝いを
したり，中学生のクラブ活動を支援することもよいかも知れません。旧養護学校
の教師であれば，知的障害者の卒後教育を生涯学習の形で支援する道があります。
高校や中学の芸術の教師であれば，学校のコーラスや陶芸室を利用して地域の人々
と交流するのも1つです。環境庁の職員であればNPOの人々と協力して，山林
や河川などの環境を護る取り組みをすることです。また世界遺産のガイドや保全
活動をするのも意義のあることです。いずれにしても定年後は「死ぬのを待つよ
うな」消極的な生き方ではなく，生きてきた証が1つでも地域に残る生き方をし
たいものです。

　また子どものために「子ども食堂」みたいな活動に参加して，少しでも生活に
困る子どもがいないようにするのもよいかも知れません。いうまでもないことで
すが，1人ひとりの生活の実情は国や自治体がすべて把握できるわけではありま
せん。近隣の人々がよくできることもあります。

　福祉国家において大切なのは人間の生存のネットワークを作り，その網をすべ
ての人々に拡大して多くの人が安心して暮らせるようにすることです。それらは
1人ひとりの博愛と献身によって支えられて初めて実現することです。1人はみん

なのために，みんなは 1 人のためにです。国家まかせ，自治体まかせの態度は自律的，自主的な公民のとる態度ではありません。自分にできる形で支援を惜しまないことです。

　ところで，人によっては自分は現役のとき社会のために尽くしてきたから，これからは自分のためのみに生きたいと考える人もいます。その考えは間違ってはいませんが必ずしも正しくはありません。医者などの仕事はそれ自体，社会貢献に直結しますが，サラリーマンが尽くしたのは会社＝企業の利益であって，社会のためではありません。会社のために働いたのも結局は自分の生活のためでしかないことを忘れています。仮に企業人として社会のために尽くしたとしても，定年後の 30 年を社会と無縁で過ごすのはあまりにももったいないといえます。

（5）それぞれの人の老後のスタイル

（いつから老後か）

　①　老後をいつからと考えるかは各人の職業，年齢，男女差，本人の体力・気力などによって大きな違いがあります（森村誠一『老いる意味』中公新書ラクレ）。

　(ア)　サラリーマンの多くは定年後を老後と考えるかも知れません。農業などや物販店そして建築などの自営業者は体力を基本にして 85 歳ごろを老後と考えるかも知れません。また同じ医者でも外科と内科ではリタイアの時期は 10 年ないし 15 年は違うと思われます。さらに画家などは冒頭に紹介した小見山さんのように 100 歳前後でも仕事を続けています。

　(イ)　私の母は 90 歳を過ぎてから体力・気力が急速に衰えましたが，85 歳ごろに私達子どもがお小遣いを母に渡しても，手をつけないので使ったらと母に述べると，「老後に備えてとっておく」と言っていました。その当時の母は父が死去して田舎から上京して 25 年ほど経っていましたが，85 歳でも母はまだ老後とは考えていませんでした。青森の恐山には 75 歳ごろに出向いて「イタコ」を通じて亡き父と会話をしてきたとのことでした。

　(ウ)　なお 70 歳，80 歳の高齢者の財産は若い時から「老後」に備えて貯えてき

た大切なものです。この大切な財産を新興宗教や訪問販売などで失うことは老後の生活を大きく「転換」させることになるばかりか，時には生きる希望さえ失いかねないことになります。老後を人並みに生活するには，財産を適切に管理することです。軽い認知症の人をねらって親切を装って宗教団体の人が近寄ってくる時があります。財産をすべて失う可能性があるので拒絶することです。若い時は相対的に所得の差は少ないのですが，高齢になると資産のある人とそうでない人の差は非常に大きくなるといえます。

（いつまで働くか）
②　ところで年金だけでは心配だとして65歳以降の生活の不安がある人は，いつまで働いたらよいかを考えざるをえません。本人の体力，気力や生活状況などを総合的に考えて決めることです。将旗の長考ではありませんが定年前から考えることです。

生活の心配がある人は業種などを問わず，75歳ぐらいまでは働いた方が，それ以後の生活のことを考えると預金を減らさないという意味でもベターといえます。実際2012年当時，高齢者の就労状況は約596万人であったのが，2020年には約900万人に増加しています（総務省調べ）。

他方，75歳を過ぎても天下り先や関連会社で「働いている」人がたまにいます。そんな人をみていると，かつての青雲の志や正義感や覇気は消えて金のために人生を無為に過ごしているだけの人にみえます。

少なくとも75歳以後は若いときにやりたかった活動や趣味などに時間をかけて，日々を充実させた方が有意義です。いつまでも金銭欲・権力・名誉欲に固執していると，晩年を不快に過ごすことになるといえます。

（再就職）
そこで再就職ですが，私の経験でいえば手に職をもっている人は再就職にあたっても有利です。例えば事務系でいえば簿記などの資格を持っている人，技術系でいえば工業専門学校など（高専）の技術者です。とくに技術系の熟練の人は当該企業の嘱託や関連会社で雇用すると高い技術の人を現役のときの半額前後で雇用

できるので使用者もウェルカムです。さらに電気主任，ガス主任などの有資格者も病院などで重宝がられます。柔道や空手の段をもっている人は警備会社の再就職に向いているかも知れません。また2級建築士などの技術をもっている人はマンションの管理会社や老人ホームなどでも重宝がられます。

　ただ働くこととの関係で気をつけねばならないのは，65歳を過ぎると注意力が少しずつ落ちることです。2022年5月30日の『東京新聞』によれば，労災で死亡した人の43％が高齢者とのことです。高齢者の労災は建設業，工事現場での車の誘導中の事故などの警備業，清掃やタクシーのドライバーも多いとのことです。

　これに対し，事務系の部長，課長などの管理職の例のように，当該企業で有用であっても，異業種の仕事になるとほとんど役に立たない人が多いといえます。それは現役のときの給料が高すぎるのと，かつての銀行の支店長や役員のように，床の間を背にして接待を受けてきた体質が身についているからです。その意味でいうと，75歳まで働いた中小企業の技術者と60歳定年の大企業の部長クラスの生涯賃金でいうと大差がほとんどなくなります。

　70歳を過ぎて生活に若干ゆとりのある人は，趣味の庭木の剪定の資格をとって業いとしたり，障害のある人や観光地のガイドヘルパーをしたりするのもベターです。車の運転が得意な人は高齢者施設や介護タクシーをするのも「あり」です。ちなみにシルバー人材センターで色々好みの仕事を見つけることもできます。（2022年9月19日の朝日新聞によれば高齢者人口は3627万人であり，65〜69歳の就業率は初の5割を超えたとのことです。そして就業者数は909万人とのことです。）

（青雲の志と団塊の世代の役割）
　③　2025年には「団塊の世代」といわれる戦後の第1次ベビーブーム時代の人々が大量に75歳になります。この人々は学生のときは大学紛争で後輩のため学費値上げに反対して立ちあがり，さらに産学共同反対を主張していました。しかし企業に入ったならば産学共同を推進し，ある業種の人は軍学共同を勧め，企業戦士として日本をリードしてきた人々です。

　かつてこの人々が大学紛争や70年安保や沖縄返還などの社会問題で「連帯を求めて孤立を恐れず」として無茶とも思える活動を大学内外でしたとき，何故，そんなに夢中に活動するのかを聞かれて「死ぬときの満足感」が違うと答えていました。そうであるならば，いまこそ，自分が50年前に振り出した手形の「決済」をするときです。経済社会でいま「失われた30年」が叫ばれていますが，団塊の世代は志を失って40年です。本人は忘れたふりをしているかも知れませんが，心ある人はずっと本人の生き方を注視しています（編集安田常雄『「社会を問う人びと」運動のなかの個と共同性』岩波書店）。

　この人々が再び「死ぬ時の満足感」を考えて，国に対し，高齢の人の意見を最大限取り入れるように国などに迫ることは大きな意味をもってきます。国が高齢者の発言を尊重しないのであれば，3600万人の高齢者にメールなどで働きかけて選挙で高齢者問題に否定的な人を落選させる活動をすることもできます。このような高齢者による取り組みは福祉先進国の北欧で日常的になされています。

　団塊の世代の人々は退職した今，その経験を駆使して，3600万人の高齢者やその予備軍の人々に働きかけることです（大山礼子『政治を再建するいくつかの方法』日本経済新聞出版社）。これが先人が切り開いてきた人生100年時代の幕開けに団塊の世代の人々が答える道です。「情けは人の為ならず」です。

　ところで私がかねてから疑問なのは，理工系の研究者，ＩＴの技術者，自動車などの技術者が退職後，それまでの生活と無縁に自宅で過ごしているのはまことにもったいないと感じています。現に20年ほど前に大手家電の技術者の少なからずは，定年後は韓国・中国で働き大きな成果をあげました。この人々はこれまでの技術の延長上にベンチャー企業で高齢者や障害者用の車や車椅子，そしてベッドなどをＩＴを駆使して開発することはできるはずです。大企業の技術者や理工系大学教授などの退職者は，折角の能力を世のために少しは役立てることを考えてみたらどうかと思っています。

　前記の問題以外に退職者が取り組む課題として，人間の生存そのものを危うくする気候変動や地球環境の問題があります（レイチェル・カーソン『沈黙の春』新潮文庫，米本昌平『地球環境問題とは何か』岩波新書，真鍋淑郎ほか『地球温

暖化はなぜ起こるのか』講談社）。

　スウェーデンの少女グレタさんらによって，大人の責任とは何か，職業人の役割はどこにあるかが厳しく問われています。この問題は職業人以前の人間の生き方に関わります（宇佐美誠『気候崩壊』岩波ブックレット）。ちなみに遊園地や電車，超高層ビルなどでクーラーをガンガンつけ，大量に電気を使いながら原発を止めさせる運動は説得力に欠けます。また不要不急の用事で自家用車を利用している人が排気ガス問題を論じるその姿勢自体が厳しく問われます。人間の限りない欲望のため，空と海と氷河は変化して北極の白熊などは減少し，さんま，かつを，いわしなどの回遊魚などは気温の上昇で大きく変化をしています。レッドカードが地球に出ています。

(6) 人生 100 年時代を見据えた生活設計を

（長生きの準備と対策）

　①　長生きの喜びを家族との関係で言えば，2 つあります。1 つは定年前から定年後 30 年ないし 40 年の生活設計をたてるならば，自分と家族が達成感のある人生を歩むことが可能になることであり，もう 1 つは，子どもたちの成長や孫の顔をみたり，四季の変化のある生活の充実感を味わうことができることです。

　私はこれまで，高齢者が人生の後半戦を充実して生活するには年金，医療，介護などの公的責任を基礎として，個人が幸福追求をすることが必要である旨を全国各地のセミナーで発言してきました。しかし，多くの人々は自分が支給をうける年金額に関心はあっても制度の改善にはあまり関心をもたなかったといえます。例えば日本の年金水準の低さや，その低い年金から年々引き上げられる健康保険料や介護保険料などを死ぬまで国民に負担させていることにもっと怒りを国民は持っていいはずなのに，そのことにはセミナーの参加者はあまり関心を示しません。それでいて年金の手取りがさらに下がる旨を報告すると多くの人は心配になって，定年後いつまで働いたらよいかの質問をしたり，年金プラス預金で人生 90 年，100 年を乗り切れるにはいくらの預金が必要かとの個別・具体的な質問が多かったといえます。

　多くの人々は現状の施策や制度を前提にして，少しでも自分や父母のために有利な取扱い例を探したり，定年後の「トリセツ」に関心があったといえます。人生の楽しみを味わうことの見通しがたたない現状がそのような言動になるのかも知れません。

（高齢者の不安と心配）

　高齢世代の人に会うと，多くの人は老後の健康不安と所得（年金など）の不安を口にします。長生きのコツは規則正しい生活をすること，身体の異変に気がついたならば早く治療することが重要です。もう一つは歯の治療をすることです。歯がきれいになると食事を美味しく食べられます。気力と体力の源の1つとして歯があります。前歯がきれいになるとなんとなく生きていくことに自信がわいてきます。また，足をあげて歩き，転倒などで骨折をしないことです。転倒の多くは歩幅が小さく足を上げていないからです。家などで転倒すると認知症や寝たきり老人になりかねません。

　ただ公的な社会保障だけを頼りにしていると，現状の国の政策をみると「最低限度の生活」しか味わえないまま死を迎えることになりかねません。少しでも老後を充実させて「文化的な」生活したいと考えているならば，各人の責任で預金などの資産づくりの準備を中高年時代からしっかり準備することです。

（いくらの預金があったらよいか）

　②　多くの人はリタイア後は年金と預金で生活する計画だと思います。日本の年金制度について定年前のセミナーで講演すると，一般的な説明はよいから自分は一体いくら年金をもらえるのかを教えてほしいという質問が多かったといえます。各人の拠出年数と給料で違うので，一律に回答はできません。それなのに，そんな質問が多いといえます。そこで定年後の生活費と預金について述べます。

（日々の生活費）

　老後の生活費を切り詰めるとしても，衣食住の生活費だけでも月25万円前後は必要です。仮に年金が20万円だとすると毎月5万円ずつ預金で補って生活をすると，預金はどんどん減少します。病気や介護などの出費増を考えるとさらに不安は増大します。これでは人生90年，100歳を生きられるのか不安です。

　今日，年金のみで生活している人は高齢者の約半数です。いかに多くの人が年金を頼りにしているかは，年金支給月である偶数月の 15 日にどこの銀行も高齢者が長蛇の列を作っていることからしても明らかです。それだけ高齢者は毎月の生活に金銭的ゆとりがなく生活していることの証です。

　2022 年 2 月 12 日に新潟県村上市で発生した米菓工場の火災で 5 人の死亡が発表されましたが，その被害者は 70 歳前後でしかも夜中に働いていたことが判明しています。どんな事情があったのかは不明ですが，夜中から明け方まで 70 歳前後の人が働かざるをえない状況は決して正常とはいえないと思われます。マスコミはこの事件を日本の社会保障の貧困との関係で報じていません。

（退職金と預金）

　人生 100 年時代にあっては，定年時に預金は退職金とほぼ同額ぐらいはあった方がよいとセミナーで述べることにしています。1500 万円の退職金であれば 1500 万円の預金です。2000 万円の退職金であれば 2000 万円の預金です。普通に生活をしていて残った分を預金に回すというスタイルでは前述の金額の預金はとてもできません。

　50 代初めから毎月定期積金を 5 万円前後すると年間 60 万円，これを 15 年間すると約 1000 万円近くになります。前記の定期積金にボーナス時に預金を多くすると，なんとか目標の 1500 万円前後に近づきます。「アリとキリギリス」ではありませんが，入るだけ使ってしまうと老後は暗黒になることを覚悟すべきです。

　リタイア時に 3000 万円ないし 4000 万円前後の預金があれば，年金の不足分や病気や介護，冠婚葬祭などの出費にもほぼ対応できます。そして日々の生活を質素にしていれば，定年前後でも年に 3 回前後は夫婦で旅行に行ったり，たまには上野の美術館や博物館に出向いたり，年に数回，音楽会にも行くことが可能になるはずです。ただ戸建ての人は 10 年ないし 15 年に 1 度，外壁の塗装に 100 万円前後かかります。またトイレ，風呂，台所の水まわりの修繕にも 200 万円前後の金がかかります。さらに家の中をバリアフリーにすると 50 万円から 200 万円ほどかかります。これらの金は毎月の生活費とは別枠で考えておくことです。

（生活苦の人々への対応）

③　問題となるのは，年金以外に収入はない，預金を病気などで使ってしまった人の「老後」です。今日の社会保障のように利用者の自己負担が多いと，預金をなくする人がでたとしても不思議ではありません。

　率直にいえば高齢世代は若者世代と違って資産格差が著しく大きいのが特徴です。人生の荒波の中で病気・事故で資産を失った人もいます。その結果，資産のない，貧しい高齢者となる例が多いといえます（結城康博・嘉山隆司編『高齢者は暮らしていけない』岩波書店）。年金しか収入のない人は銀行のキャッシングやサラ金などからお金を借りないことです。泥沼の生活になります（ＮＨＫスペシャル取材班『「老後破産」長寿という悪夢』新潮社）。

　ところで今日の日本は生活保護受給者の半分に高齢者が迫る勢いです。生活保護は最後のセーフティネットといわれるように，人間が人間として生活していくうえで不可欠な制度です（日弁連生活保護問題緊急対策委員会編『生活保護法的支援ハンドブック』民事法研究会，産経新聞大阪社会部『生活保護が危ない，最後のセーフティネットはいま』扶桑社新書）。それなのに国は財政難を口実に窓口で生活保護の申請を拒絶したり，受給している人に対し，ケースワーカーを通じて，受給者の人格を否定する形で受給を辞退させるように誘導しています（藤藪貴治・尾藤廣喜『生活保護やヤミの北九州方式を糺す』あけび書房）。そのため本来ならば生活保護をうけなければならない生活水準の人の２割程度しか生活保護をうけることができずにいるとされています。

　生活保護の受給が厳しいため，日本では生活保護水準前後のボーダーラインで生活をしている人が少なからずいます。国はこの人々と生活保護受給者をいわば「対立」させて，生活保護受給者に必要以上に肩身の狭い生き方を強いています。例えば生活に困窮したならば，持家の人は自宅の処分後でなければ生活保護は事実上うけられないとするのがそれです。この人々は長年住んでいたところから転居をして家賃の安い公営住宅に入居しながら生活保護をうけるしかありません。

　ただ生活が苦しくても無理をしないことです。今の生活に固執しなければ，生

活困窮の人が利用できる施設として養護老人ホームがあります。養護老人ホームは全国に1000ヶ所近くあります。全国的に部屋も空いているとされています（河合克義ほか編『高齢者の生活困窮と養護老人ホーム』法律文化社）。いろんな選択を考えて老後が安心して過ごせる道を考えるべきです。

（7）定年後の注意事項

（高齢者の財産をねらう人々）

①　人生50年時代であれば50歳前後で死亡する人が多かったため，リタイア後の所得や生活設計はほとんど必要ありませんでした。また人生50年時代は親子二世代，三世代の家庭が多かったので，家族が防波堤となって訪問販売や投資話などの被害にあう高齢者はほとんどいませんでした。しかし，いまや高齢世帯が圧倒的です。

定年後は原則として新しい収入が入ってきません。だからといってテレビのCMを見て金融取引や不慣れの株の売買などの資産運用に手を出すと「大火傷」をすることになりかねません。定年後の暮らしは年金と預金が源資となります。とくに退職金は40年前後，働いてきた賃金の後払いです。そして二度とそのような大金は入ってきません。退職金は不治の病などに備えて定期預金にしておくことが賢明かも知れません。

（訪問販売）

最近，リフォーム詐欺まがいの訪問販売や賞味期限が済んだかつてのスポーツ選手やタレントが関与しているテレビのCMの商法，そして暴力団が関与している振り込み詐欺やオレオレ詐欺などの消費者被害の犠牲になる人は，(ア)1人暮らしの高齢者であり，(イ)まさか自分のような高齢者を狙う悪人がいるとは，想像していないこと，(ウ)そして高齢者は新しい商法（訪問販売）やカードの取扱いに不慣れのため被害者になりやすいこと，(エ)訪問販売などの被害に遭ったと気がつくのはクーリングオフの8日を経た後とか実際に商品を費消してしまった後です。そのため解約や返品が難しく，被害の回復が詐欺などを理由にするしかできないことが多いのが実情です。少しでも疑問があるときは警察や市町村の消費者センターに家族や近所の人などと一緒に相談することです。

112

（うまい話ほど危ない）

②　そこで多くの人々の関心事である定年後に安定した生活を維持するにはどんなことに注意をしたらよいかを述べます。

世の中には本当に悪い人がいます。ここで悪い人とは刑法などの犯罪行為に該当する人だけでなく，ハイリスク・ハイリターンの商品の，ハイリスクを隠して，元金などの減少に法的責任をとらない証券会社，銀行，生保などの一部のセールスマンを指します。

勧誘の対象は老後の不安や資産不足を自覚している人や，もっと儲けて老後の生活を楽して暮らしたいという人です。率直にいうとハイリスク・ハイリターンの商品にはこれまで関与していない素人は関与しないことです。また最近，仮想通貨，暗号通貨などが出ていますが高齢者はこれらに関与すべきではありません。証券会社などの投資の付き合いはやり直しがきく50代までとし，少なくとも60代以降はやり直しがきかないので付き合いはやめることです。

いろんなセールスに対し，「うまい話は危ない」として強く断ることです。以下，危ない話を例示します。

（ハイリスクの商品）

(ｱ)　最も注意することは「ハイリスク・ハイリターン」の商品は危ないということです。退職後に，それまで縁のなかった証券会社や銀行が年10％の利益があがるなどの投資話の電話をかけてきたり，訪問してきます。またマンション業者が絶対値上がりするというマンションの購入の件で電話をかけてきます。投資信託や株などの売買は元金の保証がありません。たとえ知り合いの銀行員や証券会社の人（それが親族であっても）も原則，断る勇気をもつことです。

またマンション業者は儲け話を執拗に勧めますが，冷静に考えれば，そんなに儲かるならば自分で投資するのであって他人に勧める人はいません。

(ｲ)　同じく危険な商売に「先物取引」があります。先物取引は素人には無理で

す。経験のない人は絶対に手を出さないことです。手数料も高額です。

（借金，保証人）

（ウ）　さらに退職金が出たとの話を聞いて普段付き合いのない遠くの親族（子ども含む）や知人がお金を貸してくれとか保証人になってくれと言ってきます。この人々は必ず金は利息を付けて返済する，あなたには迷惑を「絶対に」かけないと述べます。しかし，他人の退職金をあてにする親族は市中の金融機関からも信用がない人物です。それゆえ返済能力には重大な疑問があります。

そもそも退職者を保証人にすることは普通の企業ではしません。銀行などが保証人の適格者とするのは 60 歳までです。それなのに定年後の人を保証人に求めるのは，主たる債務者も金貸しも「ブラック」の人だと考えるべきです。

保証人は，たとえ親子でも断る勇気をもつことです。とくに事業資金の保証人は上限が限定されない場合が多いのですべての財産を失うことになりかねません。

（注意を要する「詐欺」と「個人の感想」）

③　リタイアをすると家にいることが多くなります。これに伴い「オレオレ詐欺」「振り込み詐欺」の電話や訪問販売や，悪質な業者からの電話なども多くなります。オレオレ詐欺の多くは息子を名乗っています。娘は日常的に親と連絡をしているので電話の「加害者」にはなりえないのかも知れません。カードの情報や，子どもの中学校などの名簿，物販店などの買い物の名簿が秘かに業者に売られて市中で出回っているためです。

また家にいるとテレビの通信販売の「不要不急」の健康商品に目がいく機会が多くなります。健康食品の多くは医薬品ではありません。効果も「個人の感想」との記述があるように信頼性に欠けます。さらに，テレビのＣＭの「いまから 30 分以内」の申込の電話などの商品は一見役立つように思えますが，効果がないものが多いのが現状です。時には有害なものさえあります。医薬品でない，効果が不明な個人の感想のコマーシャルをたとえ著名な会社でも信用しないことです。

いろんなリスクを回避するために，自宅の電話は原則，留守番電話としたり，

非通知の電話には出ないことです。

　また電話の内容が録音できる装置をつけることです。最近は東京の「03」を装った電話がありますが，パソコンなどを駆使すると海外の電話でも「03」のときもあります。また自宅を訪ねてきたセールスなどとはドアを開けて話をしないことです。

（ネットに注意）

　もう一つ，75歳を過ぎたならば，ネットでの注文は原則しないことです。ネットは外出しなくても物が配達されてくるので便利です。が，しかし，デパートのように現物を見ていないので，実際に手にとってみると想定していたのと違う商品なのでトラブルになります。ましてネットオークションになると本物か偽物かの区別が全くつきません。テレビの人気番組の「なんでも鑑定団」でのニセ物はネットで購入したものが大半です。「安物買いの銭失い」にならないよう少し高くても店舗をもっている物販店で商品を購入することです。どうしても買いたいときは生協のような安心できる業者を選択することです。

（消費者被害の実例）

　④　そこで高齢者をねらった消費者事件の被害例をまとめると次のようになります。(ア)住宅リフォーム，(イ)寝具訪問販売，(ウ)健康食品，(エ)電話機リース，(オ)恋人商法，(カ)呉服の過量販売，(キ)クレジット名義貸し，(ク)エステティック被害，(ケ)内職副業商法，(コ)マルチ商法，(サ)国内公設商品先物取引，(シ)金融商品取引被害，(ス)不動産投資，(セ)外国為替証拠金取引，(ソ)未公開株商法，(タ)海外先物取引，(チ)海外先物オプション取引，(ツ)パチンコ攻略法，(テ)霊感商法，(ト)敷金返還，(ナ)架空請求，(ニ)インターネットオークション，(ヌ)外国語学校被害，(ネ)フランチャイズなどがあります（福岡県弁護士会消費者委員会編『消費者事件実務マニュアル』民事法研究会）。

　前記のような消費者問題が今日，社会問題になる背景には，高齢者のみの世帯が多いこと，高齢者などの消費者と事業者との間に圧倒的な情報の質，交渉力の格差があることがあります。またセールスの人は重要な事実について告げなかったり，断定的に（例えば必ずもうかる，過去3年間元本割れはないなど）言動を

するところにあります。

　注目すべきことは前記の消費者問題に芸能人などが関与していることが多いことです。しかし芸能人はあくまでも業者から頼まれ「演じて」いるだけです。商品の安全性の保証はせず，信用するに値しません。

　これらのことを規制するために消費者契約法や特定商取引に関する法律，割賦販売法，金融商品販売法などが立法化されてきています。これらの法律では業者に説明義務を十分に尽くすよう求めていますが，実際は業者が法の網をくぐって次々と違法な行為をしています。最近では宗教団体が名称を変更したため被害にあっている人も少なからずいます。それゆえ，これまでの人生で関与しなかったり，知らないことには決して接近しないこと，断る勇気をもつことです。

（生保・銀行との付き合い方）
　⑤　20世紀ごろまでの銀行は安心と信用を第一とし，変動制のある商品の販売には関与しませんでした。それでも生保と銀行がかつて協同して販売に力を入れていた変額保険がありました。これは老後の生活の安定と相続対策をかねるというふれこみで開発された商品です。顧客が銀行から多額の借金をして保険商品を購入し，その配当が銀行の借入利息を上廻るというふれこみでした。しかし，保険の配当が銀行の金利より下廻り，銀行へ借入金を返済できなくなって破産した，自殺した，という例が続いて，詐欺だとして裁判になったことがあります。

　前記の各事例をみても，老後を危うくするのは「うまい話」だけでなく，信用のある銀行まで関係する事例があることをしっかりと認識することです。

　他方，最近の銀行は収益第一で顧客との共存共栄ではなく，自行本位になっています。退職金や預金が1000万円前後あると，銀行は高収益の期待できるリスクのある投資信託を勧めます。

　今日の銀行はやたらと高額手数料をいろんなことで稼いでおり，かつての安全第一の銀行とは全く違います。80歳を過ぎたら都銀や地銀ではなく，人間関係があって，小回りのきく農協や信金と取引するようにしたらよいかも知れません。

郵便局もかつては便利でよかったのですが，最近では手数料などを高くしています。なお多少資産のある富裕層の人には，信託銀行が預金，投資信託，不動産の売買・管理で相談しています。

　2021年12月28日の朝日新聞によれば，90代の夫婦に19年間累計で46件もの契約を大樹生命（旧三井生命）の担当者が結ばせていたと報じられています。会社はこの家族に謝罪したとのことですが，会社の利益が第1，利用者のことは第2，第3であることを示しています。ちなみにかつて明治・安田生命などが顧客に不利な特約条項を結ばせて，社会問題になったことがありました。

　また生保・損保の中には，千代田生命，大和生命，東邦生命などのようにバブル崩壊後倒産し，加入者の多くが損害をうけています。

（8）定年離婚の危機を乗り越える

（女性の自立と結婚・離婚問題）

　①老後の生活を危うくするものに定年前後の夫婦関係があります。戦前は勿論，戦後もしばらくは女性にとって結婚は「永久就職」だとか「喰いぶちを減らす」ためだとされた時があります。そのため2人の間の人格と愛情は重視されず，家同士のつながりが大切にされたほどです。「女の幸福は男次第」だといわれたものです（総合女性史研究会編『性，愛，家族 日本女性の歴史』角川書店）。

　（ア）　しかし戦後の憲法24条は婚姻は両性の本質的平等にもとづくとしています。

　結婚は男女平等の全人格的結合が基本です。つまり異なる人格が結びついてお互いの人格を高め合うことが期待されています。お互いにただ好きだというだけでなく，そのような愛のある生活をお互いが努力して作ることが，長く続く幸福な結婚生活になるといえます。

　（イ）　また結婚生活は昨日とは違う今日を互いに発見できるから面白いといえます。それには互いが向上心をもち，一緒にいて楽しい，「タメ」になる夫婦である

ことが大切です。定年前後に夫婦間で 1 日数回お茶を飲みながら社会問題，天気，近所のこと，学校のことなどを率直に話し合える関係が大切です。その意味で長続きする結婚生活は互いがいろんなことに興味をもって 2 人の愛情を深化させる連続した努力が双方に必要です。どちらかが深化の努力を怠っていると夫婦間は危機になります。それゆえ 2 人の時間を大切にして生きることです。大切なことは互いの欠点を述べることではなく，長所を引き出して一緒にいて楽しいという関係を作ることです。

（今日の離婚）

　（ウ）　戦後 77 年に今年はなります。好き合って結婚した人も，その後の 2 人の努力の少なさと感情の変化で離婚に至ることがあります。

　ここでは高齢の人の離婚を中心に考えてみます。生活の目途さえ立つならば，定年を機に離婚したいという高齢の女性が増えているのは，愛のある生活こそ大切だとの結婚の原点を大切にする人が増えているからです。

　子どもが小さいうちは「子は鎹（かすがい）」であったかも知れませんが，子の成人後，とくに定年後は愛情の有無が大きな意味をもちます。ちなみに離婚には協議離婚と裁判上の離婚があります。また今日の離婚には慰謝料，財産分与に加えて，年金分割もあります。

　財産分与では夫婦で築いた財産の 2 分の 1 が原則として配偶者にあります。大企業に勤務していた人ならば退職金を含めると 3000 万円ないし 4000 万円の預金があるはずです。これの半額程度を最大限，財産分与で他方が取得します。これに加えて年金分割があります。年金分割は分母の基礎年金の分割ではなく，分子の所得と積立年数などの年金です。最大 0.5 まで分割されます。

　老後の 20 年ないし 30 年を，心が通わない人と一緒にいるのは嫌だとして定年離婚になるようです。定年離婚を避けようとするならば，結婚の原点にかえって，よき夫婦の関係をどうしたら作れるのか，2 人でじっくり話し合い，努力をするしかありません。

118

（男女の協力の必要性）

②　定年後の生活は大抵は平穏で平凡な日々です。その平凡で平穏な生活が定年後には必要です。原則として1日24時間年365日自宅で「毎日が日曜日」として過ごすことが多いといえます。それゆえ企業戦士時代、「メシ，フロ，ネル」の1日30分程度しか家族と話をせず，食事も1日1食程度しか自宅で食べていなかった人が，1日3回食事を家でとり，365日家にいるということは家族にとっては大きな負担となります。とりわけ単身赴任の家庭のように，これまで夫がいないことで家族が成立していたのが，定年後そうではなくなるので困惑している人もいます。しかもこの人々の少なからずは「亭主元気で留守がいい」の生活をそれなりにエンジョイしてきた人です。夫が3年間も単身赴任していても一度も赴任先に出向いたことがない人がいます。

（孤独感）

　上記のような会話の少ない夫婦の生活は定年後，家族の中で子どもや配偶者からも相手にされない「孤独感」となって跳ね返ってきます。ちなみに孤独の多くは1人でいる時よりは家族の中で仲間はずれに近い状態のときに感じるとされています。夫にすると，これまで30年ないし40年「家族のため」にひたすら働き，定年後は家族と一緒に生活できることを夢見たものの，全く違う定年後の家庭内別居の光景の連続に困惑します。それで「つい」俺は家族のために働いてきたと述べたくなります。しかし，配偶者から貴方は子どもの学芸会や運動会に出席せず，子どもの進学・就職のときも相談にのらず，ひたすら会社のためと同僚との付き合いに明け暮れただけだと激しい「口撃」にさらされます。私の作った食事に1度でも貴方は美味しいと述べたこともない，家族のためになんて貴方に言ってもらいたくないと言われます。この配偶者の発言には一定の説得力があり，本人も子どもたちもつい賛同しがちです。

（愛情の薄い夫婦関係）

　前記のやりとりは表面的には妻に軍配があがります。しかし30年間も，不正常な夫婦の関係を続けてきた側には全く責任はないかです。そもそも結婚生活は2人で協同して築くものです。20年，30年お互いが充実した結婚生活のあり方について協議したり，努力さえしたことがないのに，定年後，突然，前述した妻のような発言をされるのは夫にすると驚きかも知れません。単身赴任や長時間労働と，

残業をしなければ家や車のローンなどを支払えないため，ひたすらガンバッテきたと思っている人には前記の妻の主張には違和感をもったとしても不思議ではありません。

　そこで日本の企業社会と家族の関係を改めて考えてみます。そもそも国と大企業は配偶者控除制度の下で女性が夫の収入に依存しなければ生活できない状況を創り出しています。そして半ば専業主婦を勧めています。そして働く人に企業への忠誠と従属性を強めています。いうならば企業が家族の生活を支配して夫婦の時間を少なくしている事実もあります（鎌田慧『ドキュメント家族』ちくま書房）。まして前述の雇用関係の実情を考えたとき，一方的に妻に軍配をあげるのは少し気になります。特に配偶者の中には結婚してまで何で私が働かねばならないのかとか，夫にひたすら出世を期待して，ガンバレと述べてきた人がいます。

　これまでの日本の多くの男の結婚の動機は，かつては「嫌いでなければよい」，家事・育児をしっかりと妻がやって，家のことをやってくれればよいと役割分担を中心に考えている人が多かったといえます。日本の男たちは男女平等と家庭生活をあまりにも軽視しすぎてきました。そのつけが前述の妻の「口撃」になったといえます。そんな夫にすると，これまで家族に暴力をふるったわけでもなく，酒乱でもなく，浮気をしたわけではないのに，そして単身赴任を何年もしてきて毎月給与を送金してきたのに，こんな扱いをうけるのは「不条理」との気持になるようです。言うならばお互いが「いいとこどり」をしていた「つけ」が定年時に問題点として爆発したといえます。

（お互いが趣味のある生活を）
　③　定年後の生活を心豊かに過ごすには，定年前後ごろまでに夫婦や家族共通の趣味みたいなものを幾つかもつことです。例えば近所の公園や丘を散歩して草花や野鳥の写真を撮ったり，春夏秋冬で夫婦で京都，奈良，日光，鎌倉などの旅行に行ってゆっくりするとか，成人した子どもと一緒にミュージカルの井上芳雄や山崎育三郎を観たり，歌舞伎の猿之助や玉三郎，菊之助，団十郎になる海老蔵の襲名披露特別講演の歓進帳の芝居や，落語の小朝や一之輔の寄席，国内外のマイナーの映画などを観ることです。そして家族の共通の体験と話題を増やすことです。

　また２ヶ月に１回ぐらいは家族で食事に出向いたり，４ヶ月に１度は全国各地に，共済組合の宿を利用して２泊３日の旅行に出かけて地元の美味しいものを食べるのもよいといえます。これらの非日常の生活は２人の平凡な生活に変化と刺激を与えてくれます。いずれにしても定年後は第２のゴールデンエイジです。再び新婚時代に戻るものです。そうだとすると，２人で定年前の互いの身勝手な結婚生活のあり様を反省し，これから新しい関係を作るのだという気持ちの下で再スタートすることです。

　とくに定年前に空気と同じく配偶者のことを考えて，これまでほとんど，愛情ある生活の構築のために努力をしないできた夫は定年後は要注意です。老後になって男の一人暮らし，それも定年離婚ほどつらいものはありません（朝日新聞テーマ談話室編『家族 上 下 日本人の家族観』朝日ソノラマ）。

　他方，それぞれの人が自分の趣味というかやりたいことを配偶者とは別に独自にもつことも大切です。オーケストラやコーラス，あるいは囲碁などができれば，少しは違う日常の生活になるはずです。またお茶やお花，日舞のサークルに入ったり，俳句や書道の会に入会して文化祭などに出品したりするのも１つです。

　くどいですが40年一緒にいた夫婦でもその結びつきの基本は愛情です。愛情の基本は思いやりと互いの人格の尊重と文化の共有の蓄積と互いの向上心が必要です。30年，40年間の結婚生活で２人の愛情の源の精神的財産をどれだけ貯えたかが定年後の夫婦円満のバロメーターです。

（9）失われた 40 年と定年後の生活の変革を

（自分を取り戻すために）
　①　戦前の教育勅語以来，日本人の多くは忠孝一本，国や企業のためにひたすら尽くすことが当然とされました（岩波書店編集部編『教育勅語と日本社会』岩波書店）。それは戦後77年になる今日でも色濃く企業社会にあります。企業のトップの指示・命令に従順なのと，社員の長時間労働が，社員が地域や家庭で自分らしく生きることを妨げています。自由と人権が家庭内外で保障されていない社会

では，長いものに巻かれろ，泣く子と地頭に勝てず，などの大勢順応主義となり，自主的な生き方を阻害します。長いサラリーマン生活は自分らしい生き方を失わしめます。

そこで日本社会で人権と民主主義が問題とされた時を振り返ります。これまで 5 回ありました。1 つは明治 4 年の岩倉調査団のあとの中江兆民らの指導の自由民権運動のときであり，2 つは薩長の藩閥政府に対しての護憲運動を展開した大正デモクラシーのときであり，3 つは 1945 年 8 月 15 日以後のアメリカ占領軍下の民主主義のときであり，4 つは岸内閣の安保条約強行の 60 年安保反対のときであり，5 つは 70 年代の安保，ベトナム戦争反対，沖縄返還，公害などをめぐるときです。

前記の民主主義は平和と国民の生存に関係しても，1 人ひとりの自由と人権の内面化，自主性の確立という点では今少し弱かったといえます。70 年安保以後，45 年以上，日本社会の民主主義は自衛隊，海外派兵，集団的自衛権などの法制の整備に対しても大きな論議は呼んだものの，国民的な大運動にはなりませんでした。この間の 45 年ないし 50 年の民主主義運動不在と内面形成の不十分のままに生まれ育った人は，いまは社会の中核の 50 歳になろうとしています。

また 1970 年前後に小・中学生であった人はいま定年を迎えようとしています。この人々の特徴は，日本が 80 年ほど前にアメリカと戦争をしたことを知らないことや，軍や特高が国民にどんな言論統制をしたかを知らないことです。

また戦後の憲法の平和と民主主義にかかわる再軍備，逆コース，三井三池，60 年安保，ベトナム戦争反対や沖縄復帰，70 年安保などの社会の出来事についてほとんど知らないことです。そして前記のことを知らないことを不勉強とも思っていない人々です。それでいて人をすぐ左とか右とレッテルを貼りたがる未熟な人々です。身も心も企業の方針にズブズブです。

ところで今日の日本人の多くは民主主義を政治制度（天皇主権か国民主権か，など）や政治テーマを中心に考える傾向があります。前記の 5 つの時期の民主主義は確かにいずれも政治的なものでした。しかし，いま日本社会が自由と人権と

の関係で問われているのは政治上の民主主義だけでなく，経済社会の民主主義，家庭と学校の民主主義，そして個人の自己決定や尊厳の，自由と人権の民主主義です。

　経済社会では，労使対等が崩れて労使協調という名の従属的組合となり，上司の人事権を武器とした残業の強制，パワハラ，セクハラの生命・身体に関わる問題が増加しています。

　また家庭では夫のＤＶ，児童虐待が横行しています。学校では体罰・いじめが恒常化し，毎年少なからずの人が生命を絶っています。定年を無事迎えた人は，前述した企業社会の荒波を乗り切った，ある意味では「戦士」でもあります。その戦士の実体は自分の考えや生き方を殺してきた人々です。

　これに対し定年後の生活は企業社会の前述の論理とは全く違います。再三述べているように，誰にも気兼ねすることなく自由に発言し，行動できる時です。その権利を行使するには40年ないし50年の企業生活で奪われた人間性と自由を回復することが先決です。「見ざる，聞かざる，言わざる」の企業社会を生きる知恵は定年後の生活のあり方を著しく狭くします。

　定年後，高齢者が自分らしく生きるためには，企業時代の「奪われた」40年の人間性をとり戻して，人類の文化遺産である学問，芸術，そして自由，平等，正義という普遍的価値観を大切にして生きていくことです。そうでなければ人生をエンジョイできません。

（個人の尊重と幸福追求）
　②　日本社会は戦後77年になるのに，戦前回帰の政治家や企業人がいまでも多々います。幾つか例示すると，1つは高校，大学の授業では戦前の日本の負の遺産である戦争の実態については詳しく教えようとはしていないことです。それと関係して戦後の憲法の国民主権，基本的人権の尊重，平和主義の重要性について社会で生起している具体的な事例に即して教えていないことです。それでいて靖国神社の参拝を政治家などがしていることです。その2は学校の勉強は企業への就職のためであることです。そのため就労後の社会人の多くは文学，芸術，歴史，

思想史などの本を読むことをしていません。学問や内面形成は学生時代や就職時でストップしたままであり，就職運動期のリクルートスーツで企業に身も心も売るタイプの人になるといえます。その3は日本の企業は長時間労働が常態化しているのと，通勤時間の遠距離化のため，働く人々は企業外で私生活の時間を楽しめていないことです。例えば映画，音楽，芝居などの芸術，文化などを個人としては勿論，家族での楽しむ時間を平日は勿論，土・日も持てていないことです。

（日本社会の異常性を知ること）

日本の憲法は前国家的権利としての思想・良心の自由や言論出版の自由を保障し，憲法27条にもとづく労働基準法などの法律で労働時間と残業が規制され，各種の法律でセクハラ，パワハラなどの個人の尊厳を侵す行為を禁止しています。しかしこれが企業などでは護られていません。実際，憲法の自由と人権は企業の門の前で停止しています。企業は選挙権はないのに特定政党に献金し，社員に企業ぐるみ選挙を強要しています。これは思想・良心と国民主権をないがしろにする行為です。前記の日本社会の企業の現状は，基本的人権を擁護し，社会正義の実現を使命とする弁護士法1条に定める使命からみると極めて重大なことです。しかし，どんな異常なことであっても，それが長期間企業社会で継続しているとノーマルとされます。

日本の勤労者の圧倒的多数は自由と人権の重要性を十分に解せず，西欧社会の労使関係からみると異常なものをノーマルとうけとめて，40年ないし50年，仕事を続けてきました。定年後は自由であると強調されても，40年前後の身体と頭に染みついた垢を全面的に洗い直さなければ，定年後は自由人にはなれないといえます。そこでどうしたら「籠の鳥」から脱却して自分らしく生きることができるかです。

（やりたかったことを実現するために）

③　現在100歳前後の人々は，戦前・戦後の荒海の航海をなんとか1人で舵を切って生きてきた経験の持主です。1946年の憲法制定の選挙に女性も参加し，戦後の数々の改革の中で自分の生き方と立ち位置を検証しながら生きてきた人々です。

そして今日の人生100年時代の基礎となる経済と社会保障を，とくに年金,医療,

介護を築いてきた人々です。60年安保，ベトナム戦争，三井三池などの労使紛争も少なからず体験してきた人々です。

　これに対し，いま，60歳，70歳の人々は先人の築いてきたレールの上に，いわば「乗っかって」生きてきた人です。国民生活の向上のために必死で努力もせず，自分ではレールを作ってこなかった人です。だから，これが私の仕事だ，歩んできた道だという誇るべきものを会社内外でもっている人が少ないといえます。それもこれも高度経済成長後の企業が作り上げた「鋳型」というかステレオタイプの道を歩んできたためです。いつの間にか企業社会の垢が身体全体に染みついてしまっています。先人の労苦を無視し，あたかも自分の実力と錯覚をしてきた「つけ」が，いま60歳，70歳の人々にでているといえます。それらを払拭するためにも，先人の労苦に学び，今一度，若い時の原点に戻って青雲の志を取り戻し，企業生活の中で失われた40年を取り戻し，自分らしく生きる道を少しずつ実現していくことです。青臭さのなくなった人はセミの抜け殻と一緒です。学生のとき，何をしたかったのかをじっくりと考えて定年後の道を歩むことです。

　定年後は自由と人権を重視し，公民として自主・自立・自律という人間としての誇りのある道を誰にも遠慮することなく悠然と歩むことです（中野晃一ほか『いまこそ民主主義の再生を』岩波ブックレット）。

（10）自分らしく生きるための課題

（公正，正義の人になるには）
①　今日の学生の勉強は高校，大学の受験と一流会社への就職のためです。学校秀才の多くは受験競争の中で学校の勉強しかしません。子どもの時に体験すべき自然，芸術，スポーツなどの感動を体験せず，古典の小説などの本を読むことが少なく，成人後の内面形成，精神の独立と文化の享受には関心が少ないのが実情です。文化系の学生の多くはアルバイトと遊びに明け暮れています。そのせいか，いつまでも未熟な大人が少なからずいます（G・ジョーンズ，C・ウォートス『若者は何故大人になれないのか』新評論）。ちなみに，いまの若者はスマホに毎月1万円とか，車のローンで毎月5万円や駐車料として毎月1万円ほど支払っても，岩波書店やみすず書房，白水社などの，どちらかといえば社会問題や人間

の生き方を追及する硬派の 3000 円ないし 5000 円の本を 1 年に 1 冊も買わない人が多くなっています。そのため世界共通の感性や人種差別や権力の非情さを是正することさえしません。人間のもつ限りない愛情の深さと社会連帯の必要性も知らない人が増えています。

　また，いま時の若者の多くは社会人になってからは丸山真男，日高六郎，綱野善彦，加藤周一，堀田善衞，須賀敦子などの教養書をほとんど読まず，かつ世界と日本の文学（例えばディケンズの『クリスマスキャロル』や『オリバーツイスト』，G・モルガンの『人間のしるし』，ストー夫人の『アンクルトムの小屋』，エーリヒ・ケストナー『動物会議』岩波書店，長谷川伸の『相楽総三とその同志』，司馬修の『山の民』，住井すゑの『橋のない川』，三浦綾子の『母』『銃口』など）の本やグリム童話やイソップ物語，日本昔話などを読んでいない人が増えています。

　人間らしく生きる，そして自分らしく生きるには，定年前には関心を示さなかった後述の内外の歴史書，そして文学作品などを定年後にしっかりと読んで，自由と平等，博愛，寛大などの意味を学んで公正・正義などを愛する人になることです（例えばヴォルテール『寛容論』中公文庫，ウンベルト・エーコ，和田忠彦訳『永遠のファシズム』岩波現代文庫，トーマス・マン，渡辺一夫『五つの証言』中公文庫）。

（マスコミに注意）
　②　今日の企業人などは前述した教養の本を読まないとしても，内外の時事問題などに関心があるかといえば否です。為替や株の上下のニュースのような経済のニュースは関心はあっても，公民としての義務を果たすための旧統一教会と自民党の関係，ミャンマーの軍事独裁，シリアの難民問題などについてほとんど関心を示しません。あるのはロシアのウクライナ侵攻後の物価高と企業経営への影響です。また勤労者はゴルフやスポーツに明け暮れる生活をしています。

　日常観るテレビは芸能人らのバラエティやお笑いものが中心です。時事問題や社会問題を扱うニュース番組を見るのが少ないことや，仮にあっても政府のスポークスマン的な官僚出身やマスコミ出身の大学教授や専門的知識があるとは思えない芸能人が，一面的な見解を述べる安易な番組が大半です。

テレビのコメンテーターの少なからずは，政府の提灯持ちの人や，まともな発言をする人を非難・中傷する右翼の政治家と，良識と学識のない有識者，そして「詳しい」人の楽園となっています（塚田穂高編『徹底検証 日本の右傾化』筑摩書房）。これらの人は「広く浅い」知識であり，20年，30年その分野を専門に深く研究している人に比べると「底の浅さ」と「学のなさ」は明らかです。そのため，「学識者」ではなく「有識者」や「詳しい人」とマスコミでも呼んでいるものです（新藤宗幸『権力にゆがむ専門家』朝日選書）。

（常識と良識をもつ人へ）

③　アメリカに追いつき，追いこせをスローガンにいろんなことへの好奇心と向上心を原動力に高度成長を遂げた日本の企業は今日，大きく変化しました。20年前，30年前のNHKの「プロジェクトX」にみられるものづくりの品質の確かさで今日の繁栄を形成してきた日本の産業界はいまやその精神が消えつつあります。

新聞報道によれば三菱電機や日野自動車のように会社ぐるみで何年間にもわたって不正をしている企業があります。バレるまで不正を放置して平気です。「赤信号みんなで渡ればこわくない」の気持ちが不正を恒常化させています。そのことに違和感をもたない役員と社員が大勢社内にいます。どうして一般社会からみると異常なことが一流企業で通用するようになったかです。1980年以降，企業は社員が人間としてもってる人権と労働組合の力を徹底的に奪ってきました。ひどい企業の中には「窓際」だけでなく「追い出し部屋」を作ったり，海外に片道切符で出すというところもあります。山崎豊子の日本航空をモデルにしたとされる「沈まぬ太陽」が日本企業の労務管理のあり方をスミズミまで描いています。この小説では企業による組合の役員への人権侵害を余すところなくあぶり出しています。当面の利益を稼ぐことに専念している日本の企業のトップの消極的な姿勢は中国・韓国にも大きく水をあけられようとしています

労働組合の幹部の中には働く人々の要求を抑えつけ，会社の役職員になるための出世コースと考えて幹部になっている人さえいます。戦後改革の柱の労使対等による公正な分配の交渉さえせず，使用者に従属する風潮が横行し出しています。また組合員に，働く人々の連帯感がなくなって非正規労働者が2000万人になった

り，役員と非正規労働者の報酬・賃金の格差はかつての10倍から100倍前後にまで拡大することに労働組合は異議を述べません。企業と労組のトップのため，不正常なことが社内外で「正常」なものとして扱われるという異常なことが生じています。日本の企業と勤労者を再生するには常識と良識が通用する社会にするしかないといえます。

（11）足元からみつめる

（コンプラが問題となる理由）

①　日本の大企業の経営者の相当数はオーナー経営者ではなく，社員に対しては人事権をタテに「実力者」として「偉い人」としてふるまうものの，社会的にみれば「余人」をもって代えることのできる人材が大半です。この人々は社内では有能な人であっても社会全体でみればそうではありません。最近では原発問題の東電，関電，『空飛ぶタイヤ』の三菱自動車などの不祥事での役員の交代前後の人事をみれば明らかです。企業社会で今日コンプライアンスルール（法令遵守）がさけばれることは，それだけ自分勝手，倫理観の欠如している人が増えているからにほかなりません。

以上のことは最近の経済団体のトップにもいえることです。任期を終えると誰が前任の経団連会長であったかさえ，あっという間に忘れられてしまうほどです。それはこの人々は，国民全体のことではなく業界団体の発言をしているからです。バブル最盛期のある財界人は「経済一流，政治三流」と述べて株や不動産投資を自慢していましたが，バブル崩壊後，経営にいきづまりました。トップの中には責任を社員に転化してリストラをし，その三流の政治家に巨額の公的資金の注入や「損切り」を支援してもらって平然としています。

日本のサラリーマンの多くは労働組合を含めてトップの不正に目をつぶっているため，正義感や社会連帯の気持ちをもつことが少なくなっています。我が社，マイホーム，自分中心で無難に生活する集団に変質しつつあります。その結果，バブル崩壊後の銀行・生保・損保の破産や統廃合となり，自分の首を絞めることになったといえます。いずれにしても企業中心の生活スタイルは定年後の生活スタイルを極めて貧しいものにしてしまいます。

（定年後の過ごし方）

②　いずれにしても仕事人間は，夫婦・親子の生活を長期間犠牲にしたためか，定年時には「燃え尽きた」人間になる場合さえあります。これから（定年後）家庭を大切に生きていこうとしても，30年，40年の「空白」はあまりにも大きいといえます。通常の神経をもっている配偶者であれば家庭円満の回復は著しく難しいといえます。

また多くの人々は社会人として必要な，家庭，仕事，そして主権者，公民としての義務をバランスよく果たしていないことにあまり疑問をもたなくなっています（佐高信『逆名利君』講談社）。主権者として大切な選挙権さえ，企業ぐるみ選挙で企業に従うのが当たり前になっているのがそれです。民主主義社会において最も重要な選挙権さえ企業に「売って」しまっているとすれば，家庭生活も企業と一体となることに疑問がないといえます。

企業社会の中で奪われた人間性を，夫婦の間において，親子の間において，充実した生活を定年後に取り戻すにはよほどの努力が必要です。それには異なる考えの人々と接触することです。地域や社会問題にも関心をもつことです。また前述した内外の教養書や小説を読んだり，芸術・文化に強い関心をもって生活することです。本などの感想を意見交換をし，お互いの絆を確認し合うことです。例えば，過去及び現在の著名な映画（『ベンハー』『風と共に去りぬ』『ニューシネマパラダイス』『ローマの休日』『ひまわり』『アラビアのロレンス』『戦場のピアニスト』『七人の侍』『人間の条件』『宗家の三姉妹』『山の郵便配達』『砂の器』『新聞記者』『独裁者』『街の灯』『グローリー』『ガンジー』『遠い夜明け』『シンドラーのリスト』『パリは燃えているか』『大地と自由』『サウンド・オブ・ミュージック』『鉄道員』『ダンス・ウィズ・ウルブズなど）や，俳優座や民芸，こまつ座などの芝居や，宝塚やミスサイゴンやエリザベートなどのミュージカルを観ることです。親子である時代を回顧し，感想を述べたり，互いに意見交換をし，自分であったならばあの時どう行動するか話し合うことです。そのような生活のあり様は毎週，毎月の新聞などの文化欄や映画の広告などを見て，今度はどこへ行ってみようということが家族の間で話題になります。

　以上のような歴史と人間を大切にする文化重視の生活は，自分でも知らないうちに世界と社会と関わりをもつ生活スタイルに変化しているといえます。そして周囲の一部の人々のような「死ぬのを待つ」ような生活とはひと味もふた味も違う，70 代，80 代の輝きのある生活をもたらすといえます。

（和して同ぜず）
　③　本年（2022 年）は日本人にとってはいろいろ考えさせられる年です。1 つは 1868 年の明治維新から 1945 年の 8 月の敗戦までの戦前の 77 年，1945 年 8 月 15 日からその後，男女同権の憲法を経て戦後の 77 年です。そして戦前の負の遺産ともいうべき日中戦争を終了させた 1972 年の日中共同宣言から 50 年，そしてアメリカとの太平洋戦争終了後に占領されていた沖縄が本土に復帰してから 50 年です。

　ところで本年 2 月にロシアはウクライナに侵攻し，9 ヶ月以上経っています（世界臨時増刊『ウクライナ侵略戦争』岩波書店）。21 世紀の世の中で，大国のロシアがウクライナを武力で抑圧しようとして大勢の人々をかつての労働者の国，ロシアが殺傷し戦争犯罪に近いことをしているのは全く信じられないことです。改めて民主主義国家とは何か，人間の生存，とりわけ生命・身体の大切さと自由と人権の重要性を考えざるをえません。

　ソ連解体後ロシアは 30 年以上経っています。しかし，ロシアのプーチンは国民の自由と人権（言論・出版の自由，思想・良心の自由，刑事手続における司法統制など）を全く無視して大勢の反対派の人々を抑圧しています。このことはロシアの民主主義には？がつきます。大国の指導者は経済さえ発展すれば，つまり国民が日々生活できれば自由と人権などは無視してもよい，自国民や他国民が苦しんでも平気という態度です。その人権無視が今回の戦争となり，ロシアとウクライナの国民の死亡を招いています。前記の事柄は他国のことと私達日本人は傍観するわけにはいきません。

　既述のように日本でも安倍一強体制の下でマスコミは事実上，政府の広告塔となり，官僚は統計不正をし，大企業では何年にもわたって検査の不正をしたり，関西電力の役員のように社会人として弁解不可能なことや，コンプライアンスルー

ルを破って平気な企業のトップもでてきています。その背後には企業社会の下で社員に対する管理統制が進行し，労働組合は団交で企業のトップに，もの言えず，自由と人権は企業の門の前で停止し，「物言えば唇寒し，秋の風」のごとくの状況になっているからです。以上の異常なことをノーマルと考えて過ごしてきた企業人が定年後を自分らしく過ごすには，企業社会の中で身についた「垢」を洗い落とし，普通の人間としてもっている公民として，個人としての自由と人権の尊さを再認識することです。もっというと企業時代の「和をもって貴し」の生活態度というか，もの言えば口唇寒し，大勢順応主義のスタイルをやめて，自分の考え，思想・良心を大切にする「和して同ぜず」の生き方を貫くことです。それが自分らしく生きる出発点です。くどいですが近代人として当たり前の自由と人権，国家と個人，企業と家族などの関係を定年後はしっかりと認識した生活をすることです。

（12）老後は公的支援で

（すべての人が報われる社会を）

①　日本人はかつては金儲けしか考えない人を「成金」とか「金の亡者」「守銭奴」として軽蔑したものですが，今や株などで儲けている人をセレブとして扱っています。

　また，かつての政治家は「井戸・塀議員」として自己の資産を喰いつぶしてまで議員活動をしていましたが，いまは2代目—3代目の世襲の議員がどんどん増えています。議員が金になり楽な暮らしができるから後を子が継ぐのだと思います(国会議員の文通費は領収書なしで毎月100万円でています)。しかも，この人々は，日本の労働者の賃金水準が先進国で最も低く，OECDなどの調査では高齢者の貧困率が先進国では著しく高くなっていることを忘却しているのではないかと思われます。

　また，最近の政治家や大企業のトップの中にはゴルフに明け暮れ，前述した教養書はほとんど関心を示さず，映画も観ず，学問を軽視し，平等，共感，正義，公平の気持ちのない人もいます。そんな人の多くは富をもった者が勝ちだとの考えです。

　小泉，安倍，菅の歴代内閣は自分の政策に反する人を排除したばかりか，菅内閣に至っては「学者の国会」の学術会議の人事にまで介入しました（岡田正則ほか『学問と政治』岩波新書）。学問を軽視する政府は文化国家ではありません。率直に言えば，最低の学識と良識さえない人が政府を構成しているとみられてもやむをえません（羽田貴史ほか『危機の中の学問の自由』岩波ブックレット）。

　いずれにしても国の労働政策と企業の労使協調（従属）は働く人から人間としての誇りとゆとりのある生活さえ奪ったばかりか，大勢の人々を過労死と精神の病気に追い込んでいます。

　さらに年金が下がり，医療や介護の費用が増大しているのに，これの是正に労組は全く取り組んでいません。

　いまのような労使対等の原則を忘れた労働組合や，組合ＯＢの高齢者の生活の貧しい現状にも「我関せず」の労働組合の対応は，使用者の一人勝ちを許しています。そのため日本の企業から緊張感をなくし，検査などの不正が横行し，トップのみが利得しています。働く人の賃金は下がり企業は衰退しつつあります。現に中国・韓国との企業格差は拡大しつつあります。

　日本社会を再生するには，労働組合は社会正義の旗を高く掲げて，74春闘の時のように３万円の大幅賃上げや年金・医療などの国民的諸課題に政府と交渉するようにすべきです。苦しい人が大勢いるのに見て見ぬふりをしていては，労働組合の存在意義を失わせます。今一度，「統一と団結」の力を組合は発揮すべき時です。そして組合は高齢者の生活の安定のために最大限の尽力をすべきです。

（もう一度，労働組合の役割を問う）
　②　社会保険（医療，介護，労災など）に関して労働組合の役割は２つあります。１つは働く人とそのＯＢが生存に不安を抱かないようにすることです。これはすべての働く人々が無料か格安の費用で社会保険サービスを利用できるようにすることを指します。貧しい人も安心して福祉を利用できるようにすることです。

もう1つは保険料の拠出者の団体として社会保険の運営団体に関与し，保険料の徴収と使途について発言することです。この点でいえば財界などは保険料が高いと企業経営に影響するとさかんに発言しているのに対し，日本の労働組合はその影響力の行使が極めて弱いことです。せめて労使折半の保険料を労働者側4，使用者側6とするぐらいの協議を経営団体と協議すべきです。しかし，21世紀の日本の労働組合は世界にあまり例がないほど国や経営者の言い分に「ものわかり」がよくなっています。働く人やOBの高齢者の立場に労組は立っていません（奥村・佐高『会社事件史』七つ森書房）。労働組合の本来の役割は「弱気を助け強気を挫く」ところにあったはずです。そして働く人々のために献身的に活動するところにあったはずです。なお日本の労働組合は労使協調を掲げる右派と社会の諸問題にも取り組む左派が対立しています。基本は組合員から会費をもらって存在している以上，組合員の職場の要求を大切にし，それを団交課題として労働条件の労使交渉するか否かです。

私がこれまで関与したり，見聞きした大企業などの役員の不祥事の多くは，右派の労組が支配する企業が多かったといえます。つまり，右派の労組は職場の要求や経営者の経営方針や労務政策を団交の課題にとりあげて真剣に交渉しないために，経営者は安心して「悪さ」をするのではないかと思います。労使間の分配をめぐる適度な緊張があれば，100対1のような役員の法外な報酬にはならないと思われます（相澤美知子『労働・自由・尊厳・』岩波書店，熊沢誠『格差社会ニッポンで働くということ』岩波書店，斉藤純一『不平等を考える』ちくま新書，後藤道夫ほか『格差社会とたたかう』青木書店，白波瀬佐和子『日本の不平等を考える』東大出版会）。

（公的支援の充実を）
③この100年の高齢者の多くは戦前・戦後の飢餓的貧困の状態と政府の貧しい政策の中にあって，国に頼れなかったため自助・共助で生きてきました。人生50年から人生100年に近づいてきたのは，大局的にみれば「くるくる」変わる国の政策には国民が頼れないとして，公的支援をベースにしながらも自助努力で長生きしてきた歴史があるからです（手塚和彰『国の福祉にどこまで頼れるか』中央公論社）。

　国の過去及び将来への政策への不信感が，国民の自力・努力が長生きを生んだものです。国のいう自助・共助とは全く違います。また今日の核家族と孤立した社会の中では共助も風前の灯火です。高齢に伴い，ひとり暮らしの人の介護の問題は自助や共助ではどうにもなりません。日本の政治家は1990年代まで家族が親の介護をするのを日本型福祉として自慢げに発言さえしていました。1990年代に介護の共倒れ，介護殺人が多発してようやく1998年に介護保険法の制定にふみきったほどです（毎日新聞「長命社会」取材班編『介護地獄』講談社）。

　介護保険は有料福祉です。お金を払って介護サービスを事業者から購入するものです。その点でいえばスーパーでパンやお肉を買うのと大差がありません。そのせいか，かつて親を家族で面倒みないで老人ホームに預ける家族に対し，なんて親不孝な子どもだ，嫁だとの親族の声は介護保険実施後の今日ではほぼ消えました（日弁連・高齢者・障害者の権利に関する委員会編『契約型福祉社会と権利擁護のあり方を考える』あけび書房）。

　高齢社会の進行に伴い，この20年で老人ホームに入所する人も在宅の介護サービスを利用する人も飛躍的に増加しました。しかし，貧しい人々は有料福祉の下では福祉サービスを利用できません。

　生活保護をうけている人は医療や介護の扶助はあるものの，文化扶助はありません。芸術・文化を楽しむためには自己負担をせざるをえないのが現状です。

　いずれにしても憲法25条の公的責任と公的支援の充実がないと，働く人々の多くは医療と介護を十分に老後にはうけられません。これが不十分だと今後の長生きの人数は明らかに頭打ちになるといえます。それゆえ各個人の資産の有無などに関係なく大勢の人々が長生きするには無料か低額の公的支援が不可欠です。

　そこで高齢者は社会保障の充実が不可欠であることを3600万人の人々へアピールすることです。黙っていたならば国は社会保障に回す財源を大企業や防衛費に平然と回します。そして再び日本を個人責任，家族責任の自立・自助の国にしようとしています。その結果，多くの高齢者は100歳になる前に生命尽きていくことになるのは必定です（以上について，河合克義『老人に冷たい国・日本』

光文社新書，荒木誠之先生遺歴祝賀論文集『現代の生存権——法理と制度』法律
文化社，小塩・田近・府川『日本の社会保障政策』東大出版会，井上英夫『患者
の言い分と健康権』新日本出版社，医療・福祉問題研究会編『医療・福祉と人権』
旬報社）。

第5章　81歳から100歳前後をどこで迎え，どう過ごすか
——老人ホーム，認知症，旅立ち——

(1) 81歳からのライフスタイル

（近づく老いと死）
① 81歳以降の人の老いと生死は男女で大きな相違があります。

　1つは平均寿命というか平均余命というかは別として，男女で少なくとも6，7歳の差があります。男性の多くは83歳前後，女性の少なからずは90歳前後で死に遭遇します。

　また80歳を過ぎるころになると，男性は体力・気力が急速に衰えがちです。例えば1ヶ月前にできていた自宅の階段の昇降が難しくなったり，入浴が難しくなったり，握力がなくなってビン詰めなどのフタを開けられなくなったりするのがそれです。80歳を過ぎると日々の時間はたっぷりとありますが生命の時間は短いのが特徴です。

　男性は落語家の柳家小三治さん，ノーベル賞の益川さんと根岸さん，あるいはデザイナーの三宅一生さんのように，85歳前後で死亡する例が多いといえます。これに対し，85歳以後100歳までの8割ないし9割の元気な人は女性です。実際，老人ホームに出向くと95歳以上の大半は女性です。

　もう一つ，生きる意欲にも男女で大きな差があります。男性は企業社会の「しがらみ」が大きいためか，定年後の人生を生きる意欲が乏しい人がいます。これに対し，働いている人を含めて女性は子育ても終わり，これからが自分の人生だと思って生活している人が多いといえます。実際，夫を亡くした妻の大半は1年ほどはこれ以上にないといえるような悲しみでやつれています。しかしそのよう

136

な女性の多くは3年もすると元気ハツラツで，活発にサークル活動などをしています。

　50数年，高齢者問題に関与してきて思うのは，天寿や老衰などの年齢は少なくとも10年前後は変化してきています。95歳で老衰とか天寿というのは近い将来「禁句」になるかも知れません。

　いずれにしても人生50年時代と異なって，今日の高齢者は80歳ないし85歳ごろまでは大きな病気でもしない限り，普通に在宅で生活できます。1人暮らしで台所に立つのが大変な人のために，今日ではスーパー，コンビニでも1人用の食材が豊富にあります。給食に近い形で弁当を毎日配達してくれる業者もいます。また歩行が困難な人にも三点杖，四点杖，乳母車類似の商品や，車椅子など多様な商品が開発されています。ただ老いは本人の努力と医師の協力で遅らせることはできても限界があります。

　他方，作家の瀬戸内さんや画家の野見山さんのように，やりたいことが沢山あり，これでよいと満足しない，生きることに貪欲な人もいます。その意味で中高年のときから，80歳からどう生き，親族を含めて後世の人々に何を残していくかです（日野原重明『生きることの質』岩波現代文庫）。

　長生きの人の大半はテレビのニュースや新聞をよく読んでおり，社会との関わりを大事にしています。ある意味ではその人の真価が問われるのが経済社会のしがらみがなくなった80歳からの生活といえます。

（老いを自覚する）
　②　老いは必ず，誰にでもおとずれます。ただその時期は人によって大きく違います。70歳の人でも65歳の体力の人もいれば，75歳と間違えられるほどの老化の人もいます。いうならば70歳で上と下で10歳位違う人さえいます。

　また老いると耳が遠くなる人，目が悪くなる人，歩行が難しくなる人，認知機能が衰える人など，人によって様々な症状がでてきます。

　また，85歳を過ぎるころから人によっては心身の衰えが急速にでてくる人がいます。心身の衰えに対応して趣味やスポーツも変化します。あまり身体を動かさずにできるものとして俳句や書道，写経，ラジオ体操などがあります。それゆえ心身を持続させるために，頭と体のリフレッシュは欠かせません。

　子どもは親がいつまでも長生きをしてほしいと考えるから，若いときには言えなかったことを親にいろんな注文というか小言を言うようになります。いわく加齢臭を体から発生させないよう清潔にしろ，手をよく洗え，服装をちゃんと整えて外出しろ等々です。一応どれも妥当な発言なのですが，親にすると長年の「くせ」と習慣を子にことさら言われるのは本意ではないようです。そして身体が衰えていくため，子どもから小言に近いことを言われると「こたえ」ます。

　親はあと何年も生きられないのだから好きなようにさせてほしいと考え，つい子どもと小さなトラブルになります。

　ただ子どもは率直に述べてくれるからよいのであって，他人はそうはいかないことを親は認識すべきです。高齢の人の中にはコロナ禍のバスや電車の中でわざわざマスクを外して「クシャミ」をしている人がいます。同乗者の多くは嫌悪感さえもちます。この例のように本人が気がつかない「おじさんあるある」のようなことは，子どもだから率直に指摘してくれるのです。その意味で「老いては子に従え」を受け入れることが賢明な場合があります。

　ただ高齢の人はどうしても過去の生活スタイルに固執するところがあるため，子と口論になりがちです。その意味でお互いの意見の不一致部分は保留して，過去及び現在の一致するところで会話をし，お互いを認め合うことも大事といえます。子と高齢の親の全面戦争はお互いに悔いが残ることになりかねません。

（穏やかな生活を）
　③　80歳を過ぎたならば規則正しい生活と目と耳を大切にしながら穏やかな生活をすることです。朝は6時25分のテレビ体操をし，7時のニュースを見て，朝食をとり，少し休んで新聞を読み，その後予め決めた1週間の日程に従って散歩をし，サークルなどに出かけることです。昼食後は昼寝をしたり，友人と会って

138

話をしたり，お茶をして過ごして，6時の夕食後，休憩をして9時頃には寝ることとです。

1週間のニュースは日曜日の朝8時からのＴＢＳの番組で各界の人の詳しい話が聞けるので便利です。

（車の免許の返上を）
　85歳から95歳ぐらいになると，元気で普通に生活している人もいますが，さすがにそのような人は少なくなります。老後を元気に過ごすのには，心身の衰えと判断力の衰えを素直に認めることです。そして車の運転は80歳から84歳ぐらいの間に返上することです。本人は買い物などで便利だ，まだまだ大丈夫だと思っていても，心身の変化は確実に進行しています。

　高齢の人の中には高速道路を逆走したり，スーパーの駐車場で他の車に衝突させる事故を生じさせる人がいます。3年前の4月中旬に87歳の元官僚が車を運転して池袋で2人の母子を死亡させ，9人の人に重軽傷させた事件のことは記憶にあるかと思います。この人はブレーキとアクセルを踏み間違えたことを認めず，社会の人々の強い反発を受けました。この人は東京地裁で懲役5年の判決をうけました。なお近時，高齢の人の自転車事故も増加しています。信号無視の横断や，とっさのハンドル操作ができないことによる事故が多発しています。

　また最近の流行の言葉でいえば85歳ごろから「終活」の準備を少しずつしたり，相続・遺言のことも考えねばならなくなります（相続・遺言については補論で述べます）。

（長生きを長寿にするために）
　④　昔の人は70歳を古来稀という意味で古稀といっていました。そして77歳を喜寿，80歳を傘寿，88歳を米寿，90歳を卒寿，99歳を白寿というように77歳以降の人の長寿を家族や地域の人が祝ったものです。しかし，今日では平均寿命が80歳，90歳というようになって大勢の人が長生きするに伴って，長生き＝長寿とは必ずしも言えなくなってきています。何をもって長寿と感じるかは人によっても違います。最大公約数的にいえば生活には困らず，長生きに伴って楽しいこ

と，うれしいことがある人生ではないかと思います。例えば季節の四季に関して
いえば正月，3月と5月の節句，春と秋のお彼岸，9月の中秋の名月，春の桜と秋
の紅葉を楽しみにしている人もいるかと思います。そうかというとN響などのオー
ケストラの演奏会に行ったり，青木繁や横山大観の展覧会に行ったり，12月の第
9のコンサートに行くのを毎年楽しみにしている人もいるかと思います。

　前記の発表会や演奏会に外国では車椅子は勿論，ストレッチャーのままで見た
り，聴いたりしている人もいます。うれしいこととしては，卒寿や白寿，100歳
のお祝いを子どもたち，孫，ひ孫など総勢30人位と写真を撮ったり，祝ってくれ
ることではないかと思います。故郷で食べた自分の好きな料理を子どもたちが季
節に忘れず持ってきて，世間話をしながら会話することもうれしい時です。

（老人ホームと長寿）
　ここでは老人ホームの入居者にとって長寿とは何かを少し考えてみます。

　（ア）　私が特別養護老人ホームの理事長をしていた20年ほど前に，ある80歳位
の婦人が「ここは天国だ」と言ったのには驚いたことがあります。職員からその
人の生い立ち，入居に至る経過を聞いて納得しました。その人は筆舌に尽くしが
たい労苦の連続で79歳でホームに入居したとのことです。初めて3度の食事を心
配しなくてもよい生活になったことを「天国」と表現したとのことです。この人
は長生きはするものだとしみじみ述べていました。

　（イ）　また老人ホームの入居者は歌や踊りなどの行事が大好きです。季節の行事
（正月，盆踊り，クリスマスなど）を楽しみにしています。多くの楽しみを入居者
に味わってもらうべく，ホームはボランティアの人々に協力してもらっていろん
な取り組みをしています。

　ただそれらの取り組みが果たして利用者，入居者が本当に楽しみにしていたも
のか，疑問がないわけではありません。1人ひとりの利用者によって楽しみは違
うからです。

　そこでケアマネに介護のプランの策定をしてもらう時に，なるべく本人の生い

立ち，楽しみ，家族の関係などを聞いてもらって，身体介護以外にどんな支援をしたら喜んで過ごしてもらえるかを職員に聞いてもらうようにしています。

（ウ）　いずれにしても今日 100 歳前後の人は戦争，飢餓，復興，結婚，離別，親子の不仲などの沢山の悲しみと苦しみを抱えながら生きています。それにもかかわらず人一倍長生きしたいとの願望をもっています。それは長生きに伴って，昨日と違う明日があると信じているからです。つまり，身体は不自由でも心は元気で健全です。同級生に会いたい，子どもに会いたい，かつての同僚と昔話をしてから死にたいとの願いをもっています。それを少しでも実現することが長生きの励みになります。

（エ）　老人ホームはいろんな職業，経験を経た人が利用しています。その人々の体験した話を聞いたり，自分の体験の話をすることによって，お互いに長生きしてよかったとの実感をします。隣近所の人ならば知られたくないことでもホームの人ならば安心ということもあります。また，ホームの利用者の同意の下に回想法の取り組みをしているボランティアの人に「自分史」に近いことを利用者に述べてもらって，これまでの人生の歩みと四季をどう思っているのか，どうしたら「ああいい人生だった」と最後を迎えてもらえるかを常に考えるように支援をしたらよいかと考えています。家族も初めて知る事実が多々あるかと思います。

（2）85 歳からの心身の変化と財産管理

（長生きのコツ）
①　長生きと健康維持のコツは4つです。1つは栄養のある食事をバランスよくとること，2つは適度の運動や散歩などをして体力の維持に努めること，3つは気軽に病院通いをすることです。成人病などで病院通いをする中で，他の病気も発見され，早期治療につながります。4つは転倒などで骨折をしないことです。滑って転ばないように，外出のときは雨の日やタイルの上を歩いても安心の靴を履くことです。とくに足の骨折は寝たきりの要因となります（健康の問題については帚木蓬生『老活の愉しみ』朝日新書が詳しい）。ある長老の政治家は長生きのコツは義理を欠くこととカゼをひかないことだと述べています。義理を欠くとは夜のパーティなどに欠席することを指します。

　85歳を過ぎるといろんな病気になります。ガンなどは手術をした方がよいのか，そうでない方法で治療をした方がよいか迷うことが多くなります。セカンドオピニオンなどを参考に手術の成功率が7割を超えるのであれば手術をした方がベターです。

　余命3ヶ月ということであれば，痛み止めのモルヒネなどをしてもらって自宅で好きなことをして生活した方が，6ヶ月，1年，生命が延びる人がいます。

　家族に聞くと多くの人は手術や延命治療を希望しますが，抗がん剤などで苦しむよりは，90歳を過ぎると自然の治癒力に任せた方がよいときがあります。その辺のところは予め文書で家族に残しておく方がベターといえます（石飛幸三『平穏死という選択』幻冬舎ルネッサンス新書，拙著『人生90年代を高齢者が年金と預金で人間らしく暮らすには』創風社225頁の意見表明書，228頁の後見人になる人 を参照）。

（体力の変化）

　人生100年時代になったといえども，100歳まで生きられる人はまだ極めて少ないのが現実です。しかし，かつての80歳が今日では90歳の体力・気力になっているように，この50年の日本人の心身の変化はまことに大きいものがあります。

　高齢の人の体力，運動能力は次第に衰えていきますが，「急カーブ」で衰えるか「ゆるやかに」衰えるかは日頃の個人の努力によります。

　50代，60代，70代と続けてテニスや水泳などを続けていると，80代になってもゆるやかに体力は落ちていくことになります。80歳になってこれからは活発な運動は無理という人はゲートボール，グランドゴルフ，ボッチャーなどの高齢者向けのスポーツがあります。また老人クラブなどが主催している朝のラジオ体操やカラオケなどをやって，他人と定期的に交わって会話をすることも大事です。ただ80歳を過ぎると骨粗鬆症などで骨がもろくなり，ちょっとした動作で圧迫骨折になる場合があります。1年に1度位，骨密度の検査をしてもらうとよいかも知れません。また男性の中には脊椎管狭窄症となり，歩行自体が難しくなる人が

います。手術をするとよくなる人が多いので医師とよく相談することです。

（高齢の人の先行きの不安と事故）

②　高齢者問題に長年関与してきた私の経験でいえば80歳を過ぎると1年先がわかりません。85歳を過ぎると6ヶ月先がわかりません。90歳を過ぎると1ヶ月先がわかりません（ちなみに2022年9月8日に死去したエリザベス女王は96歳であり，その数日前には新首相になったトラス氏となごやかに面会していた映像が全世界に流れていたほどです。）。そして100歳を過ぎると明日がわからないというのが感想です。それほど85歳を過ぎる頃から急速に心身が弱ってきたり，事故で死亡するリスクが高くなります。どんな事故があるか例示します。

（ア）　85歳を過ぎると足があがらず歩幅も小さく歩行がゆっくりとなります。家の中は整理整頓して物を踏んづけて転ばないようにすることです。

また広い道路の横断歩道を渡るときは特に要注意です。信号が「青で渡る」のではなく，「青になってから」渡るとの慎重さが必要です。青で渡っている途中で，赤の信号になり，転倒したり，立ち往生する可能性があります。

さらに人混みの道路を歩行するときは杖（できれば三点か四点）を持って歩くとよいといえます。他の歩行者も気をつけてくれるので安心です。

（イ）　85歳を過ぎる頃から，加齢に伴って自分の意思だけではコントロールできないことが少なからず出てきます。例えば家の中でも冬に風呂場で倒れたり，階段で転倒したり，食器をよく落として割ったり，台所のヤカンのお湯が沸騰しているのを忘れたりするのがそれです。

（ウ）　また90歳を過ぎるとトイレが近くなります。公共の場（例えば電車）でつい漏らしてしまう人の例を数回見聞したことがあります。

3. 11の地震や津波などで学校の体育館などに避難した高齢者はたびたびトイレに行くため，他の人々とトラブルになったほどです。80歳を過ぎるころから外出には紙パンツは必需品の人が多くなります。

（エ）　高齢になるに従って多い事故に誤えんの事故と薬の飲み間違いがあります。誤えんは食べ物などをノドにつまらせることが多いのですが，水やジュースを飲んでも誤えんに似た症状を起こす人もいます。

　老人ホームなどであれば食事中に誤えんを起こすとすぐに看護師が吸引をしてくれたり，病院へ搬送されるから心配は少ないといえます。これに対し，自宅で1人暮らしをしているときの誤えんは誤えん性肺炎となり，死に至る場合があります。いずれにしても85歳を過ぎたら食事は小さく刻んでゆっくり食べるとか，こんにゃくや餅のようなノドにつまりやすいものは気をつけることです。

　薬の事故は薬の量を間違えたり，老人ホームでは隣の人の薬を飲む人がいます。認知症の人の投薬は家族と職員が薬の管理をすることです（高野・青木編『介護事故とリスクマネジメント』あけび書房，拙著『介護・保育などの事故と家族の悲しみと怒り，行政・法人の責任と役割』創風社）。

（オ）　また入浴中の事故では風呂の中で寝入ってしまったり，入浴中に滑って溺死することがあります。これを防止するために浴槽の滑り止めや手すりを付けることが考えられます。有料老人ホームの個室は最近，風呂ではなく，シャワーにしている例が多くなっています。

（財産管理について）
③　高齢の人にとって財産は生命の次に大切です。それをどう管理するかは老後の安心のために極めて大切です。
（ア）　85歳を過ぎると1人で銀行などへ出向いたり，各種の支払いも億劫になります。とくに銀行は窓口が減ってＡＴＭなどのように機械化されているため，不慣れな人には何かと大変です。それゆえ，公共料金の支払いなどを含めて日常の支払いは銀行の自動引き落としにしておくとか，買い物は生協の宅配サービスの利用を考えるべきです。

（イ）　また預金通帳は二種類作り，日常的に使うお金は数十万円を普通預金に，数百万円，数千万円のお金は定期などにして別に管理することです。通帳はゆう

ちょと信金・地銀などのように2つか3つにして，それ以上多くすると所在さえ忘れてしまいます。

　定期預金などは遺言書・権利証や貴金属と一緒に，貸金庫か，自宅の場合はクマヒラなどの丈夫で重い金庫に入れておくとよいかと思います。このことによって窃盗などの被害を小さくします。なお郵便局は銀行などに比べて自宅の近くにあって便利な人が多いので，年金の出し入れで利用するとよいと思います。

　(ウ)　また85歳を過ぎたら原則としてカードを使わないことです。カードは現金を持ち歩かなくてもよいので便利ですが，85歳を過ぎると少しずつ認知が入ってきます。そのため買い物をした代金のカードがいつ決済されるか，残高がいくらあるかの対応は出来づらくなります。

　(エ)　また高齢の人がキャッシュカードをもって銀行で引出しなどをしているのを他人が見て，振り込み詐欺のようにその人を欺すという人もでてきます。どうしてもカードが必要な人は1回あたりの引出しと送金の限度額を低くするのと，通帳の預金の残額を少なくすることです。

　(オ)　さらに，いくら便利だからといっても85歳以上の人はインターネットバンキングのように自宅で送金できる器具などを使用しないことです。誤って操作して多額の送金をすることがあります。現に2022年春に，山口県のある町で，役場の職員が誤って4000万円以上を送金して大騒ぎになったことがあります。

（1人暮らしの人の注意事項）
　④　高齢の一人暮らしの人や軽い認知症の人で気をつけねばならないことがあります。

　(ア)　それは遠い親戚が親切を装って接近したり，新興宗教などの団体やNPOを名乗る団体が接近してくることです。とくに宗教団体には注意することです。これらの人の親切は財産ねらいにあります。

　この人々は貧困の高齢者には接近しません。多少資産のある人に対し，介護や

世話を数ヶ月にわたって，それは想像を絶するほど親切にしてくれます。身体が弱っている高齢者にとっては身内の人でもやってくれない各種のサービスをしてくれるので感激です。買い物や銀行の引出しなどもしてくれるので便利です。しかし高齢者を短期間で信用させておいて最後は銀行の預金を横領したり，遺言書を書かせた後はドロンです。この人々にとっては数ヶ月の親切で数千万円を入手できるのですから，まことに効率のよい商売です。

　（イ）　資産の沢山ある人は心配ごとがたえません。そんなとき気軽に相談できる人がいると便利です。預金の管理で困ったならば市町村の社会福祉協議会の旧地域福祉権利擁護事業の「生活支援員」をお願いすれば，銀行などの預け入れなどをしてくれます。最近，弁護士会では高齢者を対象としたホームロイヤー契約を勧めています。そこで知り合いの弁護士とホームロイヤー契約を結んで財産管理などをしてもらい，相続・遺言などの様々なアドバイスをうけて安心して生活する方法もあります（日弁連高齢社会対策本部編『超高齢社会におけるホームロイヤーマニュアル』日本加除出版，関弁連編『快適なシニアライフと財産活用』日本加除出版）。

　（ウ）　もう1つ，1人暮らしの人は毎日雨戸を開けたり，玄関や庭を日常的に小綺麗にすることです。草ボウボウだと留守と間違えられて泥棒のターゲットになります。自分で清掃などが無理なときはシルバー人材センターなどに定期的にお願いすることです。玄関のカギは必ずすることです。

（老いを自分の家で）
　⑤　85歳ごろになると，人生の最後のステージを自宅か老人ホームかを含めてどこで，どのように過ごすかを考えねばならない時がきます（日本住宅会議編『私たちはどこで老いるか』ドメス出版）。85歳を過ぎても普通に地域で生活したい人には在宅での介護サービスの利用を勧めます（中山博文『老いを自分の家ですごしたい』保健同人社）。

　男女とも85歳を過ぎると友人・知人も少なくなってきます。90歳を過ぎると病気，骨折などで車椅子生活や寝たきりになり，在宅が難しくなることが多くなります。会いたい人にも身体が不自由なため出かけることができません。

ところで在宅での生活には，いろんな長所があります。

（ア）　戸建てなどの家に住んでいる人ならば庭木や草花の変化を楽しめたり，いろんな種類の虫と鳥の声を自宅で聞けて四季を日々感じることができます。自宅に住んでいると，イチゴ，サクランボ，桃，ブドウ，リンゴなどを自由に食することができます。また，近所の人との世間話や付き合いができます。そして自分の好きな時間にテレビやビデオを観たりできます。

（イ）　要介護状態で１人暮らしの人は週に数回ヘルパーさんに来てもらうことによって生活を充実させ，安否確認にもなります。何かあってもヘルパーさんが病院その他の連絡をしてくれるから安心です。さらに日々の介護の関係では週に数回デイサービスを利用すると本人も仲間ができてよいし，家族も父母がデイサービスに出向いている間に買い物などに出かけることができます。

（ウ）　家族が介護をしている家庭にあっては，在宅のヘルパーとは別に老人ホームの各種サービスを利用することです。例えば家族の介護疲れを防止するためにも，１ヶ月に数回の割合で２泊３日ぐらいの特養ホームのショートステイを利用することです。ただショートの枠は老人ホームではそんなに多くないので空室のホームを急に探すのが大変かも知れません。ショートを利用する際に，家族は着替え，本人の人柄・特徴，食事の好みなどをメモしてホームの人に渡しておくと便利です。

（3）終の住処としての老人ホーム

（老人ホームの入所の決断）

①　85歳を過ぎて要介護３以上になったならば，在宅の介護の体制（ヘルパーその他の費用負担）があるか，老人ホームにするか，それとも老健施設か，グループホームやサービス付き高齢者住宅にするかの決断が必要となります。とくに90歳を過ぎて歩行が困難になって買い物に行くことができなくなったり，台所の火の始末で失敗することが続くならば，老人ホームへの入所を決断することです。

　国はさかんに「施設から在宅へ」を勧めますが，介護は24時間です。在宅の介護は本人と家族の負担が大変です。また在宅サービスの費用と施設の費用でいうと相対的にいえば施設の費用（特養ホームですが）の方が利用者にとって格安です。とくに毎日のように自宅にヘルパーに来てもらうのには多額の金がかかります。そのため施設の利用を希望する人が多いといえます。

（老人ホームの種類）

　老人ホームには大別すると社会福祉法人や自治体が運営する特別養護老人ホームと民間会社などが運営する有料老人ホームがあります。前者の特別養護老人ホームは入居金ゼロ，毎月の費用が7万円くらいからユニット型の個室のように，15万円ほどの費用がかかるホームもあります。特養ホームでは年金でホーム暮らしが基本的に可能です。

　これに対し有料老人ホームの多くは入居一時金が500万円から5000万円（高いところは1億円）くらい必要で，毎月の費用が30万円前後かかります（入居金ゼロのところは毎月の費用が約40万円と高額です）。老人ホーム入居にあたっては事故の連絡や各種費用の支払い，病気などの時を考えて親族による保証人が必要です。

　特別養護老人ホームは原則として要介護3以上の人が利用できます。有料老人ホームには元気な人が自宅代わりに利用するタイプのホームと要介護状態の人が利用する特定施設があります。

（老人ホームはどんなところ）

　②　かつて老人ホームの入居を決断する人は70歳前後でしたが，今日では85歳を過ぎての人が多いようです。85歳を過ぎて食事作りも歩行も難しくなったときは，迷うことなく老人ホームを選択することです（なお拙著『介護保険法と老人ホーム』創風社）。

　特別養護老人ホームや有料老人ホームの特定施設は食事，入浴，排泄の三大介護といわれる介護などを24時間でしてくれるので安心です。老人ホームは生活の場なので，いろんな行事をホームで沢山企画してくれます。在宅介護で寝たきり

に近い人も老人ホームの介護で歩行が可能になったり，車椅子で移動できるようになる人もいます（本間郁子『特養ホームで暮らすということ』あけび書房）。

またボランティアの人々が老人ホームに少なからず出入りしていますので，行事やレクリエーションなどを楽しめます。1人で家にいるような孤独感はありません。

老人ホームは個室と複数部屋では若干違いますが，基本的に老人ホームは集団生活の場です。食事や入浴の時間も決まっています。多少わがままな人は個室に，協調性のある人は複数部屋もよいかと思います。個室の大きさもいろいろです。一時金の少ない有料老人ホームの中には法令の最小限しかない狭い部屋が多いといえます。

多少広い個室ならば，パソコンやメールを覚えて家族や友人・知人と意見交換をしたり，ネットフリックスなどの映画を観ることができます。スマホを自由に使えれば，老人ホームにいても寂しさはあまり味わうことがないかも知れません。

かつては老人ホームに入所していることを他人に知られたくないと感じている人がいましたが，今の時代，老人ホームの入所は普通のことです。

（老人ホームの入居と選択の目安）
③　そこで老人ホームを選択する際の目安ですが，大雑把にいえば介護保険実施前からある老人ホームを選ぶことです。いろんなノウハウがあるからです。

1つはできれば街の中のホームを選ぶことです。古いタイプの老人ホームは山火事注意との看板のある郊外にあり，何かと不便です。家族や友人の面会も不自由です。2つは入居の一時金，毎月の費用などがいくらか，そこに100歳まで入居していたならばお金がいくらかかるかを計算することです。できれば年金で毎月の生活ができる老人ホームを選ぶことです。3つは施設を実際に見学して部屋の大きさなどを確認したり，体験入居したりして自分がそのホームに合うかを確認することです。とくに有料老人ホームの居室の大きさは様々ですので，幾つか見学することです。4つは施設長の人柄，ヘルパーの利用者への言葉使いと対応

などをじっくりと観察することです。5つは共用スペースがどれだけあるのかです。集会所，談話室，食堂，風呂，トイレなどの大きさなどをよく見ることです。建物以外に庭が少々あるとなお良いといえます。6つは老人ホームの選択にあたって最も重要なことは，介護に従事するヘルパーの質というか専門性がどうかです。素人の人は老人ホームの建物が立派か否かで選びがちですが，最も重要なのはヘルパーの質です。介護福祉士や社会福祉士などの国家試験の合格者がどれだけいるかです。資格の有無と人数はホームページで確認できます。

　なお有料老人ホームは民間の会社が運営しているので倒産の恐れがあります。設置者の資本力と入居率，運営の年月などをよく調べることです。また有料老人ホームの一時金は一定年数居住していると償却されて「ゼロ」になります。その償却の計算や入居後90日以内に退去するときの条項の有無などを契約書でよく調べることです。全国有料老人ホーム協会に加入しているホームなら一時金（500万円まで）の保全措置があり，少しは安心です。

　また特定施設の有料老人ホームの中には，介護保険料の負担以外に上乗せのサービス（人数配置などが手厚くなっていると称しています）の料金が要介護度によって1ヶ月12万円ほど徴収しているところもあります。1人介護か2人介護か，有資格者か否かを含めて，どんな点で手厚くなっているかを具体的に担当者に聞くことです。

　なお老人ホームの部屋は狭いので特養ホームの複数部屋だとダンボール2個程度，有料老人ホームだとタンス1つ分程度が持ち込み可能な荷物の目安です。入居にあたって荷物の整理が必要です。

（老人ホームでの事故など）
　既に述べたように注意しなければならないのは，老人ホームによっては職員の介護の質や専門性に問題があったり，転倒・転落・誤えんなどの介護事故を発生させて，利用者の生命を縮める恐れがある場合もあります。

　そこで老人ホームの事故についていえば，車椅子を利用している人の場合，トイレ，入浴，ベッドなどの移乗の際に，転倒・転落して骨折などの事故が生じる

可能性があります。その意味で1人介護か2人介護かをケアプランをよく見ることと，介護福祉士，社会福祉士などの国家試験合格者が職員の中にどれだけいるかを，ホームページや重要事項説明書などでしっかり確認することです（本間郁子『間違えてはいけない老人ホームの選び方』あけび書房）。

（事故の背後にあるもの）

　私がこれまで担当してきた介護事故のほとんどが，介護保険法実施後にできた有料老人ホームでした。それは介護保険後の有料老人ホームの多くはビジネスチャンスと考えての新規加入で，経営者やスタッフの介護の質に著しく問題があるからです。

　要介護状態になると終身の介護が必要です。また医療は腕や腹の治療のように身体の局部のみを診て治療すればよいのに対し，介護は身体の全部，です。時にはその人の人柄を含めて適切に対応する必要があります。それゆえ福祉に従事する人は，介護の専門家として人間を限りなく愛する福祉の心が必要です（糸賀一雄『福祉の思想』ＮＨＫブックス）。ビジネス目的の有料老人ホームの事業者や経営者の中には，その福祉の心を有しているとは見られない人が少なからずいるのも現実です。50や100の施設の有料老人ホームを経営しているホームは，施設・スタッフの人数は法令には合致したものではあるものの，肝心要の介護の質・専門性には注意が必要なホームが多々あります。大きいことや数の多さを重視しないことです。

（有料老人ホームと特養ホームの異同）

　④　日本で有料老人ホームが多数できている背景には次の3つがあります。1つは特別養護老人ホームの数が入居を希望する人に比べて圧倒的に不足していることです。もう1つは特別養護老人ホームの多くは複数部屋が多く，プライバシーが守られないことがあります。その点で有料老人ホームは個室で20㎡から40㎡の2ＤＫの部屋の規模が多いので，富裕層に受け入れられました。なお有料老人ホーム特有かもしれませんが，入居一時金の返還金受取人の指定があります。入居一時金は15年前後で償却されます。死亡又は退去時には残金の返還義務があり相続人とトラブルになることがあります。それは相続人の中には入居一時金をアテにして生活しようと考えているからです。

　ところで都会の特養ホームは50人待ち，100人待ちのところが多いといえます。できれば幾つかのホームを申し込むことです。特別養護老人ホームは誰かが退所したり，死亡したときに「空き」になります。入退居が多い時期は3月と9月です。それは昔から暑さ寒さも彼岸までというように，そのころに死亡する人が多いのが実情だからです。老人ホームからの入居の是非についての問合せにゆっくりしていると，他の人に順番が回ってしまいます。申込をしたならば，いつでも老人ホームに入居できるよう荷物の処分をしておくことです。

（老人ホームと病院の違い）
　⑤　ここで老人ホームと病院の相違について述べます。

　（ア）　病院は病気やケガの治療の場です。それも多くの場合は特定の局部を薬や手術で治します。治療や手術が成功すると退院します。

　（イ）　これに対し老人ホームは生活の場であり，終身介護が一般的です。

　在宅と同じような日々の生活が可能な限り保障されています。正月の行事，節分，いろんな遊び，花見，七夕，盆踊り，食事会，クリスマスなどが行事として行われます。また老人ホームにボランティアなどが関与して俳句，絵画，習字なども行われています（特別養護老人ホームの利用者の生活状況については，鈴木栄『特別養護老人ホーム』ＮＨＫ出版が詳しい）。ただ個室の部屋であっても集団生活の場ですので，食事，入浴，外出，消灯時間などには一定の制限があります。

　（ウ）　特別養護老人ホームから病院に入院すると介護保険から健康保険の対象になります。3ヶ月以上病院に入院すると，特養ホームには在籍はできなくなります。これに対し，有料老人ホームは病院に入院しても居室の入居料は徴収されますので，期限の制約はありません。施設の過失の介護事故で入院中でも居室の権利があるため「部屋代」をとられます。なお病院と老人ホームの「中間の施設」として老人保健施設があります。常時，治療の必要な人は老健施設を勧めます。

　（エ）　また，老人ホームには原則として医師は常駐していません。嘱託の医師が

いて月又は週の単位でみてくれます。看護師さんは日中ホームにいますが夜間は不在です。この点でいえば老健施設が医師が常駐している点で老人ホームとは違いがあります。最近10年ぐらいは老衰などの末期の人は病院ではなく，老人ホームで「看取り」をする形で死亡する例がでてきています。

（もう1つの終の住処）

⑥　前記の老人ホーム以外に，元気な人は軽費老人ホームやサービス付き高齢者住宅（サ高住）があります。

（軽費老人ホーム）

（ア）　まず軽費老人ホームは原則として社会福祉法人が運営し，個室です。そして3度の食事は食堂でとります。またお風呂も入れます。個室ですので家族と話をしたり，時には泊まりにどこかへ出かけることもできます。ホームではバス旅行，花見，食事会などを企画しています。費用も月15万円前後です。年金で生活できますので大変人気です。ただ国は何故か軽費老人ホームを増やそうとしません。

（サ高住）

（イ）　比較的元気な人はサービス付き高齢者住宅（サ高住）がよいといえます。ビルのオーナーと利用者の負担で建設ができるので近時大変増えています。サ高住は簡単にいえば介護はしませんが，相談や安否の確認をする民間のアパートです（本澤己代子監修『サ高住の住み替え方』信山社）。シニア住宅などという業者もいます。ただシニア住宅の中には多様な形態があります。

またシニア住宅の中には賃貸借ではなく，所有権方式の分譲マンションと同じく高額なものがあります。資産になるといえばそれまでですが，果たしてそんな高額なものが80歳を過ぎて暮らす人に必要かです。

サ高住では相談や安否確認のほかに食堂と在宅介護を支援する業者を併設させている例が多いといえます。サ高住を選ぶならば街の中や子どもと比較的近いところがよいといえます。ただ近時のサ高住の特徴は特養ホームなどに入るための待機場になっている傾向があります。

（4）認知症と成年後見

（認知症の出現）

①　昭和48年ごろに有吉佐和子が『恍惚の人』を発表し映画になったとき，多くの人々は徘徊を繰り返す「ボケ老人」をみて「ああまでして長生きはしたくないものだ」と考えたと思います。あれから50年近く経った今日では，ボケは脳の病気であることが広く認識され，認知症の人でも家庭や地域で普通の生活ができる取り組みが全国各地でされるほど変化しています。

今日の高齢社会は認知症の人が400万人から600万人はいるとされている時代です。親と同居していない，年に数回しか会わない子どもや初対面の人にすると，親が認知症だということは直ちにはわからないのが通例です。一見すると会話は成立しているからです。しかし10分もすると親はさっきの言動と全く違う反応を示します。子どもは，あの元気な親が「どうして」と衝撃をうけます。

認知症の全体像が医学的に解明されてはいませんが少しずつわかってきています。初期，中期，後期ぐらいの段階があります。かつては「ボケ」と言われたり，痴呆と言われたりしましたが，今日では進行を遅らせる薬も少しずつ開発されるようになりました（水谷敏雄『脳の老化とアルツハイマー病』岩波書店）。

認知症の人の症状は人によって違います。例えば判断能力がすべてなくなるのではなく，事柄によって違ったり，1日のうちでも午前と午後で違ったり，会話の相手によっても違う場合があります。子どもは親が認知症になって初めて介護問題の深刻さを自覚することが多いといえます。そして子どもは老人ホームやグループホームを意識するようになります。

認知症の人の中には自分の判断で言動を制禦できない人がいます。そうはいっても認知症だからといって，いろんなことができないと軽々に判断をしないことです。一人暮らしの認知症の人も日常の買い物や3度の食事をし，普通に生活しています。ただ短期的記憶がないだけです。周囲の理解があると相応の仕事はできます。スーパーでの買い物やおつりのことも理解できます。なお認知症の人の

中には1人暮らしで親族もいない人がいます。家族の有無で，後述のJR東海のように裁判になったりするのも不自然です。

　他方，公共交通機関（電車，バス，地下鉄，タクシー）の人は認知症の人の特徴と会話の研修をして，上手に認知症の人を誘導することに習熟すべきです。認知症の人も毎日のようにスーパーなどに買い物に出かけています。スーパーなどの職員は適切に認知症の人に対応している事実があります。病院へ行くと認知症の人が1人で成人病の治療にきて医師らと「会話」しています。いろんな人々が認知症の人のノウハウをもっています。社会全体で高齢の人の生活を支えていく時代が超高齢社会です。

　また1人暮らしの重度の認知症の人には，行政は時には措置をして老人ホームなどへの入所の対応をすることも重要です。

　2022年6月23日の東京新聞によれば，認知症などの疑いで行方不明の人が1万7536人となり，9年で1.8倍になった旨が報じられています（NHK「認知症・行方不明者1万人」取材班『認知症・行方不明者一万人の衝撃』幻冬舎）。

（成年後見について）
　②　認知症になると自分の預金などの財産管理ができなくなったり，老人ホームや病院などの契約を結べなくなります。

　各種の契約はあくまでも，意思能力があることが前提だからです。世の中には，そのような認知症の人をねらって訪問販売などの悪徳商法を展開する人がいます。

　そこで利用者の諸々の権利を擁護し，本人に代わって契約できるようにしたのが介護保険とほぼ同時期にスタートした成年後見制度です。

　（7）　成年後見制度は高齢の人の意思能力の有無・程度に応じて後見・保佐・補助の3つのタイプがあります。この判定には医師の鑑定書が必要ですが長谷川式の結果も参考にされます。

　後見人は家庭裁判所が親族などの申立で弁護士，司法書士，社会福祉士などの専門家や親族を後見人として選任する法定後見が多いといえます。親族などがいないときは市町村長が後見などの申立をします。

　他方，本人が元気な時に後見人の候補者を決める任意後見の制度もあります。知り合いがいれば任意後見を公証人役場で手続きしてもらうことをお勧めします。ただ弁護士などの資格のある人を候補者にしないと，認知症になっても家裁へ後見監督人などの申立をせず，財産を費消してしまう人がいないわけではありません。

　(イ)　成年後見人の任務は主として，利用者の権利擁護と財産管理にあります。ただ適切に財産を管理するためには，被後見人（本人）の身上監護を十分にして本人の意思を確認することが重要です。

　本人の意思をどのように確認するかは，なかなか難しいことです。本人が元気な時や判断能力があるときに，後見人用に予め文書を作るとよいといえます。例えばどんなことに自分の財産を使ってほしかったのか，何を最後に望んでいるかを，です。それらの書面がないときは，本人とじっくり協議をしたり，親族や身の回りの世話をしている人に後見人らは時間をかけて確認して適切な財産管理をすることです。また社会福祉士との共同後見を検討する必要があるときもあります。後見の期間は5年ないし10年は続きます。

　また認知症になったときに備えて前述した後見人向けの書面を作っておいたり，病気や手術を要するときに後見人や家族の人が迷うことがないように「意見表明書」などを作っておくとよいと思います（拙著『高齢者の法的支援と権利擁護』創風社，新村・高野『今なぜ権利擁護か』公人の友社）。

　(ウ)　後見人が選任されると預金通帳，印鑑，権利証などの財産管理はすべて後見人が行います。預金も後見人が引き出して支払いなどをします。不動産の賃貸借，老人ホームや病院などの契約はすべて後見人などが行います。後見人は毎年報告書を作成して家裁のチェックをうけます。

　ただ後見業務に不慣れな人は，財産管理に関して被後見人の家族の言いなりになって無駄な支出をしないわけではありません。心配な人は家裁へ申出をして後見業務の監督を強化し，チェックをしてもらうことです。

　現在，後見人などは全国で約20万人ほどが選任されていますが，認知症の人が約600万人前後いるとされている現状でいえばまだまだ低い数字です。後見人の能力・質も様々です。なお社会福祉協議会による法人後見が実施されるならば，より身近で安価な費用で権利擁護がされると解しています。

　（介護保険と認知症）
　③　介護保険は身体介護が中心ですので，身体の元気な認知症の人は要介護2ぐらいであり，老人ホームへの入居が難しいことがこれまで多かったといえます。

　（ア）　今日では認知症の人の特養ホームの入居も少しは改善されています。また認知症対応のデイサービスやグループホームなどの施設が少なからずあります。小規模多機能の施設は30人以下の小規模です。これらの施設ではお世話をする人がいて介護をすべてやってくれます。特別養護老人ホームは70人前後から150人ぐらいの規模のものが多いといえます（『高齢の人と障害のある人が成年後見制度を利用するには』2008年2月16日の拙著の小冊子）。

　（イ）　認知症の人が老人ホームなどを抜け出して街の中や山の中を徘徊することがあります。このような徘徊のケースを検討すると，職員に「おもしろくない」ことを言われたり，自尊心を傷つけられたことが動機の1つになっていることがあります。

　認知症の人の介護にあたる家族やヘルパーらはその人の人間性と性格を十分に尊重して介護にあたることが求められます。

　認知症で徘徊する人の中には，自宅や施設から故郷へ向かう人がいます。東京から故郷の秋田へ歩き出し，埼玉で発見された人がいます。

　後述のJR東海の事件は認知症の父母やその予備軍ともいえる父母をかかえる

家族に大きな衝撃を与えました。

（認知症の人の尊厳）

④　ここで高齢の要介護の人，とくに認知症などの人の尊厳をとりあげるのには，2つ理由があります。

1つは認知症の人やベッドに寝たきりの人も元気の人と同じく人間であり，この人々に適切な医療手当や介護がされる必要があるからです。

認知症の人や寝たきりの人は現代の医学では医療や介護の方法がないと思われがちですが，今後の医学などの進歩でその人は自分の意思表示をちゃんとできるようになる可能性があります。「不治の病」はその時点の話であって将来までを拘束するものではありません。このことはガンや結核などの治療の進歩を考えると明らかです。

人間の歴史を100年単位でみてみると，人間は沢山の不治の病を克服してきた歴史があります。天然痘，小児マヒ，結核，ガン，心臓病などを人類は1つ1つ克服して今日の長寿を獲ちとってきました（西迫大祐『感染症と法の社会史』新曜社）。そして腎臓病の人の治療は透析から移植へと今日では変化してきています。そのことによって多くの人々が生命を長らえてきています。その人々の中には小説などの文学，美術，科学，化学などの分野で秀れた業績を残してきた人がいます。現在の認知症，寝たきりの人も今後の医学，栄養，介護などの技術の発展によって普通に生活できる人がでることが予想できます。

もう1つ，その1と関係しますが，仮に現代の医学では不治の病であったとしても，人間は生きている限り人間であり，それ自体尊重されねばなりません。別言すると認知症の人や寝たきりの人を動物並みに雑に扱ったり，虐待などをすることは，現代の私達の倫理観，ヒューマニズムがそれを許しません。このことはナチのユダヤ人虐殺や，知的障害者や精神障害者への虐待を考えれば明らかです。

なお医師の判断が必ずしも正しいものではない例として，私自身が聞いた話を紹介します。交通事故で医師から「植物人間」だと言われて長期入院していた人

が数年後に，奇跡的に回復したとのことです。ベッドサイドで家族が早く死ねなどとの本人の悪口を数年間述べていたのを本人が覚えていて，回復後に家族へそれを述べたところ家族は赤面し，恥じたということです。医師の診断は必ずしも万能ではありません。人間には強い生命力があります。

　また寝たきりの人はいずれ近いうちに死亡するのだから，そんなに手厚い介護をしなくてもよいということになったらどうなるのでしょうか。寝たきりだから体位の交換をしなかったり，おむつの交換を少なくすることを介護の人が日常的に行ったらどうなるのでしょうか。つまり，人間の尊厳は日々刻々と進化し，どんな人であっても人生の最後まで大切に扱われなければならないことを求めています。

(5) 親子関係に衝撃を与えたJR東海事件

（JR東海事件とは）

　①　親が要介護状態になっても，とくに認知症になっても子どもは介護には関与しない，親の老後のことは知らないとはいえない状況が今日，新しく生まれています。

　JR東海は認知症の父親がJRの名古屋周辺の駅の線路に立入って列車に轢かれて死亡し，そのため列車が遅延したことに関し，2007年，認知症の高齢の人の配偶者，3人の子どもに対して損害賠償の裁判を起こしました。判決によると3人の子どもは父親とは同居しておらず，1人はドイツ，娘は別な場所，長男は東京方面で仕事をし，長男は妻とともに頻繁に東京から父親の下に通って介護をしていました。

　名古屋地裁は配偶者と長男に父の監督責任があるとして損害賠償を認め，名古屋高裁は配偶者のみに損害の責任を認めました。この2つの判決は親が認知症となったならば，その判断能力のなくなった親の行動についてまで配偶者か子も責任を負うとしました。この判決によれば認知症の人を施設に入れるか，身体拘束するしかないことになります。世間の人々があまりにもこの判決を不条理と感じたのは当然です。

　平成28年3月の最高裁はＪＲ東海を敗訴させ，遺族には法的責任はないとしました。いずれにしてもこの事件は親の介護にあたる子ども，施設で徘徊する利用者を預かっている施設の関係者に大きな衝撃を与えたといえます。超高齢社会の今日，ＪＲ側は高齢の人が駅を利用することに備えて，ホームに職員を配置したり，ホームと列車との間のホームドア（柵）を設けて高齢の人々の生命を護るべきです。ただそうはいっても，そもそも広大な駅と線路はどこからでも人が出入りすることが可能です。それゆえ認知症の人がホームや線路内に立ち入るのを禁止するのは事実上，不可能に近いものがあります。以上のように考えると，ＪＲも，家族も相互に責任を追求し合うことは著しく適切さを欠くといえます。

　ＪＲ東海のように裁判事件にまで発展するケースはまれですが，いまの民法の監督責任などを前提とすると，1審判決や高裁判決の判断がでることは稀ではないといえます。

　明治時代の民法の規定そのものが，今日の社会のように，認知症の人が数百万人いることや親子が別居していて親の監督が事実上，不可能になることを全く想定していません。ＪＲ東海の事件のように子どもの責任が問われる可能性があるとすれば，親がかつて子の世話にはならないと述べていたなどと第三者に弁明しても，それは第三者からみると弁解にすぎないといわれる可能性があります。

（安否の確認を）
②　親の認知症，ＪＲ東海のような不慮の事故，在宅での孤独死などの問題を考えると，85歳を過ぎた親と子はいろんな形で密接に連絡を取り合う必要がでてきたといえます。

　ある60代の子どもは親が90歳になったころから毎日，朝8時に電話を入れて安否確認をしているとのことです。またある子は親に『朝日新聞』の「天声人語」を大きな声を出して読むよう勧めています。そして親子で意見交換をしているとのことです。それらがお互いに大変ならば，1週間に1度くらい親を訪ねるのも1つの方法です。親に心配ごとがあるのであれば，スープの冷めない距離のところにどちらかが引越をするか，サービス付き高齢者住宅（サ高住）に親が入居する

か，有料老人ホーム，特別養護老人ホームへの入居を親に決断してもらうことです。親にすると，子との愛情がどこにいても続くと感じれば老人ホームを選択します。

　いずれにしても85歳過ぎの高齢者が生きるには家族の協力が必要な面が多々でてきています。高齢の親をもつことは子にとってみれば損得でいえば割に合わないことが多々あります。

　しかし，親子関係は損得だけで考えるべきではありません。その子どもが乳幼児のときの病気のとき寝ずに看病をしたり，少しでも子どもが楽しい人生を過ごせるようにとキャンプや海水浴へ行ったり，各種のスポーツや芸術文化に触れさせたのは親です。子どもが他人に迷惑をかけたり，道を外れて非行に走ったとき，世間の人からいろいろ非難されても最後まで抱え，子をカヴァーしてきたのも親です。そして子どもが今日，社会人として生活できるように支援したのも親です。これらの献身的な行動は損得では表現できないものです。

（認知症の人も安心して暮らすために）
　③　ところでＪＲ東海事件のように高齢になると認知症の出現率，事故が多くなります。夫の介護にあたる配偶者も高齢の要介護かその予備軍の人です。いうならば「老々介護」もしくは「認々介護」の状態にある人に対して，公共機関のＪＲ（かつては国有鉄道）が親族の介護の仕方が悪いとして損害賠償の裁判をすることは，今日の高齢社会の実情を全く把握していないとのそしりを免れません。私が高齢者問題を重視して取り組んできたのは，老人福祉法２条にあるように，健康で健全な安らかな生活がどの人にもひとしく保障されるべきだと考えているからです。

　高齢者が国や社会から大切にされているならば，若い人も自分の将来に不安を抱くことなく安心して現在を生活できます。

　今日の社会にあっては病気の人，元気な人，認知症の人，生活力のない人，資産のない人，障害のある人を含めて「すべての人」が人間として人生最後のステージを平等に迎える権利があります。のみならず，すべての人々に人間らしく生きる権利（生存権）が最後まで平等に保障されるべきです。老後は所得の有無，家

族の有無，障害の有無で要介護状態の人の人生が大きく左右されるべきではありません。

　これに対し，明治維新の富国強兵，殖産興業政策以来，日本社会では生産性のある仕事に就いていない人や，「健兵健民」でない人は軽視される扱いをうけていました。しかし，人間は大臣も高級官僚も財界人も老いたならば認知症や要介護状態になります。これまで私は沢山の人々を老人ホームその他で見てきました。最後の迎え方は様々です。80歳，90歳の稼得能力がないか著しく不十分な人でも，老人ホームでは等しく生活が保障されているのを実感しています。そもそも人間は社会への貢献の有無・程度などで存在を評価されてよいわけがありません。

（6）超高齢社会の親と子

（超高齢社会の親子関係）
　①　超高齢社会においては親の介護以外にも子どもの出番は多くなっています。例えば90歳の親の日々の世話や銀行などでの入出金などの財産管理に始まって，一人暮らしの認知症の人をねらった悪質な訪問販売(高級着物,英会話の教材など)や投資用マンションの勧誘などの詐欺まがいの消費者問題の対応をしたり，成年後見の家裁への申立など，そして老人ホームへの入居，病院への入退院と保証人，葬儀をどうするかなど，子どもが親の問題で関与する場面は多数あります。

　そんなことをいろいろ考えると私は高齢者のセミナーで体が元気なときに，もし自分が心身が不自由になったならば子どもの「世話になる」よと予め言った方がよいと言っています。誤解のないようにいえばこれは同居や仕送り，介護を実際に子どもにしてもらうことを想定していません。85歳以上の高齢の人は駅の切符からカード，銀行の機械，あるいは通帳代わりのカードでの決済などの変化に適切に対応できません。また最近の社会はやたらヨコ文字などが多くなって高齢の人には分かりづらい世の中になっています。アーチスト，アスリート，パティシエ，スイート，マエストロ，スマホのアプリもその1つです。

　今日のスピード社会は，社員食堂の日替わり定食のようにあらゆるところで機械化が進むため，人対人で対応してきた85歳以上の高齢者は頭と体がついていけ

ません。銀行はＡＴＭなどの機械化が進み，電車や飛行機などもスマホで決済ができるようになっています。しかし高齢者は若い人のようにスマホを上手には活用できません。ましてスマホに高齢の人がいろんな情報を入力することは極めて危険です。誤ってとんでもないところへ誘導されかねません。

またパソコンの操作も高齢者には難しいものがあります。2021年5月から始まった新型コロナワクチンのパソコンやスマホからの市役所への予約は，高齢者には難しいものがありました。何とか操作をして市役所へアクセスしたものの，目的の日時の予約は終了，次はどこかと探しているとそれも終了で。次は1ヶ月後ということがざらにありました。40代の子どもや孫のいる家では数人でアクセスしてようやっと予約ができたとされています。

（親と子の関係を再考する）
　②　子どもの中には老いた親の姿をみて「老害」をまきちらしていると感ずる人がいるかも知れません。また親にいろいろしてもらったことは当たり前だと感じている人もいます。そんな親子関係の下で，政権党が述べる日本型福祉は今日では一人暮らしの人が増加していることもあって，事実上その基盤を失い，崩壊しています。

また少子高齢社会では高齢世帯が増加しているため，日常生活や災害時の大勢の人々の死がそれを物語っています（ＮＨＫスペシャル取材班編『無縁社会』文春文庫，額田勲『孤独死』岩波現代文庫）。

ところで85歳以上の高齢の親が幸せを感ずるのは，50歳，60歳の子どもと食事，スポーツ，芝居，孫の成長などで率直に話をしている時です。とりわけ孫とゆっくり会話ができるのは極めて楽しいといえます。ある地方都市のホテルで90歳位の親と60歳の子が，朝に食事をしていました。たまたま席の隣で私が食事をしていた時，母親はこんな美味しい食事をこれまでしたことがないと大感激していました。その人の日常の暮らしぶりを考えて，私は複雑な気持になりました。

他方，親子の情愛はなかなか他人にはわからないところがあります。親が子のことを心から愛しているのに，子はその気持ちを理解できないときもあります。

親が死んで，親が子に何を話したかったのかが少しずつわかるときがあるのかも知れません。そんな時を期待して親は手紙を残しておいた方がよいかも知れません。

また親子の性格の相違で打ち解けて話ができなかったり，子ども時代に親に怒られたことをいつまでも責めるタイプの子がいます。しかし，多くの親は最後は子どもと愛情ある生活をしたいと考えています。恩讐の彼方にということがあります。さんざん「子不幸」をしてきた『父帰る』のような親でも，最後は子どもに受け入れてほしい，謝って死にたいと思って「和解」を求めている時があります。いろいろあったとしても，最後は親の気持ちを受け入れる寛大さが子にあってもよいかと思われます。

ところで高齢者問題を広い視野から考えるにあたっては，下記の本の指摘は参考になります。2009年12月初版のパット・セイン，木下康仁訳の『老人の歴史』（東洋書林）で「最近よく耳にすることだが歴史上かつてないほど人々は長生きするようになり，社会は高齢化し，高齢者は数の上で若者を上廻りつつある，という。この種の話は決まって悲観的で重苦しい。高齢者は無力で依存的存在として語られ，医療や介護，年金などの負担を，減少傾向にある若年労働人口に強いている」といわれています。

しかし，これが事実かをこの本はいろんな観点から検討しています。その中で「どこであっても高齢者は可能な限り自立の道を望んだ。事実，大多数は無力で依存的存在ではなかった。自分の家を切り盛りし，自分自身の生活を送ることは若い世代と一緒に暮らすよりも望まれていたと考えられる。高齢者は援助の受け手であるだけでなく，提供者でもあったのであり，親を亡くした孫たちを養育したり，未亡人や配偶者に捨てられた娘とその子どもたちに家を提供したり，病気や障害のある子どもたち，配偶者，近隣者たちを世話した。すべての社会階層で世代間の援助はいつでも若年世代から高齢世代に向けられると同時に，高齢世代から若者世代に対しても行われていた」としています。

この本の見方は，社会の中における高齢者の存在を冷静にみつめていると思われます。私達はあまりにも政府の標準家庭（4人）を中心に考えがちですが，社

会にはいろんな家族といろんな状況におかれた人がいることをしっかりと考えることです。

（変容した親子と遺言）

　③　老人ホームの役員をしていると毎日のように親のところに訪ねてきて近況を語っている親子がいます。その多くは近況というよりは元気なころの思い出の会話のようです。毎日飽きることなくお話しをしています。

　そうかというと親が老人ホームに入所していることをよいことに，親の財産を勝手に使い込む子どもがいます。また1年に1度も老人ホームに見舞いにこない子どももいます。年末年始も老人ホームで1人という親がいます。そんな子どもをみている親の中には，自分の代に築いた財産を子に残すことは必要ないと決意を固める人もいます。具体的には比較的予算のとぼしい児童の養護施設や，保育園の図書室に大量の本（例えば毎回100万円程度）を毎年のように寄贈したり，最近，ＮＨＫなどで放映している「駅ピアノ」をまねて，ピアノを駅，公民館などに寄贈したいという例がそれです。これらの文化財は当局者と十分に打合せをし，後々まで寄贈した人の志が長く生きる形で保存することが必要です。前記の寄附は生前ですので，遺言とは異なって遺留分侵害を生じる可能性は少ないといえます。

　また私の知人の資産家は3.11の津波の様子をテレビで見て，被災地の人を支援したいと言ってきた人がいました。いま困っている人を直ちに効果的に支援するには，日本赤十字などの団体を通すのではなく，現地で活動をしているＮＰＯや自治体へ直接寄附したらどうですかとアドバイスしたことがあります。その人は数百万，数千万円単位の寄附を自治体へ行いました。自治体の人は本当に助かったと述べていたとのことです。前記の各寄附はその人が生きていた証です。そして多くの人にその志が後々まで残ります。これに対し，大企業などのトップのように，さしたる社会活動もせず墓まで金を持っていく人もいます。日本社会にアメリカのように寄附文化が形成されるとよいと思わずにはいられません。

(7) 最後のステージの生活と旅立ち

(90歳でも元気な人)

①　これまで認知症や寝たきりなどの加齢に伴う，少しマイナス面の問題を述べてきました。しかし90歳を過ぎたからといっても，すべての人が認知症になったり，寝たきりになるわけではありません。特段，これといった病気などがなければ，90歳，95歳でも普通に在宅や施設で生活できるのが今の時代です。

90歳以上の人は約200万人います。実際，農村へ出向くと95歳で1人暮らしで元気に生活している人は珍しくありません。家の周りの畑を耕し，近所の人と世間話をしたり，サークルに入って活動している人もいます。

また老人ホームに出向くと90歳前後の人は入居者全体でみれば若手に入ると思われるぐらい，95歳前後の人が多くいます。また各ホームには100歳前後の人も数人います。ただ90歳を過ぎた人の特徴は一見すると時間がたっぷりあるようで，生命の時間は残されていません。ロウソクの火のように消えていく場合があります。

ところで90歳前後で長生きをしている人の多くは，在宅で生活する人であれ，老人ホームで生活する人であれ，趣味を日常の生活の中に取り込んで生活しています。そのせいか，その人々は毎日が充実した日々を過ごしています。元気な人はお茶やお花をやる人，ピアノやバイオリンをやる人，二胡や三味線をやる人，あるいは絵を描く人，書道をやっている人もいます。これらの人は発表会や展示会などに出たいとの向上心を持っているためか，老け込む人は少ないといえます。

また日本舞踊などを毎週のようにやっている人は体力向上や維持にも役立っています。長生きには「無芸大食」は敵に近いものがあります。

(前向きに生きる)

前述したように，地域やホームの諸々の行事にも積極的に参加している人は何事にも好奇心をもっている人です。この点が40年前，50年前の老人ホームの入

居者の状況と大きく異なる点です。

　冒頭に紹介したように瀬戸内さんは90歳を過ぎても，いろんな社会活動に参加しています。また写真家の笹本さんは90歳を過ぎても現役でいたいので，年齢を他人から聞かれるのを嫌がっていたとのことです。その意味で，他人がいうのは別として，自分から老け込まないようにすることです。

　都会に住んでいる人でも日本舞踊やお茶などをやっている家元の人の中には，常に公式の場を意識しているせいか90歳を過ぎても姿勢が凛としています。じっと家にいるのではなく，定期的に人との交流をもつような生活をすることです。その意味で加齢とともに，死ぬまで生きて社会に貢献するとの強い気持ちが大切です。かつてヴェートーベンやガウディ，ガンジー，マザー・テレサ，キング牧師が死去したとき，大勢の市民が葬儀に加わり，死を悲しみました。その数万分の1でもよいから同時代の人に惜しまれて死んでいきたいものです。

（家族との思い出を胸に）

②　人生の最後を少しでも有意義に過ごすには，家族や友人と世の中のことや過去の親子の出来事について伴に語りあえる時間をどれだけもてているかが重要です。私自身が75歳を過ぎて子どもの時を振り返った時，思い出すのは季節の町内会の行事などにおける父母の関与です。

　子どもの時には家の手伝いで苦しいことが沢山ありましたが，不思議とそのことは忘れて，楽しいこと，それも親と一緒にしたことが思い出されます。例えば年末の餅つき，12月31日の年取りの夜の家族の食事，正月のお雑煮，2月の節分，3月のお雛様，そして3月末の道路づくりのための町内総出の雪切り，5月の町内での花見，6月の鯉のぼりとよもぎ餅やベコ餅，8月初めの七夕とお盆です。そして我が家の前の盆踊り，9月の十五夜，10月の地域対抗の町の運動会，そして冬に備えての薪割りと漬物の大根洗いと干し，12月の冬至のカボチャいりのおしるこ等です。

　また父が他家の結婚式に出席した時のお祝いの折り詰めと赤飯を持って帰るのが何よりも楽しみでした。家族みんなで美味しいねと食べたものです。また母親

が上京後も元気であったとき，春と秋のお彼岸の時，母がおはぎを作るのを手伝いながら伴に語り合うのが楽しみでした。

　母は，子どもが父母の期待に少しは応えて士業で働いていることをいつも誇りに思っていました。母は7人の子を次々と東京へ出した苦労が報われたことを実感していたのではないかと思います。

　さらに高齢になっての楽しみとして美味しい食事をすることと旅行があります。海の近くで育ったせいか，フランス料理などの加工した料理ではなく，自然の食材を生かした子どものころの日本料理が恋しくなります。大人になって少しだけ美味しい食材を食べてみたい衝動にかられます。例えば子どものとき海岸でキャンプをした時に焼いて食べたアワビやツブ貝，そしてウニをおかずにして，肉の代わりにヒル貝（ムール貝と同じか）を入れたカレーライス，秋のシャケの筋子とゴハン，冬のハタハタやカジカの三平汁，八角のサシミ，宗八カレイなどをもう一度，郷里で食べてみたくなります。

　東京では前述の料理は食べられなくても，一緒に食した兄姉とその話題で盛り上がるときがしばしばありました。旅行についていえば，親子で一緒に見た京都や奈良の桜や紅葉，2020のオリンピックで我が家のすぐそばを自転車競技が通過しときや正月の箱根駅伝，子どもが成人した後の軽井沢のアウトレットでの買い物，東北三大祭りの印象などは後々まで話題になります。

（旅立ちの準備を）
　③　いずれにしても，90歳を過ぎるといつ，何があってもおかしくないという覚悟を本人と子はもつことです。何かあったときの連絡先（友人・知人）や荷物の整理なども少しずつ開始したらよいと思います。70歳，80歳のときに必要であった品物も90歳になると不要になるものが沢山あります。

　ところで，最近85歳過ぎの人から今年をもって年賀状を出すのをやめますという連絡がくることが多くなっています。ただひとこと年賀状をもらうのはウェルカムと書いておいてもらうと，相手も寂しい思いをしなくてもよいかと思います。年賀状は元気でいるよという友人・知人からのメッセージです。80歳を過ぎたな

らば少しずつ減らして苦にならない程度の枚数を出すということがあってもよい
かも知れません。

　また墓の後継者がいないときは永代供養の金を払うか，墓じまいをするしかあ
りません。それには50万ないし100万円の金がかかります。お金のない人は墓を
放置するしかありません。なお相続人が誰もいない一人暮らしの人は利害関係者
が家庭裁判所へ相続財産管理人の申立をすると，その選ばれた管理人が相続人を
調査したり，荷物などの処分をすることになります。

　高齢者の中には「最後の時点」でいくら位，相続人に金銭を残しておいたらよ
いかと心配する人がいます。私は自分で働いて稼いだ金ならば自分のために使っ
たらよい，子どもたちに残しておく必要はないといっています。沢山のお金を残
して相続で争いになっている例を沢山みています。「子孫に美田を残さず」です。
もし相続人の争いを死んだ人が見ていたならば，なんということか，と怒るので
はないかと思います。ただそうはいっても葬儀その他のことがあるので，200万
円前後残しておけばと述べています。

　かつては高齢の人の多くは自宅で死去していましたが，いまは老人ホームや病
院が圧倒的です。それゆえ「親の死に目」にも立ち会えない人がでてきています。
永遠の別れですので，死の1ヶ月前ぐらいの意識のあるうちに親子水入らずで会
話をし，それとなく感謝の気持ちを捧げる機会があってもよいのかも知れません。

（別れ）
　④　90歳を過ぎた人の葬式などは文字どおり身内のみで済ませて，後日，予め
決められた連絡先の方々に家族の人が死亡の事実を通知をする方法が増えていま
す。現に親と別居している子どもから，そのような挨拶状が近時，多くなってい
ます。

　葬儀その他の機会に，生前に故人と親しかった人の話を聞くのも故人の供養に
なります。たまに大企業などに子どもが勤務していると，親がかつて組合活動や
社会問題に関与した人であると，子は世間の体面を気にしてか故人の友人・知人
を葬儀に呼ばないことがあります。故人のことを全く知らない子どもの会社の同

僚などが義理で参加する通夜などでよかったのかが気になる時もあります。

　人生100年時代を生きた人はそれだけの足跡を多くの人々に残しています。そのことを身内の家族が知らないのはまことにもったいないことです。高齢者に寄り添うとは，子どもたちに都合の悪いことを「消す」のではなく，本人の過去をしっかりと理解して，生きることです。そのような親子関係ができていれば，親は子に，最後にいろいろありがとうと言うことになります。いずれにしても100年も生きてきたことは，多くの足跡をあちこちに残しているはずです。できるならばその人の生きた証を顕彰するために，友人・知人，親子・親族で，その人が歩んできた追悼集を作ってみたらどうかと思います。

　なお高齢の夫婦のみで暮らしている人の一方が死亡した時，最後にありがとうではなく，愛していると言ってほしかったと言っている人がいました。いろいろな夫婦・親子の別れの形が，今日できつつあります。

第6章　企業社会の「垢を洗って」生きがいのある老後を
——自由と生存を実感する人生のまとめ——

序　そこまできた長寿社会

①　ここでは戦後77年を振り返って，生きがいとやりがいがある生活とは何かを，とくに個人が尊重され豊かな文化を享受しながらも，長生きするための国と個人の役割とは何かについて，戦後日本の高齢者施策のあゆみとの関係で考えてみます。

1970年代の高齢化社会の到来は年金，医療ともにボケ老人，寝たきり老人が社会問題になりました。少なからずの人々は徘徊する老人をみて，ああまでして生きたくないと感じました。

また昭和48年の福祉元年以降の福祉の進展に対し，社会保険料の負担の増加を心配する財界の意をうけたマスコミは経済の発展を優先して，バラマキ福祉として福祉の充実に反対をしました。このことは，老人福祉法2条に反して，これまで日本の発展に尽力してきた高齢の人を切り捨てることです。しかし，そのようなマスコミの誤った主張は，年金生活をしている高齢者が全人口の3分の1近くになっている今日，全く説得力をもたなくなっています。

②　21世紀になり，人生90年時代になると「100歳バンザイ」が夢ではなくなりました。かつては「ボケ老人」の年齢であった80歳前後の人がテニスやスキーなどのスポーツや旅行，そしてレストランで元気に過ごす人が増え出しました。東京の巣鴨は「おばあちゃんの銀座」と言われるほどの人のにぎわいです。そのような姿をみた40代，50代の人々は，自分も定年後にあんなゆとりのある生活ができればよいと思うようにもなりました。人によっては定年後の人生を楽しみにしたり，第2の人生のスタートを考える人が増えています。しかし，第2の人生をスタートするには，定年前から定年後30年ないし40年をどう生活するかの

設計をもっていることが必要です。

　さて65歳以上の人々が今日，全国津々浦々で長生きするようになった背景には，戦後77年，1人も戦争で死んでいないことが大きいといえます。そして乳幼児と高齢者の栄養の改善と年金，医療，介護の社会保障の発展があります。

　またリタイア後，高齢者がいろんな形で芸術・文化を楽しみ，カラオケ，合唱サークル，ゲートボールなどに，積極的に社会参加するようになったこともあります。

　前記の高齢者の長命と長寿化は，今日では人生100年時代の到来といわれています。銀行，信託，生保や旅行会社などは人生100年時代に向けての各種の商品を販売しています。また自民党も「人生100年時代戦略本部」を立ち上げています。

　③　ところで長生きと長寿とは違います。長生きとは動物として長く生きていることです。これに対し長寿とは，健康で文化的な生活をエンジョイしながら本人が自分らしく生きることです。

　自分らしく生きるとは自分のやりたいこと（例えば園芸や俳句）をしたり，習い事（例えばお茶やお花）をしたり，読書や旅行，芸術・文化を楽しみながら，それなりに自分が満足のいく生き方です。そして重要なのは公民として社会の諸問題に自由に発言し，それまでの企業時代の利害と関係なく，自他の利益や共存共栄をめざす生き方をすることを指します。つまり一定の生活設計をもって，自分なりのやりがいのある，達成感のある生活ができる状態を長寿といいます。日本のサラリーマンが前記のような生活をするには，企業社会の中で心身にたまった人権軽視の垢を全面的に洗い出す必要があります。

　また前記の長寿生活を続けるには日々の経済生活が安定していることが必要です。人生100年時代とは定年後の生活が30年ないし40年つづく時代のことです。この期間は青年期，中年期の40年とほぼ同じ長い期間です。さらに人生100年には勤労者が多少預金をしていても公的年金なくしては定年後30年ないし40年の生活を過ごせません。

定年後，衣食住の生活が普通にできて，所得の有無にかかわらず医療と介護が無料か格安で利用できなければ，年金プラス預金では老後の安定した生活は営めません。長寿社会との関係で高齢者の権利としての年金などの社会保障を重視する理由はここにあります。長生きすることは多くの人にとって楽しみであり，喜びです。ただ90歳を過ぎると残された生命の時間は短くなります。本人も家族もそのことを十二分に理解することです。しかし，健康に恵まれるならば，アメリカの俳優兼監督のクリント・イーストウッドのように91歳になっても映画を作っている人もいます。彼の作品は年齢とともに味を増してきています。

（1）戦争と自由と生存の関係

（日本の敗戦と生存権保障）
①　1945年8月の戦後直後の日本人を待っていたのは，戦争での300万人の死者と350万人の旧植民地などの外地からの引揚者と数百万人の兵士の帰国でした。働き盛りの人を兵士にとられた農村は長い戦争で疲弊し，食糧などの生産も不十分でした。そのうえ大勢の兵士や「外地」から引き揚げの人が帰国したのですから，日本社会全体は飢餓的貧困に陥りました。そんな社会を反映して1946年11月3日に公布された憲法25条には，「すべて国民は健康で文化的な最低限度の生活を営む権利を有する」と定めました。いわゆる生存権の保障です。この憲法にもとづいて生活保護法が制定され，国民は最低限度の生活をかろうじてできるようになりました。

そこで生存権が世界各国で国民の権利として獲得され，憲法で定められるに至った経緯について，若干歴史を振り返ります。

イギリスにしてもフランスにしてもアメリカにしても，労働者や労働組合が市民革命時代の形式的な自由と平等だけでは生存できないとして，実質的な自由と平等としての社会保障と労働基本権の実現を国と経営者に対し働きかけました。とりわけ経済的平等の要求としての賃金，労働時間，そして高齢期の稼得能力の喪失後の所得保障として年金などの充実が強く労働組合から叫ばれました。つまり，18世紀の自由と人権は王侯貴族を除く資本家などの豊かな人々が享受できたのに対し，20世紀に働く人々はまず生活するために労働三権の実現を目指し，そ

のうえで賃金，労災，年金などを要求する形で生存権の主張をしました。

どこの国でも働く人々が労災，年金，医療などの形で強く経営者，国に対して要求し，時にはストライキ，デモなどをしたことが生存権の出発点です。いうならば労働組合が国や資本家と対立しながら，働く人々，社会的弱者とされる人々が生きる権利としての賃金，年金こそ大切だと主張したことが発端といえます。

社会保障がアメリカの大恐慌のときにニューディール政策で提唱され，イギリスのビバリッジ報告で体系化したのは実に前述の市民革命とその後の労働組合の生存権保障を求める動きがあったればこそです（林敏彦『大恐慌のアメリカ』岩波新書）。それゆえ生存権保障は労働組合の戦闘力に依存するところが大きい権利です。私達は今日の社会保障が先人の多大なる労苦のうえにできあがったことを，そしてこれをより発展させる社会的責務があることを自覚する必要があります。

（戦争と生命・身体の尊重の関係）
②　人間が生きていくうえで最も大切なのは国家による個人の生命・身体の尊重です。これが人権保障の最低限です。次に言論・出版や平等などの市民的自由です。1776年のアメリカの独立宣言，1789年のフランスの人権宣言，そして1863年の南北戦争時のリンカーンの奴隷解放宣言，そしてキング牧師らが活躍した1960年代の公民権運動の結果，職業，人種，皮ふの色を問わず，すべての人民が獲ちとることができた権利が市民的人権です（遅塚忠躬『フランス革命』岩波ジュニア新書，M・L・キング，雪山廣正訳『自由への大いなる歩み』岩波新書，ゴードン・S・ウッド，中野勝郎訳『アメリカ独立革命』岩波書店，貫堂嘉之『南北戦争の時代』）。

前記の人権獲得の取り組みによる自由と平等は特定少数の権力者（王侯貴族）の横暴から人民の生命を護り，黒人の人種差別をなくし，すべての人間が自由で平等に生きるための重要な権利です。つまり一人ひとりの人間の自由と平等というかけがえのない前国家的な権利が市民的人権です（池上俊一『ヨーロッパ史入門——市民革命から現代へ』岩波ジュニア新書，佐藤幸治『現代国家と人権』有斐閣）。

ところで，人間が社会で生活していくうえで最も重要なのは生命・身体の生存

の保障です。ナチによるユダヤ人600万人の虐殺や，日本軍の中国での殺しつくす，焼きつくす，奪いつくすの三光作戦や南京大虐殺，そして731部隊やアメリカのヴェトナムでの10年にわたるナパーム弾などを使った侵略戦争，さらにアフガンでのソ連，イラクやアフガンでのアメリカの戦争，そして今日のロシアのウクライナの侵攻と無差別の大量の殺傷は，人間の生命・身体を侵す絶対に許されない行為です（柴健介『ホロコースト』中公新書，常石敬一『731部隊全史 石井機関と軍学官産共同体』高文研，吉田裕『日本軍兵士』中公新書，松岡完『ベトナム戦争』中公新書，寺島実郎ほか『イラク戦争』岩波書店）。

　ベトナム戦争にみられるように侵略とそれを支持する人には，侵略され，殺され，家族と家を失う人々への共感が全くみられません（ニック・タース，布施由紀子訳『動くものはすべて殺せ』みすず書房）。

　少しでも侵略者に知性と良心があったならば，チャップリンが『殺人狂時代』で描いた「1人殺せば殺人者だが，100人殺せば英雄だ」のような常軌を逸する挙にでるわけがありません。自分や自国民の生命と暮らしが大切であるのであれば，他人も他国民の生命と暮らしも大切だとのヒューマニズムと博愛の心が現代においては重要です（日本ペンクラブ編『それでも私は戦争に反対します。』平凡社，黒川みどり・藤野豊『差別の日本近現代史』岩波書店）。

　人類は過去の戦争での悲惨な誤った経験の中から，新教・旧教の30年戦争の1648年のウェストファリア条約，第2次世界大戦後の1948年の世界人権宣言，そして国連の子どもの権利条約や女子に対するあらゆる形態の差別の撤廃に関する条約，障害者の権利条約などですべての人が等しく生きる権利があること，これを保障するための国際的ルールを国際人権規約や条約で定めるに至りました（申恵年『国際人権入門』岩波新書，宮崎繁樹編『国際人権規約』日本評論社，深瀬忠一ほか編『人権宣言と日本』勁草書房，リン・ハント，松浦義弘訳『人権を創造する』岩波書店，畑・水上編『国際人権法概論』有信堂，藤田久一『新版 国際人道法』有信社）。これらの人権と平和のルールは人類の英知がもたらした先人からの私達への贈りものです（杉原泰雄『人権の歴史』岩波書店，伊藤成彦『日本国憲法第9条，戦争と軍隊のない世界へ』影書房，深田三徳『現代人権論』弘文堂，筒井清輝『人権と国家』岩波新書）。

（個人の尊重と生存権の関係）

③　人権の基本は生命と個人の幸福追求の尊重が根本です。1人ひとりの自由と生存が尊重され，映画や芝居，音楽などの文化的な生活を享受できることが，個人の尊重・幸福追求を中核とする人権尊重の1丁目1番地です。しかし人間は生命さえ保障されているならば，無実の人が刑務所で無期懲役で過ごすことでもよいかといえばそうではありません。またアメリカのかつての奴隷のように，衣食住だけは保障されてもそれは人間らしい生活ではありません。

人間は自由に行動し，自分の言葉で発言し，芝居や音楽及びスポーツなどを楽しむ権利があります。これが憲法13条の個人の尊重であり，幸福追求の保障の意味です。さらに，人間は病気になったり，失業をしたり，労災や交通事故で障害者になったりもします。その人々が安心して病気やケガの治療をうけ，生活できるようにするのが社会連帯にもとづく社会保障であり，生存権保障です。これが私達,法律家が述べる自由と生存の意味であり，人権としての社会保障の趣旨です。

高齢者の人権としての社会保障に関係しますので，生存権保障の原点である自由と平等，そして博愛と貧困との関係についてもう少し述べます。

人間は誰もが自由に生きたい，他人から差別や迫害をうけることなく平和に生きたいという願望をもっています。

今の若者は前記のことを空気のように当たり前に思って過ごしています。しかし，士農工商の徳川時代や天皇制下の戦前の軍国主義国家日本ではそうではありませんでした。今日の自由と平等，そして平和の社会は，既に述べたように世界各国の人々の血のにじむ長い闘いの結果，獲得されたことを忘れるべきではありません。権力者は常に自由と平等を侵害しようとします。アメリカの独立宣言，フランスの人権宣言は，圧政との関係で人民の闘いの成果を人間が生活するうえの基本的権利として憲法に保障したところに,その画期的意義があります（J・M・ロバーツ，見市雅俊『世界の歴史革命の時代 7』創文社）。しかし，自由が保障されても衣食住の生活が十分でなければ，その自由を貧しい人々は享受し，行使できません。

　そこで現代国家にあって自由と平等をすべての人々が享受できるようにするために，生活の基本である衣食住の最低生活保障が強く求められました。このことは障害のある人，酷使されている人，偏見と貧困にあえぐ人への博愛と共感が人間らしい社会の基礎です。これを国民の力で建設することが大切との生存権思想を生みました。これらの権利は国内外の先人の多くの犠牲とたゆまぬ努力で成立したものです。私たちはこの権利の重さを自覚し，発展させる責任があります。権利を濫用することなく適正に行使することが必要です。

（戦争と人権の個別・具体化）

　④　ところで人権を考えるにあたって 4 つの流れを理解する必要があります。1 つはアメリカの独立宣言やフランスの人権宣言は男性の白人の人権であり，黒人や女性，子どもは含まれていなかったことです。2 つは，南北戦争後，人権が白人，黒人などを問わずすべての人に保障されるに至ったことは周知のとおりです。そして 3 つは総論としての人権が女性，子ども，障害のある人，高齢者というように，それぞれの人間の特有の状況を想定して具体的な権利として発展してきたことです。そして 4 つは自由・平等の人権に加えて，すべての人 (白人，黒人，労働者，障害者，高齢者，女性，子ども) の生存権保障，それも健康で文化的な最低限度の生存権保障に発展してきたことです。これらの人権保障の基底には博愛，自由，平等，公平，正義が大きな意味をもっています。その関係で人権は普遍性をもっています。国籍に関係なく内外人平等の原則を護ることです。

　ちなみに私の自宅の直系 100 m ぐらいの範囲で 10 人前後の子どもたちが外国で生活しています。親たちは外国で平等に子どもたちが扱われることを心より望んでいます。恐らく外国人の親たちも日本にいる子どもたちが平等に扱われることを願っています。

　前記の個別・具体的な人権の発展の契機は戦争の反省があります。第 2 次世界大戦は約 5000 万人といわれる人々の生命を奪いました。この戦争の最大の教訓は 3 つです。1 つは国籍に関係なく生命の尊重であり，もう 1 つは戦争の原因となった国民の貧困をなくするための生活の保障です。3 つは戦争の犠牲者は子ども，女性，障害者，高齢者であったため，これらの人々の権利・人権を宣明にしたこ

とです。私達はこの3つをあわせて「すべての人」の生存権の保障と呼んでいます（東大社研編『基本的人権』全五巻，東大出版会，近藤敦『人権法』日本評論社，エレン・ケイ『児童の世紀』富山房，近藤二郎『ユルチャック先生』朝日新聞社）。

　以上のように，人は日々安心して生活できてこそ自由に考え，行動できるようになります。「恒産なければ恒心なし」「衣食足りて礼節を知る」状況になります。つまり，貧乏のために卑屈な思いをして社会生活をしなくてもよいように定めたのが憲法25条の生存権です。そして1人ひとりの人間は，老若男女すべての人が異なる人格をもって生きる権利があることを定めたのが憲法13条の個人の尊重です（佐藤功『憲法と君たち』時事通信社）。

（2）福祉国家への道と年金などの公的支援

（戦後日本の人権の保障）
　①　戦前の日本には市民的自由としての生命・身体の尊重や言論・出版の自由は憲法は勿論，政治・経済の下で保障されていませんでした。国民は天皇の赤子として戦争で生命を捧げる義務がありました。戦前の日本の社会では,児童,女性,働く人々や高齢者などの社会的弱者といわれる人々は常に強い人（資本家,支配者,地主）の犠牲にされて，事実上，無権利状態でした。貧しい人々は過酷な労働のため短命でした。父母が病気すると子どもは病院代を稼ぐために小さい時から働かざるをえませんでした。

　また戦前・戦後の日本は，1960年ごろまでは全体として貧しかったため，生産労働に関与できない人は「穀潰し」と同じ扱いをされがちでした。

　アメリカやイギリスの，そしてフランスで保障されている自由，平等，博愛などの市民的自由が日本で実現したのは，1945年8月15日以後のことです（田中浩『新版「国家と個人」市民革命から現代まで』岩波書店，中村政則ほか『世界史のなかの1945年』岩波書店，石田憲『敗戦から憲法へ』岩波書店）。

　大正デモクラシー以後の労働運動の発展の中で労働三権の保障と社会保障などの生存権が叫ばれ,それが戦後,憲法25条の形で花開いたものです（松尾尊兌『大

正デモクラシー』岩波書店，今井清一『日本の歴史 23 大正デモクラシー』中公文庫，成田龍一『大正デモクラシー』岩波新書，大河内一男『暗い谷間の労働運動』岩波新書）。その意味で戦争を体験している 90 歳ないし 100 歳の人々は，戦後改革の大きな柱である，国民主権，基本的人権の尊重，平和主義を基本とした自由と生存の大切さを実感している人々です。

　しかし戦後 77 年も経ってくると，多くの人々は 1945 年 8 月 15 日の敗戦と戦後改革の柱の農地改革，財閥解体，軍事力の保持の禁止，基本的人権の保障，労働三権の保障，教育と社会保障などを GHQ が日本人に対して保障した歴史的意味を真剣に考えることをしなくなっています（竹前栄治『占領戦後史』岩波書店，ジョン・ダワー，三浦ほか訳『増補版 敗北を抱きしめて 上・下』岩波書店，歴史教育者協議会編『日本国憲法を国民はどう迎えたか』高文研，中村政則『戦後史』岩波新書，岩波書店編集部『私にとって憲法』岩波書店，日本ペンクラブ編『憲法についていま私が考えていること』角川書店）。

（戦後日本の出発とは）
　②　そこで自由と人権，生存権保障の関係で，戦前の日本と戦後の日本で大きく変わった点を 5 つあげて戦後日本の出発とは何であったかについて改めて考えてみます（家永三郎『歴史のなかの憲法 上・下』東大出版会）。

　1 つは天皇主権から国民主権になったこと，2 つは軍隊を廃止し，戦争をしない国となったこと，3 つは言論，出版，思想，良心などの基本的人権を前国家的な不可侵の権利としてすべての国民に保障したこと，4 つは労使対等の労働三権を保障し，労働者の生活の向上を実現しようとしたこと，5 つは健康で文化的な最低限度の生活を営むことを国民の権利として憲法 25 条で保障したことです（マーク・ゲイン『ニッポン日記 上・下』筑摩書房，東大社研編『戦後改革』全八巻東大出版会，井上ひさし『二つの憲法』岩波ブックレット）。特に第 2 の軍隊の廃止に伴う平和的生存権と第 5 の憲法 25 条の生存権の保障は密接不可分な関係にあります。

　戦後の日本は「バターか大砲か」といったならば大砲を捨ててバター（国民の生存権）を選択しました。バターの選択の下で日本は戦後の奇跡といわれる経済

の復興に成功したといえます（佐々木寿美『福祉国家論』学陽書房，神野・金子編『福祉政府への提言』岩波書店）。

　ところで占領軍は国民の言論出版の自由と同じ程度に自由で民主的な人間を育成する教育を重視しました（宗像・国分編『日本の教育』，稲垣忠彦『戦後教育を考える』いずれも岩波新書）。それは戦前の皇民化教育が非科学的で自主性に欠ける人間を大量に作り，国民をして無謀な戦争に突入させたからです。つまりアメリカは日本の対外政策，とりわけ中国への侵略の背後に日本人の貧困と無知があったとみています。そこで，教育の民主化によって戦争への道を防止しようとしました。しかし，アメリカは極東情勢の変化をうけて日本に再軍備を要請しましたが，当時の吉田茂総理は「軍備という非生産的なものに巨額の金を使うことは日本経済の復興を遅らせ」，それは「やせ馬に重い荷物を負わせるもの」であるとして反対したほどです（吉田茂『日本を決定した百年』日本経済出版社）。これがその後，冷戦の中で大きく変化していくことは周知のとおりです。そして，かつての敵国のアメリカの言いなりになって日本は軍事力を強化しています。

（朝日訴訟）

　③　戦後しばらくの間，生活保護法の給付水準は最低限度の生活に重点がおかれて支給されていました。決して健康で文化的な水準ではありませんでした。憲法25条の生存権の法的性格とその水準が検討されるようになったのは，昭和30年代に東京地裁に岡山の結核患者の朝日茂さんが低い生活保護では最低限度の生活さえ営めないとして提起した朝日訴訟以後のことです（朝日訴訟記念事業実行委員会編『人間裁判 朝日茂の手記』大月書店）。

　この裁判は「権利としての社会保障」としてその日暮らしに近い貧しい人々，労働組合の人々，そして学者，文化人の支持を得て闘われました。この裁判以後，牧野訴訟，堀木訴訟，学生無年金障害者訴訟などが次々と提起されました（小川政亮編『社会保障裁判』ミネルヴァ書房，井上英夫ほか編『社会保障レボリューション・いのちの砦・社会保障裁判』高菅出版，拙著『人間らしく生きる権利の保障』創風社，拙著『司法過程による社会保障立法の改善と向上を目指して』創風社非売品）。

　社会保障の水準が低いとして裁判が提起されることは，社会保障は戦前のような慈恵ではなく，国民の権利であることを示しています。注目すべきことは社会保障裁判の原告の相当数は高齢者であったことです。高齢の人が裁判で自己の生存と権利を主張せざるをえないことは，1つは家族にも頼ることができない現実があることであり，もう1つは社会保障水準が極端に低いか制度そのものに不備があるからです。

　朝日訴訟以来，60年ほど経ち，裁判によって法令や通達が少なからず改廃されてきました。その結果，原告と同じような境遇にある貧しい人々や，不平等を余儀なくされていた全国の数千，数万の人々は少しは安心して生きることができるようになりました。しかし，国や財界人といわれる人々は憲法25条の定めが国民の権利であると国民から広く認識されるならば多額の予算が必要になるのと，年金などが充実すれば老後に備えて勤労者が働かなくなるのではないかと危惧しました。

　そこで財界人らは1970年代後半から，社会保障の給付水準の引き上げを財政難を口実にサボタージュする方向をとりました。そのため低い年金では生活できないとして，新幹線の中で自殺する人がでたり，生活保護の受給が拒絶されて餓死する人が出るに至りました（水島宏明『母さんが死んだ』社会思想社，全国飢餓・孤立死調査団偏『餓死・孤立死の頻発を見よ』あけび書房）。

　ところで一般の国民はマスコミが正確に低い社会保障の現状を報じないため，生活保護を受けられない，他の人に給付される年金が受けられない人々が裁判などを起こしていることさえ知らないのが実情です。前記の裁判を多くの人々に理解してもらうために，私も関与した年金の併給や生活保護の裁判で各種の集会，パンフレット，本などを作成して多くの人々に国の政策の問題点を理解してもらうべく努めてきました（黒津・藤原編『全盲の母はたたかう』ミネルヴァ書房，学生無年金障害者訴訟の勝利をめざすみんなのつどい実行委員会『学生無年金障害者訴訟 生きる希望を求める憲法裁判』全障研出版部）。

（衣食住の変化）

④　また人間が長生きするためには，衣食住は経済の発展に従ってより進化した質の高いものであることが求められます。

かつての住宅難のときは6畳一間に5人家族であったり，6畳，4畳半の長屋の住まいの人がいました。トイレと井戸は共用という家庭も多かったといえます（本間義人『居住の貧困』，早川和夫『居住福祉』いずれも岩波新書）。今日では2DK，3DKのバス・トイレ付きが一般的です。子どもも個室をもてるようになりました。ただ高齢者の住宅はバリアフリーになっている必要があります（早川和男『老いの住まい学』岩波ブックレット）。

また食事もかつては「一汁一菜」の粗末なものでしたが，今日では一汁三菜の家庭が増えて魚・肉の食事も増えてきています。栄養の変化が日本人の長生きをもたらした大きな要因です。

さらに衣類も夏・冬1着ないし2着から四季に応じた数種類の洋服を各人が保持するのが通例であるように変化しています。ちなみに衣食住という用語で「衣」がトップになっているのは，衣は他の動物とは違う人間の特性だからです。デザイナーやアパレルメーカーが多数あるのも人間は個性を強調して生きたい動物だからです。その個性をお互いが尊重しながら助け合って生きるのが人間社会です。

憲法25条の最低限度の生活は経済の発展に伴って刻々変化するものです。例えば生活保護法でかつては保有を許されなかった電話，テレビ，クーラーなども必要な物品となっています。

個人の力だけでは不可能なときは団体や自治体，そして国の力を借りて実現するのが福祉です。福祉が充実することによって，人はその持てる力を発揮して自分と社会のために精いっぱい生きることができるようになります。また介護保険法の下で，生活保護に介護扶助も最低限度の生活になっています。いずれにしても困っている人がいたならば他人事とせず，愛の手を差し伸べるのが人間です。

(3) 高齢者の生存権保障

(人権としての社会保障)

①　長生きと長寿の基本である社会保障の重要性について改めて述べます。戦後改革の柱である社会保障は，所得の再分配を通じて国民の経済的平等を確保するところにあります。それゆえマスコミなどや評論家の一部の人が，老後の暮らしができていない人は高齢者本人が怠けたからだと主張していますが，これは既に述べたように，高齢の人の生活の歴史をふまえないばかりか，憲法 13 条の個人の尊重と憲法 25 条の生存権保障の歴史的意味を知らない人の言です。

戦後の日本は若干のデコボコはありましたが，福祉国家の道を少しずつ歩んできました。国家予算の約 3 分の 1 を社会保障予算が今日占めていることからも明らかです。

巨視的にみると戦後の憲法 13 条の幸福追求と憲法 25 条の生存権保障による福祉国家の方向が今日の長寿社会を実現したものです（沼田稲次郎ほか編『現代法と社会保障』総合労働研究所，井上英夫ほか編『新たな福祉国家を展望する』旬報社）。そのことは戦前の高齢者のように，家族の扶養などに頼らない高齢世帯の人が数百万人いることからも明らかです。

今日の高齢社会の進展は，衣食住の充実に加えて医療と介護の充実なくしてはありえません。誰もが保険証 1 枚で病院へ通院でき，介護がされるようになったことが人生 100 年時代の到来を呼びこんだといえます。憲法が「健康で」という用語を入れているのは，人間にとって年金と医療，そして介護が不可欠だからです（東大社研編『福祉国家 5 日本の経済と福祉』東大出版会）。

高齢の人が老後を少しでも安心して暮らすには，とりわけ人生 100 年時代を生きるには，年金，医療，介護の社会保障の充実が不可欠です。誰でも利用できるように社会保険の本人負担を限りなく少なくすることが重要です。今日の高齢者は年金のみで生活している人が約半数です。年金の支給額が上がらないのに社会保険料と本人負担が増加することは，年金の手取りの減少を意味します。そして

高齢の人の生活を圧迫します。

　今日，多くの人々は定年後10年間ぐらいは年金に預金をプラスした状態で，なんとか生活できるのではないかと思います。しかし人生100年時代になるとリタイア後30年ないし40年の生活が続きます。特に90歳を超えると病気を併発し，要介護状態になったり，認知症になったりして出費が何かと重みを増します。これを軽減し，多くの人々が長生きできるようにするのが公的支援の社会保障です。

（社会連帯の重要性）

　②　今日の日本には65歳以上の人は約3600万人います。そのうち高齢者のみの世帯が約827万世帯です。一人暮らしの人は平成27年で女性が約400万人，男性が約192万人です。高齢世帯や一人暮らしの人は年々増加傾向にあるばかりでなく，より高齢化，介護が重度化しています。90歳を過ぎて一人暮らしの要介護の人が増えています。この人々が安心して暮らすには人々の助け合いと公的支援の社会保障が必要です。

　戦後の日本で急速に失われたものに人々の思いやりというか地域の人々の連帯があります。30年以上前のNHKの朝ドラで放送されていた番組に，サザエさんの筆者のことを描いた「マーねえちゃん」があります（2022年春再放送）。この番組では福岡時代の隣近所の付き合い，上京してからの下町の人々との交際，そして戦争での疎開で再び福岡へ，さらに敗戦後の上京，現在の美術館のある世田谷の桜新町への移転と，そこでの近隣の姉妹や魚屋や，植木屋，下町時代の炭屋のおばあさんとの付き合いなど多彩な人々がお互いに助け合って生きている様子が描かれています。しかし現在の日本はお互いがよそよそしく生活しています。戦後の日本は自営の人が少なくなって，通勤と長時間労働のサラリーマンが多くなり，そのためゆとりがなくなったのかも知れません。他人の生活に関心を示さなくなったのか，コンビニなどができて助け合いを必要としなくなったせいかも知れません。いずれにしても，今のままだと誰も知られずに近所で病気や死亡する人が増えます。いまこそ近隣の人々の助け合いと行政の関与による連帯が必要です。社会連帯は「明日は我が身」だからです。

　高齢者は80年，90年生きてきたわけですから，その過程で大勢の人々と交流

をもってきたはずなのに，多くの人は孤独の中で生活しています。時にはホームレスの生活を余儀なくさせられている人もいます（森川すいめい『漂流老人ホームレス社会』朝日文庫）。

　地方都市のように，近隣の人々との交流のある町や農村地帯であるならば，どんな家族がどんな暮らしをしているかが近所の人は大体わかります。が，しかし，大都市では近隣の人との交流が少ないため，それぞれの人が孤立して生活をしています（河合克義『大都市のひとり暮らし高齢者と社会的孤立』法律文化社）。

　人間はいかに他人に助けられて生活しているか，相互依存が必要かは阪神大震災や3．11の地震と津波を考えれば明らかです。助け合いなしで孤立しては生きられません。

　一人暮らしで孤独死する人は貧困で身寄りがいない人だというイメージがあるかも知れませんが，そうとは限りません。前記の忘れられた人の中には，裕福な人であったり，元財界人の人であったり，高級官僚であったり，芸術家であったり「立派な」人がいるかも知れません。この人々を含めて，孤独・孤立させず，人生の最後のステージまで輝くようにする取り組みが行政と地域社会に求められています。

（問われる行政の役割）
　③　高齢者は若いときから働き税金を支払い，長年月にわたって保険料を支払ってきている人々です。それゆえ所得がなくなったり，介護を要する時になった時，社会保障をうける権利が十二分にあります。しかし高齢者は若者と違って所得の格差が大きいのが特徴です。それは長く生きていると失業，家族の死，病気，災害などで預金などを使い果たしているからです。そのため富裕層から非課税世帯まで多様な人々がいます。そして全体としてみれば低所得の高齢者が多いのが日本の現状です（大友芳恵『低所得高齢者の生活と尊厳軽視の実態』法律文化社）。生活保護受給者の半数近くは高齢者です。それゆえ高齢者こそ最も社会保障を必要としている人々です。その人々に対して行政が関与して公的な支援をするのが福祉国家の役割です。人生の最後の場面に行政からも支援をしてもらえないのでは，市民は不安になり，若い時から税金や保険料も支払うのはやめようとなるは

ずです。自治体がデスクワーク中心ではなく，措置制度やネットワークを有効に活用すれば，今日でも住民の生命と暮らしは十分に護れます（河合克義ほか編『社会的孤立問題への挑戦』法律文化社）。

　高齢者の中には福祉の力は不要と考えている人がたまにいます。しかし，本当にそうなのかです。端的にいえば年金を全廃した時，65 歳以上の 3600 万人の人々は自分の資産だけで暮らせる人は 1 割もいないといえます。また大病や要介護状態になったとき，自分の費用負担だけで入院できたり，介護をうけて老後を暮らせる人はさらに減少します。いずれにしても今日の社会保障や社会福祉は私達の日常生活のスミズミまで浸透し，これなくしては老後の暮らしは成立しないことをしっかりと認識することです。

　ところで行政は各家庭の住民税の非課税の有無，水道料金，医療費の金額と使途を把握しています。後期高齢者の 3 割負担，2 割負担も把握しています。市の広報紙や新聞配達，生協の配達，民生委員などと協力するならば高齢者の安否確認もできます。

　また今日では行政が一人暮らしの病弱な人や要介護状態の人に対し，あるいは家族が介護をしている人にパソコンのズームや安否確認の器具を提供さえすれば，高齢の人を孤立させず，救える生命は沢山あるはずです。さらに家庭に行政の職員が直接訪問したり，保健師や民生委員に出向いてもらうならば安否の確認ができます（最近では安否確認をする業者さえでてきています）。困窮の 1 人暮らしの人やホームレスの高齢の人に対し生活保護を支給し，養護老人ホームに措置することもできます。

　要はネットワークを行政が中心になって作るか否かです。現場に出向くことなく，デスクワークでこと足りるという職員は全体の奉仕者として問題です。最近の自治体の職員の中には，民間企業との対比で楽なので応募する人が増えています。住民の生命を護るために汗をかくことが自分の任務だと考えていない人がいます。住民の生命と暮らしを護るという自治体の職員の本来の役割をしっかりと果たすのが人生 100 年時代の公務員の任務です。なお全国の市町村にある社会福祉協議会（以下「社協」という）が高齢者福祉の分野での果たす役割は非常に大

きいものがあります。この団体は社会福祉法人ではあるものの，運営の費用の9割前後は市町村が負担しています。そして官と民をつなぐ役割を担っています。そのため地域住民の声が理事，評議員，ボランティアセンターなどを通じて反映される仕組みになっています。大勢のボランティアが社協に結集しています。私自身も10年ほど社協の役員をしていました。社協は1人暮らしの家庭，地震などの災害などのときに大きな役割を果たしています。全国各地の社協は高齢者の成年後見人となったり，財産管理などもしています（真田是『地域福祉と社会福祉協議会』かもがわ出版）。

（4）人間を大切にする施策への転換を

（経済人の社会の見方）

①　これまで再三述べているように，格差社会の下で最近の財界人＝経済人の一部は自社の利益と自分の報酬を中心に行動しているにもかかわらず，あたかも社会全体を考えているかのような発言をする人がいます。21世紀になってから財界人は企業市民としての任務を忘れて，自社の営利追求とトップは高額報酬を公然と受け取ってきました。

格差社会の下で高額報酬をもらえるのは，大企業は生産調整に便利な非正規雇用を拡大し，ひたすら利益追求に狂奔したからです。この人々がいかに国民生活や国の税収の健全化を無視しているかは，有価証券の取引や法人税の値上げ，そして社会保障の充実に反対し，国債の乱発と消費税の増額に賛成してきたことからも明らかです。

財界人は社会保障の充実には財源がないと主張しながら，それでいて国に多額な助成や金融取引や所得税と法人税の減税を求める身勝手な人です。そしてトップの失敗に伴う株主からの株主代表訴訟の役員の損害の上限の軽減を平然と要請しています。株主や会社が損害をうけても自己の責任を軽くしようとしています。トップがいかに自分本位の人かは明白です。また，この人々は表面的には国や産業界全体の利益を主張しながら，その実質は設備投資をせず，内部留保を巨額に貯えています。それを根拠に企業に貢献したとして高額報酬を正当化しています。そんなこともあり，有価証券報告書に役員1人ひとりの年収が記載されて人々に

報酬を知られることにも消極的です。さらに大企業の役員は銀行の借入の保証人にはなりません。いずれにしても最近の経済人や企業のトップは企業市民として社会に貢献して、社会の人々との共存共栄を目指すべき任務を怠っています（塩野谷裕一『経済と倫理――福祉国家の哲学――』東大出版会）。

（企業の社会的責任）

ただ企業の中には3. 11の地震のとき、被災者救援のために多大な尽力をした会社がありました。また地震などの災害に備えて、薬の安定供給のために、関西・関東に工場を設置したり、企業収益の数パーセントを障害者団体の支援のために支出したり、認知症の予防や寝たきり老人をなくするための薬の開発や、障害のある人の機具を作る努力をしている企業人がいます。

要するに市民としての責務を果たす、社会連帯と博愛のヒューマニズムの気持が企業人にあるかです。ただ残念ながら、多くの大企業は毎週のテレビを見てもゴルフやサッカーの「冠」大会の主催者になっても、高齢者や障害者の生活の安定と向上のために必ずしも努力していないのが実情です。

（日本のマスコミ人の問題）

②　また既に述べたように日本のマスコミは権力の広報機関のようになっています。ＮＨＫは例えば2022年12月16日の岸田首相の防衛費と増税の問題について、選挙の公約は勿論、国会で全く所信表明さえしていない総理大臣の記者会見や弁明を、コメントもなく長時間放映しています。読売以下の3大紙のトップや番記者が定期的に総理と食事をし、総理大臣をはじめとする大臣の番記者がいます。また各省には記者クラブがあって官僚たちとクラブの記者は親密な関係にあります（鮫島浩『朝日新聞政治部』講談社）。

そんな密接な関係が権力者とあるため、マスコミは「モリカケ」問題や桜を見る会の国会での100回の安倍首相の「ウソ答弁」を厳しく追求できなかったり、各種の国の統計を次々と政権に有利に官僚が長年月にわたって改ざんしているのに、権力と官僚に対して厳しい対応をとれていません（谷川将紀『政治とマスメディア』東大出版会、松田浩『ＮＨＫ新版』岩波新書、放送を語る会編『ＮＨＫ番組改変事件』かもがわ出版、相澤冬樹『安倍官邸 ＶＳ ＮＨＫ』文芸春秋、清水英彦『安

倍政権の罠』平凡社）。さらに番記者がその後，政治評論家となって権力欲の人の言動を正当化する報道をしています。そこには国民の視点は全くありません。

　マスコミ人がいかに腐敗しているかは 2022 年 2 月の新聞によれば，テレビ朝日の部長級の人は国の給付金を詐取して逮捕されたり，テレビ朝日の社長は経費を公私混同して利得したとして「辞任」に追い込まれたと報じていることからも明らかです。

　いずれにしても国の誤った政策をマスコミは長年月にわたって容認した報道をしてきました。もっとも影響をうけたのは社会保障です。とりわけ削減の対象となったのは長生きの柱である年金と医療費です。社会保障の後退にマスコミが果たした役割は大きいといえます。

　また政治家と官僚の「全世代型社会保障」や高齢者「優遇論」を主張する評論家とマスコミ人は，表面的には若者を重視するふりをしていますが，実際は全く違います。例えば小・中学校の義務教育でも給食は有料，ノート，エンピツ，修学旅行，制服などはすべて自己負担で「義務教育無償」の趣旨に反しています（世取山洋介・福祉国家構想研究会編『公教育の無償化を実現する』大月書店）。

　貧しい家庭の子は塾に通えないためや高等教育の学費を出せないこともあって，高校・大学の進学で明らかに差があります。現に東大をはじめとする一流大学の学生の親の年収は 1000 万円を超えているとされています（山野良一『子どもの最貧国・日本』光文社新書）。格差を容認してあれこれ述べる評論家の話は眉唾物です。マスコミ人は独自の取材にもとづく調査報道をすべきです。そうすれば二極分化の中で貧困にあえいでいる親子の姿が見えるはずです。

　貧しい家の子の多くは大学などを出ていないため非正規労働者として働かざるをえず，健康保険や年金などの社会保険に加入すると「手取り」の賃金が減るので，社会保険にも加入していない人がいます。いうならば貧困の再生産が格差社会の中で拡大しています（道中隆『第 2 版 貧困の世代間継承』晃洋書房）。それなのにこれらの改善についてマスコミ人は勿論，前記の評論家や裕福な人々は全く発言しません。裕福な人や評論家は物を生産せず，貧しい人々が生産をした「上澄み」

190

をすくって生きている人々であることを忘れるべきではありません。

　以上のように若者を大事にしていない人やこれを放置している人々が，若者のことを考えてガマンせよと高齢者に迫るのは噴飯なものでしかありません。少し考えればわかることを堂々発言する政治家やマスコミ人の主張は著しく公正さを欠いています。

（国は国民の生命と生活を重視しているか）

　③　そこで国が国民の生命と生存をどう考えているかについて述べます。2022年11月下旬になっても新型コロナの猛威はおさまりません。そして死者の数も増えています。その大部分は高齢者です。それなのに政府と自治体は「経済との両立」をさけんで何の手立ても打ちません。プロ野球は一球団で10人前後，名古屋場所では力士の2割から3割がコロナで休場です。ある人は2回不戦勝になりました。そして列車やバスの運転手もコロナにかかり，バスなどの運転本数が減っています。介護現場ではクラスターがたびたび発生しています。医療従事者の1割前後がコロナにかかり，診療体制に黄信号がでています。

　2022年8月の阿波踊りでは800人の人が感染した旨が報じられています。また歌舞伎座や宝塚の芝居もたびたび休演しています。いまや経済との両立は不可能な領域に達しているのに，国と自治体は「感染対策を万全に」と主張し，感染防止の責任を企業と個人の責任にすりかえています。

　また2022年11月にはかつての「不要不急な外出」や3蜜はどこかに消えて，旅行や食事に割引券みたいなものを発行し，サッカー，野球，音楽のライブなどでも新型コロナ感染前と同じ状況です。国はコロナの公的費用負担が大変になったため，11月にはインフルエンザ並みの扱いにして支出の軽減を考えています。こんな無策な国と研究者，専門家の言を信用していたならば，国民の生命自体が危うくなります。自衛と自助しかありません。

　2022年10月17日現在，日本の新型コロナウィルス感染者は総数で2078万5072（＋2万9416人）であり，死者は4万5913人(＋15人)です。これだけの人数がいることは感染対策が万全ではないことを示しています。そのため2022年

11月には第8波がきています。不思議なのは，岸田総理をはじめとして少なからず国会議員もコロナにかかっていますが，重症化していません。国会議員には手厚い治療がされる特別のルートがあるのかと疑いたくなります。

（自立・自助の誤り）

　ところで政府がいう自立・自助の思想の根底にある人間を社会に役立つか否かの基準だけで考えるとどうなるかについて考えてみます。

　赤ちゃんは社会に直ちに役に立ちません。重度の病気や障害の人もそうです。刑務所で無期懲役で暮らしている人もそうです。パチンコや競輪，競馬にあけくれている人もそうです。オレオレ詐欺などのヤクザな生活をしている人もそうです。リフォーム詐欺の訪問販売の人や10日で1割の利息をとる高利貸もそうかもしれません。腎臓を一つ売却して借金を返せと迫ったサラ金や，「貸しはがし」をして，借入金の借主を困窮させる銀行員もそうかもしれません。（これらの人々の中には背広を着たヤクザみたいな人がいます。）

　社会に役に立つか否かの基準を重視すると，これらの人は生活保護も医療も必要ないとなりかねません。

　しかしお医者さんはヤクザや高利貸などの人が盲腸で入院したならば手術をします。ヤクザの腎臓病の人でも国は健康保険を適用して月額50万円の費用を毎月出しています。国会議員の中には不祥事でスキャンダルを起こし，政党を辞め，事実上ほとんど政治活動ができていないのに，秘書その他を入れると年間億単位の報酬をもらっている人がいます。

　前記の各事実は人を社会に役に立つか否かで人をみることが，いかに人間を表面的にしかみない誤った考えであるかがわかるはずです。前述の政治家の皮相的な人間観で高齢者をみたり，障害のある人をみるならばナチが多数のユダヤ人や障害のある人を殺害したことさえ正当化されることになりかねません（藤井克徳『わたしで最後にして』合同出版）。

　人間には過去の歴史に学ぶ知性とヒューマニズムの心があります。1948年の世

界人権宣言はそのことを宣明したものです。日本の政治家がいかに過去の歴史に学ばず，自由と生存の人権の理解が不十分で自己責任を誤って理解しているかは明らかです（ヤシヤ・モンク『自己責任の時代』みすず書房）。

（人間を見る確かな目を）

④　そこで社会的弱者や病気や障害の人々とどう共存して生活するかです。アルツハイマー型の認知症を含めて，その発生の仕組み，治療法は現在の医学では確立していません。85歳ごろから認知症になる人が多いと言いましたが，55歳ないし60歳で若年性認知症になる人もいます。世の中には原因不明の難病で苦しんでいる人が少なからずいます。認知症も難病の一種と考えることができます。普段，私達はいろんな人柄，くせのある人と交流しているように，難病・認知症の人，そして障害のある人とも一緒に生活していく必要があります。これを共生と呼んでいます。ただ共生の意味は身近にそのような人がいないとなかなか理解されないのが現状です。

私はこれまで老人ホーム，知的障害者施設の理事や理事長などをして，沢山の認知症の人や重度の知的障害者と関わってきました。その経験からいえることは2つあります。

その1は，人間の能力は幾つになっても専門の人の働きかけで発展する可能性があることです。その2はあきらめず，根気よく認知症の人や知的障害者と接することによって，その人の言いたいことがわかるようになることです。

福祉の世界ではよく「残存」能力の活用といいますが，確かに「残存」の能力かも知れませんが，その能力は常に開花を求めていることです。それが開花する時が3日か，1週間か，1ヶ月か1年かは不明です。しかし確実に花開くときが来ることです。その意味で親族，ヘルパーらによる恒常的な働きかけは不可欠です。あきらめて働きかけが止まった状態では人の能力は開花しない恐れがあります。

その2に関してですが，人間をじっくりと見て，その人々の願いや要望をどう考えたらよいかです。これらの人の中には自分の思っていることを正確に相手に伝えられなかったり，思っていることと正反対の行動をとる人がいます。

　親子，ヘルパーらのように長くお付き合いをすると，何をしたいのか，どうしてほしいのかは言葉だけでなく，身体全体の動きなどでわかる場合があります。ヘルパーらは言葉と身体の両方をじっくりみて，何をしたいのか，してもらいたいのかを考えます。その意味で上手に意思表示ができないからその人は要求や考えがないのだと考えるのは決定的に誤りです。3日，1週間，1ヶ月かけて，その人の表情をじっくりと観ることです。そうすると何を望んでいるかがわかります。人は懸命に生きているのです。人間は生きている限り人間です（以上の人間の見方については，糸賀一雄『福祉の思想』ＮＨＫブックス，歴史学研究会編『「近代は人をどう考えてきたか」講座 世界史7』東大出版会，井上英夫ほか編『障害をもつ人々の社会参加と参政権』法律文化社）。重度の病気の人，難病の人も5年後，10年後に治療の結果，社会生活ができる人もいます。

（気候変動と私達のくらし）
　⑤　人間を大切にすることの根本に係わるテーマとして，気候変動の問題があります。世界各国の産業の発展と，高度経済成長以後の，この50年で地球の温暖化が進み，日本では春と秋が短く，夏と冬が長くなる異常な現象が生じています。

　そして21世紀になると全国各地で観測史上初めてという大雨がここ数年降って，多くの人々の生命と住宅を奪っています。この変化は世界各地での山火事，集中豪雨，海水面の変化，農作物，魚などや熱波で人間の身体にも多大の影響を与えています。海面上昇として南洋の島々の国が消滅の危機にあります。まさに地球と人類，動植物の危機です（デイビッド・ウォレヌ・ウェルズ，藤井留美訳『地球に住めなくなる日』ＮＨＫ出版）。それなのに2022年7月の参院選挙でこのテーマを正面から取り上げた政党は皆無に近かったといえます。

　2022年11月に世界の首脳がコップ27に結集して地球温暖化と排気ガスの規制などについて話し合っています。それなのに企業の代弁者の，ある日本の評論家は地球温暖化はウソだ，世界の人々はダマされていると真顔で述べていました。何の根拠もないのに断定的に発言するこのスタイルは，無責任な経営者と得手勝手な人を喜ばせても，社会の人からは嫌悪感をもって迎えられることになるといえます。それにしても，そのような無責任で悪質な人をテレビで堂々と対談形式

で自由に発言させるテレビ局のスタッフのセンスのなさは呆れるばかりです。

ところで大企業は国内外で地球環境の保全が厳しく叫ばれるようになったため，地球に「やさしい」とかＳＤＧＳに表面的には尽くしているかのように宣伝しています。しかし高層ビルやマンションでは大量の電気を消費しています。大型の遊園地は膨大な照明で夜遅く営業をし，電車やバスは冷暖房をガンガン使っています。コンビニなどは24時間営業のため，1年中膨大な電気を使い，1日数回，本部から全国のコンビニに商品を配送しています。そのためトラックは大量の排気ガスを出しています。またスーパー，コンビニは弁当などの食材が余ると捨てています。ホテルの宴会でも大量の食品ロスが生じています（南・稲場『ＳＤＧＳ』岩波新書，小林富雄『食品ロスはなぜ減らないのか』岩波書店）。世間では省エネがさけばれながら，家庭もオフィスも工場もますます電気に依存する生活になっています。日本人はこれまであまりにも経済と便利さを追求してきましたが，気候変動は生活スタイルを大きく変えることを私達に迫っています。

(5) 長生きと長寿は人間の権利

（権利としての長寿）
①　人生100年時代にあって，高齢者の長生き，長寿との関係で，前述した自由と人権がいかに必要かについて述べます。そこで国連などが高齢者の生活をどうみているかを紹介します。

（世界人権宣言）
(ｱ)　第2次世界大戦は5000万人といわれる人々の生命を奪い，悲劇を生みましたが，国連はその反省にたって1948年世界人権宣言を発表しました。第1条では「すべての人間は生まれながらにして自由であり，かつ尊厳と権利について平等である。人間は理性と良心とを授けられており，互いに同胞の精神をもって行動しなければならない」としています。

この「すべての人間」にはユダヤ人も日本人も，子ども，障害のある人も高齢者も当然含みます。人権宣言の25条では「すべて人は衣食住，医療及び必要な社会的施策により自己及び家族の健康及び福祉に十分な生活水準を保持する権利並

びに失業，疾病，心身障害，配偶者の死亡，老齢その他不可抗力による生活不能
の場合は保障を受ける権利を有する」と定めています（遠藤ゆかり日訳，国際基
督教大学英訳『ビジュアル版世界人権宣言』創文社）。

（高齢者のための国連原則）
（イ）　世界人権宣言をうけて，国連はその後，国際人権規約を定め，そのA規約
の12条では「この規約の締約国はすべての者が到達可能な最高水準の身体及び精
神の健康を享受する権利を有することを認める」と定めています（法学セミナー
1979.5臨時増刊『国際人権規約』日本評論社，日弁連『国際人権規約と日本の司法，
市民の権利』こうち書房）。

また国連は高齢者の権利の宣言や原則を定めています。例えば1982年には「高
齢化に関する国際行動計画」を定め，従来の保護の対象とする老人ではなく高齢
者を社会のあらゆることに参加する主体とすると定めています。そして1991年に
「高齢者のための国連原則」を定め，そこでは独立参加，ケア，自己実現，尊厳な
どについて定めています。そして1999年を国連は国際高齢者年としています。

上記の国連の宣言などは何故か日本ではあまり紹介されていませんが，金沢大
学の井上英夫教授が『国際高齢者年と国際行動計画』（日本高齢者運動連絡会）や『高
齢化への人類の挑戦』（高文研）で前記の国連の原則について詳しく述べています。

（男女平等の生活）
②　健康で文化的な生活の生活の質と長生きに関係して，男女の人格の対等性
と生活をめぐる問題があります。これまでの世界の歴史は支配者や男中心のそれ
でした。しかしフランス革命時の女性の活躍を挙げるまでもなく，多くの女性は
男性とともに歴史を支えてきました。しかし，男は女性の権利をフランス革命時
を含めて長い間，無視してきました（オリヴィエ・ブラン，辻村みよ子訳『女の
人権宣言』岩波書店）。

日本社会も「男女7歳にして席を同じく」しないの言にあるように，やたらと
男の権威を強調する扱いが多かったといえます。明治の法令は女子の政治活動，
参政権，女性の法的な取引行為，相続を認めない形で女性の権利と自由を奪った

といえます（総合女性史研究会編『日本女性の歴史 女のはたらき』角川書店）。
のみならず人間にとって最も大切な結婚さえ女性の自由を認めませんでした（関
口裕子ほか『家族と結婚の歴史』森話社）。そのような男女差別の思想は日本社会
では今日でもいろんな場面で根強く残っています（白波瀬佐和子『少子高齢社会
のみえない格差』東大出版会）。

　ところで日本国憲法の定めで特に注目すべきなのは，憲法24条の婚姻の自由，
両性の平等の定めの次に憲法25条の生存権が定められたことです。男性によるD
Vや親による児童虐待は1人ひとりの人格と生命・身体への生存権に対する侵害
です。虐待の多くは人格の未熟と親の貧困に端を発するものが多いといえます。
虐待をなくするには教育を充実し貧困をなくすることです。男女とも稼得能力の
ある人は働いて，自分の生活の基盤は他人に依存せず自分で稼ぐということが必
要です。しかし日本の企業社会は男女でいろいろ差別があります。それは賃金は
勿論，家庭，職場，政治の場でも深刻です（NHK女性の貧困取材班『女性たち
の貧困』幻冬舎）。とりわけ，シングルマザーといわれる人々の現在及び老後の生
活は深刻です（鈴木大介『最貧困 シングルマザー』朝日文庫，赤石千衣子『ひと
り親家庭』岩波新書）。

　また，生活の維持・発展のためには男女の経済的な生活の基礎（互いに職業に
つき，生活するに足る賃金・収入を得たり，老後は年金などで暮らすこと）が平
等になることが不可欠ですが，それだけでは人間らしい生活とはいえません。平
等の問題は経済と人格の両面があります。例えば夫が経済的実権をもっている家
や暴力的な夫，女性の存在を「腹は仮腹」程度にしか考えていない人の家庭は対
等な人格に基づく夫婦ではないといえます。そんな家庭で無理心中が発生したり
します。その意味で男女の平等，夫婦の対等性の維持のためには，前述した市民
的人権，とりわけ個人の尊重の基本となる人格の尊重が不可欠です。この問題を
重視するのは夫婦の死亡，離婚などや老後の介護の問題に関係しているからです。
女性に生活するに足る収入がないと，1人暮らしになると就労，賃金，生活の面
で多大な労苦が待っています。また男性は女性に介護をしてもらうのは当然と考
えていますが，女性は日頃の男性の言動に照らして介護をほとんど期待しません。
それほど今日の男女間には対等性の点で落差があります。

　男女が互いに経済的基礎をしっかりして，思想，知性，科学的精神を磨いて人格の完成を目指すことが，憲法24条と憲法25条の歴史的連関です（大沢真理『男女共同参画社会をつくる』ＮＨＫブックス）。

　いずれにしても平等とは学びたいこと，食べたいもの，見たいもの，住みたいところを他人に依存せずに自己の収入で日々の生活を実現できることです。そのことは世界人権宣言27条の「すべて人は自由に社会の文化生活に参加し，芸術を鑑賞し及び科学の進歩とその恩恵とにあずかる権利を有する」「すべて人はその創作した科学的，文化的又は芸術的作品から生ずる精神的及び物質的利益を保護される権利を有する」との定めの関係でも記憶される必要があります。なお私達は明治以後の女性の社会的地位でこれまで女性の役割と地位をあれこれ述べてきていますが，中世以来のの女性労働の重要性については，綱野善彦『女性の社会的地位再考』（御茶の水書房）が参考になります。

（高齢者が長生きするために必要なこと）
　③　高齢の人が長生きするために最小限必要なことは5つです。

　1つは衣食住を満足させる所得が必要なことです。そして住はバリアフリーの住宅であることです（国民生活センター『安全に過ごすための老齢者の「住まい」ガイド』）。2つは稼得能力がない人のための生活保護か年金が必要なことです。3つは医療と介護の充実です。そして4つは人類の文化遺産である教育，芸術，文化を高齢者が日々享受できることです。人間らしい生活の根幹には，衣食住に加えて芸術・文化のエンジョイが必要です。この芸術・文化を愛し，楽しむことは幼児期から高齢期まで世代を問わず人間にとって生きる糧です。

　前記の4つは個人が人間らしく生存するためにいずれも不可欠です。前記4つが保障されて人間は他の人と普通に交流し，対話をして，日々の生活を安定させることができます。その交流が家族や近隣の人であったり，友人や同級生などとの昔話に花を咲かせる会話であったり，街の出来事であったり，内外のニュースであったり様々です。

　しかし日本で高齢者の生存のためにはもう1つ必要なことがあります。それは

台風，豪雨，地震，津波などで大きな被害にあうことなく平穏に生活できる生命・身体の安全の保障です。日本では毎年ようにの災害で死亡する人が多数います。その多くは高齢者です。前記の5つは高齢者が長生きするために不可欠です。

　ところで定年後30年ないし40年を人間らしく生きるためには，自由と人権を基本とする健康で文化的な生存権保障は不可欠です。戦前の日本では最小限の生存権保障もありませんでした。そのため貧乏と病気は生存の最大の敵でした。これに対し戦後の日本では自由と生存は憲法で保障されています。しかし実際は企業の門の前で自由と人権はストップし，企業に「滅私奉公」に近い形で自分の人生を捧げることが求められています。そのため企業人は「見ざる，聞かざる，言わざる」の3つが大切でした。サラリーマンは自分の頭と言葉で自主的に行動することが著しく制限されています。それゆえ定年後に企業人の「垢」を徹底的に洗い落とすことなくしては自由と人権を享受して文化的な生活や公民としての生活を果たすことができづらいといえます。

　日本人は戦前には国や軍人の方針に追随して自分の人生を国に委ねていました。戦後は企業の方針やマスコミの同調圧力に従って，自分の身を企業と社会に委ねました。そのような自主性に欠けるライフスタイルは，子どもから大人まで今日の日本社会に蔓延しつつあります。

　日本人の多くは幼児期から自己主張と自由と平等の大切さ，そして社会連帯の必要性を家庭や学校でも教えられないまま大人になりました。官僚のように学校の成績は良いが人間性に難のある人が多いのは，自由と平等，博愛が身についていないからです。「情けは人のためならず」を全く異なる意味に理解する人が増えています。企業の営利目的の政策に容易に迎合したり，みんなと一緒だとして「安心する」ところがあります。

　楽しさを追求することは大切ですが，それが商業政策と結びついており，同調圧力に迎合する自主性のない人間になりつつあることを看過すべきではありません。例えばクリスマスにケーキを食したり，2月のバレンタインデーにチョコレートを送ったり，10月のハロウィンがそれです。そこには個人の信仰の問題を商売に利用している経済人の姿がそこにあります。日本人は改めて内面形成のあり方

と自主的な生き方を考えるときです。

　いずれにしても企業社会の「垢」を身につけた状態では第2の人生のスタートを順調に切れないし，定年後30年前後の生活設計を自由に立てないまま生きることになります。これが私の52年の弁護士生活から少なからず企業人の定年後をみた体験でもあります。

　80歳，90歳，100歳になっても，すべての人が日常の生活が保障され，文化（映画，芝居，美術，歌舞伎，音楽，スポーツなど）や食事を楽しみ，仲間と社会活動が自由にできるのが人間らしい生活です（暉峻淑子『豊かさの条件』岩波新書）。それには稼得能力のあるときには働いて年金などの生活の源資を確保することです。そして高齢や障害などのために稼得能力が減退したときは，国の公的責任と公的費用を基本とする年金，生活保護などで他の人と同じく生活を楽しめるようにするのが福祉国家の役割です。

（6）自由で充実した生活の時間と場を

（自由がなかった時）
　①　そこで自由と人権といわれても「ピン」とこない人のために，もう一度，自由と生存について述べます。

　(ア)　まず自由と人権が如何に大切かを考えるにあたって，自由と人権が全く保障されていなかったフランス革命以前の一般国民の生活を想像してみて下さい。王侯貴族の意のまま庶民，民衆は酷使され，各種の税金を一方的に支払わせられていました。一般国民は事実上，犬や家畜と同じ扱いをうけていました。言うならば動物のように生きているのが精いっぱいの生活でした（ウィリアム・ドイル，福井憲彦訳『アンシャン・レジーム』岩波書店）。

　(イ)　次にアメリカの南北戦争以前の奴隷の姿を想像してみて下さい。アフリカの大地から奴隷船に乗せられ，アメリカの農場主に売却され，親子・夫婦が別々に生活させられました（布留川正博『奴隷船の世界史』岩波新書）。農場から逃げると射殺されたりもしました。黒人には移動や職業選択の自由もなく，婚姻の自

200

由もありませんでした（貴堂嘉之『南北戦争の時代』岩波新書，小川寛大『南北戦争』中央公論新社）。

（ウ）　第3に士農工商時代の徳川幕府の時代を想像してみて下さい。百姓の子は百姓，武士の子は武士というように，身分によって社会的地位が決められていました。百姓には学問は必要ないとされ，職業選択の自由もありませんでした。勿論，殿様に百姓が意見をもの申すことは御法度であり，逮捕され，磔にされて処刑されることさえありました（深谷克己『南部百姓命助の生涯』岩波書店，勝俣鎮夫『一揆』岩波新書，高埜利彦『天下泰平の時代』岩波新書）。

（エ）　第4に戦前の日本の実情を想像してみて下さい。明治憲法の人権は法律の範囲内の保障でしかありませんでした。従って治安警察法，治安維持法などの法律で権力者は国民の言論・出版の自由，思想・良心の自由を奪い，逮捕することが可能でした。実際，多数の社会主義者や労働運動家が1945年10月まで獄中にいました。

また女性は民法などの法律で相続，婚姻，財産などの取引行為は勿論，政治活動を著しく制限されていました（奥平康弘『治安維持法小史』筑摩書房，飯田未希『非国民な女たち』中央公論新社，総合女性史研究会編『史料にみる日本女性のあゆみ』吉川弘文館，編集委員天野正子ほか『新編 日本のフェミニズム3性役割』岩波書店，大塚英志『暮らしのファシズム』筑摩書房）。

（自由と人権はどうして必要か）
②　現在，多くの人々は前記の不自由な生活のことを知識としては知っていても，それが自分の現在の生活，とりわけ企業社会における働く人々の人権や定年後の生活とどう関係するのかを真剣に考えようとしていません。それは権力や企業の方針に迎合しながらなんとか暮らしでいけるのと，あまりにも狭い社会で生活して公民の権利を自覚していないからです。つまり自分の現在のポジションを内外の人民の歴史に照らして考えていないからです。

そこで人間にとって自由と生存がいかに重要かについて，イギリスのチャーチルのナチとの闘い，フランスのレジスタンス，とくにドゴールのナチとの闘いを

紹介します。

　第2次世界大戦後，ヨーロッパ大陸の多くの国はナチによって占領され服従させられました。ユダヤ人などは強制収容所へ送られました。イギリスの中にもミュンヘン協定の融和政策をとるチェンバレンのようなナチとの妥協をとる大物の保守政治家がいました。チャーチルは「ナチの下では人間は殺されるか，奴隷のように生きるしかない。誇りのある人間ならばそのような非人道的な政策をとる人とは手を結べない。イギリスにあるのは勇気と誇りと血である」として徹底してナチと闘う道を選択しました。5年有余，イギリス国民はチャーチルの方針を支持して，ナチとの闘いに勝利しました（ジョン・キーガン，富山太佳夫訳『チャーチル』岩波書店）。

　またフランスのド＝ゴールはフランスがナチに敗北して占領された後，イギリスへ亡命し，フランスに残るレジスタンスの人々と協力してナチの協力者のペタン政府に対しては勿論，ナチに対し，自由への闘いを続けました。レジスタンスには多くの市民が参加し，ナチの追放に大きく貢献しました。フランス人の中にも日本流の「命あっての物種」や「死んで花実が咲くものか」の妥協的な市民が少なからずいました。しかしナチの下で動物として生きるよりは，誇りをもって生きていくことの方が人間として大切だとして，ド＝ゴールの下に多くの市民が結集しました（佐藤賢一『シャルル・ドゴール』角川ソフィア文庫）。

　以上の2人の政治家の例から明らかのように，人間にとって自由と生存，そして誇りがいかに大切かは明らかです。自由と人権を失うことは人間の誇りと未来を切り開く力を奪われることに等しいといえます（森島豊『抵抗権と人権の思想史』教文館）。

　日本のBC級戦犯の残虐行為（飯田進『魂鎮への道』岩波現代文庫）や，ドイツの強制収容所のアイヒマンや多くの収容所の職員の残虐行為などはヒューマニズムに反する絶対に許されない行為とみることができます（ヨッヘン・フォン・ラング編『アイヒマン調書』岩波現代文庫）。また日本軍兵士が南京大虐殺などで犯した中国人への暴行，強姦，殺害などの非人道的行為にも当てはまります（笠原十九司『南京事件論争史』平凡社）。多くの日本人は祖父母，父母と連綿と続く

202

家族の歴史の中において，いまの自分を歴史の中に位置づけて考えようとしない傾向があるため，そのことを認知し，共有できていないだけです。前記のことを歴史上の事柄と片付けずに自分と家族の生活に照らして考えることです。

（船出と航海）

③　人生50年時代は「余生」であったから，定年後をどう過ごすかについてほとんど考えなくてもよかったといえます。しかし人生100年時代には，現役で働いていた時と同じ程度の30年ないし40年の生活が待っています。自分でこれから30年間，何をするか，困難に出会ったときどう対処したらよいかを含めてすべて自分で決めなければなりません。文字どおり人生を切り開く独立の精神力が定年後30年に求められます。自由と人権は自分の人生を大事にして生活するために不可欠です。

戦前の日本人は自分の考えを自分の言葉で表現したならば，たちどころに特高や憲兵に逮捕されました。戦後の日本は建前の上では自由と人権が保障されていますが，今日の企業社会においては勤労者は事実上，自由と人権を奪われているに等しい状況におかれています。職場で上司や労組の幹部に自分の考えを率直に述べたならば，会社内の地位は明日から事実上なくなります。

いずれにしても企業人は長い間，上司の指示・命令で動き，社内の空気を重視して自主的に行動する生活をしてきませんでした。せいぜいマスコミ人並みの「評論家」として赤ちょうちんで社会問題を述べるだけでした。そんな人々に対して，定年後これから自分の責任で生きていけと言われても，突然，何の準備もなく大航海に出かけるようなものです。航海には地図，行き先，食糧，水，協力者，燃料，羅針盤が不可欠です。そのうえで船と航海術がものをいいます。

生活設計と自主的な行動が伴わない定年後の生活は，毎日が日曜日になり，退屈なものになりかねません。何度も述べますが定年後は第2のゴールデンエイジです。またどんなに自由であっても，生活できる年金・預金がなければ定年後の40年は充実させることができません。

（高齢者と芸術・文化）

④　自由と生存に関係して衣食住，医療，介護に加えて高齢の人の文化的な生活が長寿との関係で重要です。

人間は動物園の動物とは違います。「生存」が確保されていればよいというわけにはいきません。絵画や音楽などを愛し，ファッションを好み，自分が好きなところへ移住し旅行を楽しんで生活することを欲する動物です。そして友人・知人と語らい，スポーツや芝居を楽しみ，共に感動することを好む動物です。

そこで人間が生きていくうえで何故，文化が不可欠なのかについて述べます。

（ア）　1つは形のあるものは壊れ，心に残るものこそ人間にとって大切です。日本のように地震，津波，台風などで家が壊れると思い出の品も一緒になくなります。また高齢になると腕の握りの力が弱くなって大切な思い出の茶碗などをよく落として壊します。これに対し，少年期や学生時代の友人との思い出や家族との旅行，地域のお祭り，芝居や音楽は幾つになっても心に残ります。

（イ）　2つは，文化は本人の日々の心を豊かにします。映画や芝居の感動の場面，歌舞伎でも玉三郎の踊りやかつての猿之助と今の猿之助の演技の違いなどは幾つになっても心に残り生活を豊かにします（青木美智男『日本の歴史別巻 日本文化の原型』小学館，尾藤正英『日本文化の歴史』岩波新書）。

（ウ）　そして3つは，文化は地域の民俗的な行事を含め，多様で身近なものが沢山あり，誰でも体験できます。地元の神社のお祭り，学校の行事，東北三大祭りや富山の八尾の風の盆，地域の子ども歌舞伎や盆踊りなどがそれです。また正月，3月と5月の節句，お盆の民俗の行事などはその食事を含めて四季を感じさせるために重要です。

（エ）　そして4つは，文化とは人間の歴史，喜怒哀楽を含めた現在の自分の存在の確認と将来を充実して生活するために有益です。それが小説や科学の本であったり，芝居であったり，音楽であったり，美術であったりです。いろんな形の文化を通じて人間の生きる価値の大切さを知ります。

（オ）　いずれにしても芸術・文化は人の心に感動を与え，何かの折に生きる力を
もたらします。

　日本の最近の歌でいえば「涙そうそう」「花は咲く」「翼を下さい」のように，
歌は心に深く染みこみ，過去と現在をつないでくれます。この点がスポーツ選手
などのすぐ忘れ去られる一時的な「感動」との大きな違いです。ちなみに 2020 の
東京オリンピックの招致でさかんに選手達は感動を口にしましたが，コロナ禍で
失望の連続でした。「勇気」を「与えられる」こともありませんでした。

（カ）　また芸術・文化とくに絵画や音楽は，いくつになっても何回も見たり，聴
いても感動します。セザンヌやゴッホの絵や「神秘の子羊」の絵は心に強く残り
ます。また同じドイツ人でもベートーベンとモーツァルトの音楽はそのスタイル
が全く違うものの，生きる力を与えてくれます。文化は毎日人間に寄り添ってく
れています。それぞれの人の心の中に沢山の文芸，芸能などの引出しがあればそ
れだけでも楽しみの多い生活となります。最近の経済人や成金の人のように，物
質的に財産があっても文化を重視しない人はさびしい人といえます。

（個人の領域と公の関係）
⑤　そこで多くの人々が文化を楽しむ社会的条件について検討します。

　戦前・戦後の日本の国，企業と個人の生活との関係の問題点は，公私の区別が
不明確であったことです。国は個人の宗教，思想，学問に介入したり，企業は個
人の私生活を奪う長時間の労働をさせても違和感をもっていませんでした。むし
ろ国の方針や企業の一方針に従う人を忠誠心のある立派な人とさえされていたと
ころがありました。

　戦前の日本は教育勅語を通じて，国は個人の内面生活に全面的に介入しました。
戦後の日本は企業が収益のため個人の考え，行動，そして生活を統制するに至り
ました。とりわけ高度経済成長以後，多くの企業人（サラリーマンを含む）はあ
まりにも経済と効率を重視し，人間の信仰，学問，文学，芸術などの内面形成と
文化の問題を軽視してきました。企業好みの「無味乾燥」の人となったといえます。

その結果，多くの横並びの人々，みんなと一緒の人は次第に「スライスされたハム」や市販の「切り餅」のように画一的な人間になって，時の流れに身をまかせてしまうタイプの人になったといえます。これでは国の指導者や企業のトップ・組合幹部が誤っていたり，不正をしたとされた時さえチェックすることができない従順な人間になりかねません。

　また日本社会で公私の区別が不明確なのは国と企業の関係だけではありません。多くの日本人は日常の生活でもプライベートな空間とパブリックな空間の区分けが極めて不十分です。例えば個人の車の中とバスや電車の中の区別が親も子もついていないため，大声を出したり，電車や飛行機の中を4, 5歳の子どもが走り回っているのがそれです。

（個人の私的な時間）

　ところで内面形成や文化を大切にした生き方や，地域の祭や習俗の行事，宗教生活などの個人と地域を重視した生活をするには，日々の生活の中に企業社会の経済の論理とは無関係な個人のゆとりの時間と場が必要です。それには企業などで働く時間と個人の時間の分離が不可欠です。長時間労働の体制の下では，音楽を聴いたり，教会に通ったり，地域のお祭りの準備にも参加できません（桜井徳太郎『祭りと信仰』講談社学術文庫）。別言すると，個人の自由な時間や信仰を護るために仕事があることを忘れるべきではありません。

　他方，昔から日本では富士山の浅間神社，白山の白山神社，あるいは巨木や巨岩の自然崇拝や郷社，氏子神社などの八百万の神と称される沢山の信仰の形があり，祭りや各種の行事をそれぞれの地域でしていました（岡本亮輔『宗教と日本人』中公新書，村上重良『日本宗教事典』講談社学術文庫）。また伊勢講や富士講，そして四国88ヶ所や西国33ヶ所などをめぐる信仰がありました（中村雄二郎『宗教とは何か』岩波現代文庫）。

　そうかというと16世紀のザビエル以来の基督教の信仰もあり，この信仰は幕府の弾圧にもかかわらず「カクレキリシタン」とか「潜伏キリシタン」として長崎などで明治初期まで住民の間に強く生きていました（宮崎賢太郎『カクレキリシタン』角川ソフィア文庫，大橋幸泰『潜伏キリシタン』講談社学術文庫）。

　私はこれまで長い間，キリスト教との人々と交流をもったり，依頼人にもキリスト教の信者がいますが，この人々の強い信仰には驚くことが多いのが実情です。この点，葬式仏教といわれるお寺の僧侶と著しく異なります。僧侶の方々はもっと住民と強い結びつきをもつ生活をすべきです。

　いずれにしても地域の伝統文化と信仰は若者と長老が一体となって護るものです。その若者がいま地方から消えています。いま日本人に必要なのは，どこに居住していても生活できる経済力の確保と個人の生活時間の確保や地域の文化の尊重です。そして企業社会の中でも侵されない個人の内面の自由と文化の尊重です。この内面形成の自由は信仰の問題に限らず，学問と知性に裏付けられた文学，歴史，経済などの人文科学，社会科学の分野にもあてはまります。前記の信仰と文化の問題は，仕事第一とか，金儲けこそベストと考える，戦後一部の日本人の経済中心の生活のあり方に大きく修正を迫るものです。

(7) 国の高齢者政策の問題状況

（高齢社会白書）
　①　ここでは国が高齢者の生存と文化に関する施策，とりわけ長寿社会の実現に向けてどんなことをこれまでしてきたか，しなかったかについて検討します。

　国は平成7年11月に高齢社会対策基本法を制定し，急速な高齢化に対応する施策を定め，『高齢社会白書』を発行しました。ここでは国の高齢者関係の白書を参考に，この30年ほどの国の政策の動きをみてみます。

　平成5年6月の総務庁長官官房老人対策室は「長寿社会対策の動向と展望」を発表し，高齢者の健康，所得，雇用，福祉などについて記述しています。平成10年版の経済企画庁編の『国民生活白書』では「中年——その不安と希望」を発表し，中年は企業，社会，家族の中核であり，将来高齢社会を形成する人々であるとしています。平成11年の高齢社会白書は「1999年国際高齢者年」の特集を組み，高齢世帯の所得，貯蓄，住宅，就業などについてとりあげています。

　平成 23 年版の高齢社会白書は高齢者の分野別対策として就業, 所得, 健康, 福祉, 学習, 社会参加, 生活環境としての住生活などを取り上げています。平成 26 年の高齢社会白書は高齢者の家族と世帯, 経済状況, 介護, 生活環境などを取り上げています。

　そして令和 3 年の高齢社会白書は就業, 所得, 誰もが安心できる公的年金制度の構築, 資産形成の支援, 健康, 福祉, 学習, 社会参加, 交通安全などを取り上げています。

　前述の白書にみられる国の政策は急速なスピードで進行する高齢対策としては極めて不十分なだけでなく, 高齢者を公害などのように「対策」として考えているところに問題があります。前述の白書などの方向は高齢者の人間らしい生活, 生きがいの支援ではありません。まして現在の年金で実際にどれだけ多くの人が生活できているのか, 医療費などの負担の重さなどについても言及していません。

（高齢者施策の問題点）
　②　前述の白書をみる限り, 国が真剣に高齢者の生活の実情を把握し人間らしく生きるための「対策」を本気でたてる気があるかが気になります。今の社会保障が貧困者の高齢者の生活の支援などに役立っているかの実態の解明が不十分だからです。例えば国民年金のみで暮らしている人にとって低い年金, 高い社会保険料と自己負担を長寿社会実現との関係で国がどう理解しているかも不明です（小川・垣内・河合編『社会福祉の利用者負担を考える』ミネルヴァ書房）。これの検証をするならば, 各種の自己負担は高齢の人の生活を圧迫して長生きを妨げていることが容易にわかるはずです。

　また介護について「施設から在宅へ」というのであれば在宅のヘルパーを安価で誰もが利用できるようにすることです。そして老人保健施設にみられる定額（低額）のマルメ, 特別養護老人ホームでの複数部屋の存在の解消や, グループホームの共有スペースの確保とスタッフの専門性の問題などや, デイサービスの送迎と所得の有無に関係なく誰もが利用できるように, やるべきは山積しています。しかし国と市町村は財政難を口実に利用者負担を増加しています。

208

　さらに衣食住の言があるように，人が生活するうえで住宅は極めて重大です。田舎に住む親が都会のマンションに住む子どもらと同居することは狭くて事実上できません。また80歳以上の人には，民間のアパートの家主は孤独死などを恐れ，家を容易には賃貸してくれません。国・自治体は80歳前後の人には低家賃で，かつ安否確認付きのバリアフリーの公的な住宅を優先的に大量に提供すべき責任があります。災害時は勿論，日常生活において住宅は人間らしい生活と福祉の基本です（早川和男編『日本の居住貧困』藤原書店，日弁連・高齢者・障害者の権利に関する委員会編『高齢者・障がい者の住まいＱ＆Ａ』あけび書房）。

（バターか大砲か）
　③　人生100年時代は人類が初めて到達する喜ぶべきことです。しかし80歳，90歳の人からみると，子や孫世代の40代の官僚，マスコミ人や評論家は高齢者の生活の実情を知らずに「優遇」しすぎると声高にさけんでいます。日本人の弱点は，国やマスコミから財政難を一方的に宣伝されると，これを国の財政支出に照らして検証したり，憲法9条と憲法25条の優先順位にもとづいて，点検することなく自己の当然の要求さえ断念する傾向があることです。これは未だ日本人が主権者として公民として政治や社会の問題についてお上にお任せしたり，依存することから抜けられずにいることと関係しています。国が財政難ならばしょうがないと安易に納得するのは人権としての自由と生存を十分に理解していない証左です。

　前述した市民権的人権としての生命・身体の尊重と戦後日本の出発である貧困をなくするための憲法25条の意義と憲法21条の言論の自由が未だ国民に定着していないため，国やマスコミの誤った主張に十分に反論できずにいます。

　そこで本当に国は財政難で高齢者の自由と生存のために支出できないかについて，これまで再三既述していますが少し述べます。

　(ｱ)　政府は電力，自動車などの産業界の支援や救済のために，これまでも多額の資金を支出しています。例えば自動車業界には公害防止の技術や排ガス規制のための支援，そして販促のために減税をしたり，電力業界には原発の建設と維持で多額の資金援助をし，3. 11のフクシマの原発では住民への損害補償で5兆円

前後の巨額の支出をしています。

（イ）　またロシアとウクライナの戦争でのガソリンの値上げに関して元売り会社に多額の資金援助をしています。元売り会社は空前の利益を 2022 年 4 月にあげています。（元売り大手のエネオスの会長が沖縄でセクハラと傷害を疑われる事件を 2022 年 8 月に起こして辞任に追い込まれています。）

（ウ）　さらに，政府は 7 年続けて防衛費を値上げしています。人を生かす社会保障の増額には財政難を国は述べ，人を大量に殺す防衛費に財政を増額することをしています。これでは国を護られても国民は生活苦で死亡します。

（平和的生存権の重視を）
④　戦前の日本は日清・日露の戦争以来，軍事大国を志向してほぼ 10 年ごとに他国を侵略し，人間の生命を軽視してきました。戦後の日本はこの誤りの反省の下に憲法 9 条の平和や憲法 13 条の個人の尊重と憲法 25 条の生存権を定めました（有斐閣編『憲法第 9 条』有斐閣，星野安三郎ほか歴教協編『世界の中の憲法第 9 条』高文研）。

いま日本社会で必要なのは，戦後改革の原点である軍備の放棄と生存権保障の充実が一体であることをすべての国民が共有することです。何故，大砲からバターの社会になったかを，国民は改めて 1945 年 8 月 15 日の敗戦から深く学ぶことです。

戦前の日本は都市の貧困者の増大と農村の貧困の深刻化が満州への侵略と日中の全面戦争，そして英米との太平洋戦争になったことは広く知られています（河島真『戦争とファシズムの時代』吉川弘文館）。それなのに政府やマスコミ人は過去の貧困と戦争の関係に学ばず防衛費を何故か聖域にしたばかりか，近時，大砲を優先して 7 年連続で防衛費を増大しています。最近では敵基地（中国，朝鮮？）を攻撃できるミサイルなどを配備すべきだとの論議さえ展開しています。2022 年 11 月 23 日の新聞は，防衛費の増額のために政府の有識者会議が増税を検討すべきだと報じています。注目すべきは前記有識者会議に読売，朝日の元トップが入って，前記の提言をしていることです。戦前も戦後もマスコミ人は国の広報係といえます。（この人々は敵を攻撃することばかり考えていますが，日本が敵から攻撃

されて国民がどれだけ死傷するかの検討の報告書を作成しようとしません。）

　以上のように考えると，いま日本に必要なのは国がいう防衛費の強化ではありません。それは戦後 76 年，日本は一度も外国からの紛争・侵略などに遭っていない国だからです。

　今日の日本に緊急に必要なのは，戦争に備えることではなく，毎年の台風，地震，河川の氾濫に備える装備の充実と，人命救助のスタッフの強化です。災害時の 72 時間の生命の時間を考えると，例えば土砂の流出の食い止めと土砂を除去するための重機，そして災害現場へ救助の人を派遣したり，重機を運搬するヘリコプターとドクターヘリ，2022 年 5 月の知床の海難事故のように荒波でも出航できる快速船や，海面下から沈んだ船を引き揚げる特別の船の装備が必要です。これらの災害救助は消防庁，海上保安庁，警察などが対応し，人員や装備が不足するときは自衛隊が協力するように求めることです。

　いずれにしても被災者，事故に遭った人を 10 時間以内に救助するためには，各県は勿論，北海道，東北，関東，甲信越などのブロックの形で広域の救助の協力体制を整備することです。現状はあまりにも消防などの整備は不十分で自衛隊頼みです。そして被災者の救助が遅すぎることです。イタリアなどの災害救助体制に日本はしっかりと学ぶことです。

　ところで今日の戦争は 2022 年 2 月以降のロシアとウクライナの戦争にみられるように，ミサイル，ロケット弾などを使用してどれだけ軍事工場並びに兵器庫，そしてライフラインを破壊し，民衆を多数殺害するかに重点があります。

　現代の戦争は兵士同士が殺害し合う第 1 次世界大戦ごろまでの戦争とは明らかに異なり，都市が戦場です。民衆の殺傷が中心です（A・J・P テイラー『第 2 次世界大戦』新評論，前田哲男編集『岩波小辞典 現代の戦争』岩波書店）。ロシアは核を戦争で使うとウクライナを脅しています。またロシアがウクライナの領土から一部撤退した後に大勢の市民が虐殺されたと報じられています（藤田久一『戦争犯罪とは何か』岩波新書）。政府の任務は国民の生命と生存を護ることです。戦争をしかけることではありません。敵を作ることでもありません。日本のタカ

派といわれる政治家の多くは，社会保障の充実・発展に不熱心な人々であることに注目すべきです。

　軍事大国化を夢みる人は自分は安全な場所にいて，人に「やれやれ」と「そそのかす」無責任な人々です。少しでも良識のある人ならば，こんな人達と無理心中するわけにはいかないはずです。防衛力の増強に賛成する人は自分と家族が最初に死ぬことを考えていません。そのことは戦前の旧満州で高級軍人の家族が早期に日本に帰ってきていることからも明らかです。

　冷戦が終了した今日，日本はアメリカの「核のカサ」の下で生きるのではなく，「武器三原則」と「非核三原則」をしっかり護って，すべての国と友好関係をもつよう外交的努力をすべき役割があります（マイケル・L・ドックリルほか『冷戦』岩波書店）。

　「死の商人」を太らせるよりは，格差社会の下で貧しさのために痩せている人を太らせるべきです。非正規労働者の賃金を是正することです。母子家庭や子ども食堂への支援こそ期待されます。国民の生命と暮らしを護るために，平和的生存権こそ今日の日本では重視されるべきです。日本は沖縄や3月10日の空襲などで死亡した人への補償を今日でもしていません。人の死を数字でしか考えない人々や，軍需産業で金儲けを考える人々とは一線を画すべきです。

（8）長生きと長寿に向けて

（どんな課題があるか）
　①　長寿の要因は衣食住と所得や医療と介護の改善にあります。これに対し，国は稼得能力を失った高齢者の生命の綱である年金を2022年1月には2年続けて減額し，その年金から死ぬまで健康保険料や介護保険料などを控除しています。そのため手取りの年金は大幅に減額しています。低い年金は物価高の中で苦しむ高齢者の生活をおびやかしています。国の社会保障の減額のねらいは2つです。

　（ア）　その1は高齢者の生活が厳しいため，国には頼れないと考える若者や，中年世代の働き方（賃金，労働時間など）を国と企業の方策に従順にさせるところ

にあります。つまり将来の生活が不安ならば一生懸命働いて預金をするよう若者らに仕向けるところにあります。この政策は定年後 30 年ないし 40 年の生活には預金では到底生活できないことを無視しています。高齢者の生活の安定よりは経済の発展を重視しています。

（イ）　もう 1 つは全世代型社会保障と称して国が社会保障予算を大幅にカットするねらいは，7 年連続の防衛費の増額やゼネコンのための海岸の埋立，高速道路の建設などの公共事業と原発の支出などを増大させるためです。防衛費のことは既に述べたので，ここではゼネコンなどの企業の利害について述べます。

例えば 2020 年の東京オリンピックで国と東京都は数千億円をかけて巨大な施設を作り，東京湾の埋立地にスポーツ施設を沢山建設しました。この人々はオリンピックで約 3 兆円といわれる巨費を投じ，巨額の赤字を先送りして国民と都民に負担させても平気です。この人々は戦前のベルリンオリンピックではありませんが，国家の威信を重視することに熱心な人々です。だからオリンピック収支の全体像と各施設の今後の収支状況や今後の施設の負担者の金額を，詳しくは国会で，都議会で明らかにしようとしません。まして公認会計士などの第三者による報告書を広く国民に発表して，財政負担のあり方を抜本的に検討しようとしません。

ところで今日の超高齢社会において，高齢の人の生命と生存を救うための緊急の方策は既に述べたように，警察，消防，海上保安庁の装備とスタッフを強化することにあります。加えて平常時には救急車とそのスタッフ，病院，介護施設の充実，そして火葬場の造設などがあります。東京では死後 1 週間前後でも火葬されません。この現状は早急に是正する必要があります。

上記のことから明らかのように政治家と経済人の考えは，労働能力がなくなった高齢者に関心はなく，「経済の活力」と軍事大国化に関心があります。この点で政府の方針と軍事企業の思惑が一致しています。「軍事栄えて高齢者滅ぶ」にならないようにすべきです。

また官僚や政治家，財界人は，あたかも自分は一生涯認知症や要介護にならないと考えているようです。しかし，老人ホームに行けばわかるように，かつての

財界人，高級官僚，大臣も寝たきりに近い形や認知症で多数ベッドで生活しています。少しでも先の未来を見る力がある人ならば，前記の官僚と企業人の主張に同調すべきではありません。

（社会的弱者への共感と支援を）

②　今日の日本社会は乳幼児から高齢者に至るまですべての人々が社会福祉（保育や老人ホームなど）や社会保障（年金，医療，介護など）と密接な関わりをもって生活しています。もっというと今日の国民の社会生活は，保育や医療の社会福祉などと切っても切れない関係・状況にあります。それなのに国民は国の社会保障の削減に対しての関心が薄いどころか，社会福祉，社会保障への充実，改善へ向けての意欲は今一つです。あたかも自分と家族は将来とも大丈夫と考えているのかも知れません。

しかし，社会保障を人権と考えているならば，あるいは社会保障を恩恵と考えていないのであれば，社会保障を軽視する政治家・国への反撃がもっと大きくなってよいはずです。

そこで何故，今日の日本人が社会的弱者や貧しい人への共感を失いつつあるかについて考えてみます。日本人の少なからずは学校の先輩・後輩，郷里が一緒，会社の同僚など身近な人には割合と親切です。しかし知らない人や縁遠い人となると，極めて冷淡です。生活や病気で困っている人々の切実なアッピールにも無関心の人が多いのが現状です。四国のお遍路さんの「お接待」のような文化は日本の社会から消えつつあります。どうして日本はそうなったのかです。

日本全体が貧しかったときは隣近所から味噌や米を借りたり，電話を呼出の形で借りたり，風呂ももらい風呂で相互に助け合ってきました。そして近所の子どもや年寄りの動向にも関心がありました。いまや24時間のコンビニがあり，サラ金から機械で金を借りられます。そのためか，「隣はなにをする人ぞ」というクールな関係の人々になっています。

またかつて長距離列車で同席した時は，お互いが近況を含めて数時間話して過ごしていました。いまや新幹線を含め列車の中で他人同士が話し合うことは皆無

に近い状況です。せいぜい身近な人は助けても，遠方の人，異民族などには冷たいのはやさしさと連帯感が少ないことと関係しています。

　多くの国民は貧しい人々，困難な人々と自分は違う人であると安易に思ってさえいます。しかし，いつまでも困難な人や貧しい人への公的支援を国が次々と減額していることにこれまでのように無関心で生活していると，自分の年金，医療，介護の費用まで大幅な負担増になるのは必定です。そして，いつのまにか無関心を装った本人自身が貧しい人，困難な人になります。それは時間の問題です。労働組合を含めて社会保障の大幅改悪に反対する人が少ないのは，今日の格差社会は中流層は勿論，貧しい人からも想像力とヒューマニズムの気持を失わせているからだといえます。いま日本人に必要なのは自由と平等，そして社会連帯です。人権意識です。

　以上のような現実があるのに，高齢ゆえに働きたくても働けない人に年金や生活保護を支給することにあたかも金喰い虫みたいな発言をする人がいます。この人々は自分の子どもが重度の障害の人の場合で同じ主張と態度をとるのでしょうか。自分が透析患者になっても同じことを述べるのでしょうか。この人々の主張は憲法25条の「すべて」の国民の中から，高齢者などを除くことを意味しかねないことになるといえます。人間として最小限のヒューマニズムの考えが欠落している人です。

（女性と社会保障）

　③　ところで，今日の日本で長生きしている人の圧倒的多数は女性です。それゆえ，高齢の人の社会保障は実は女性の問題です。そのため多くの女性が100歳になっても安心して暮らせる政策を，国や自治体に対し就労の有無に関係なく要求することです。それを実現し，変える主体は問題を抱えている当事者です。例えば昭和56年の国際障害者年の「完全参加と平等」前は，障害のある人は安心して街を歩けませんでした。それを変えたのは，国連の国際障害者の10年を契機とした，私も関与した堀木訴訟に結集した障害者団体の人々です。その結果，公共施設にはエレベーターやエスカレーターができ，街の中に段差解消のスロープができ，道路や駅のホームには点字ブロックもできました（総理府編『「国連・障害者の十年」の記録』大蔵省印刷局発行）。その後，盲導犬でもバスなどに乗車でき

るようになりました。同様の取り組みを女性たちがすることです。

　ところで1970年から高齢者や障害のある人の年金，医療，そして介護の問題に関与してきた者からすると，最近の人々は「与えられる」ことには慣れていても，人に与えることや権利を自ら獲ちとるということには不得手の人が多いといえます。もっというと自分の置かれた状況を改善するために立ちあがる人が少なくなったといえます。とりわけ最近のように人のために献身的に活動することなく，「勇気」をもらうことや「癒やされる」ことばかり求めるタイプの人が多い状況では，社会保障の権利を獲得することは難しいといえます。権利を獲得し，安心した生活を営むには困難な生活にある人々を助けたり，人を癒やす側に回ることも重要です。世の中はギブアンドテイクです。

　これまで再三述べているように社会保障は国家から与えられるものではなく国民が獲ちとるものです。それをしなければ社会保障の給付（年金の金額）の低下や自己負担の増大は避けられません。朝日訴訟や堀木訴訟，そして学生無年金障害者訴訟のように個人，団体，そして多くの人々が権利のために立ちあがることです。他方，世界の女性たちが国連で女性に対するあらゆる差別を撤廃させる条約を採択したように，日本の女性たちは自立した生活を営むためには労働法制と社会保障の充実のためにもっともっと発言することです（赤松・山下監修『女性差別撤廃条約とＮＧＯ』明石書店）。日本の女性の政治的，社会的地位は世界で120番前後という極めて低い地位です（山下泰子・矢澤澄子監修『男女平等はどこまで進んだか』岩波ジュニア新書）。この数字は男女差別があるからか，現状に甘んじている人が多いか不明です。とにかく人間として許されないことを是正すべきです。

　いま日本の女性に必要なのは，女性のライフスタイルに合った社会福祉と社会保障を要求し，年金と医療，そして介護の充実ために努力することです（大沢真理『いまこそ考えたい生活保障のしくみ』岩波ブックレット，森田明美編『よくわかる女性と福祉』ミネルヴァ書房，平成14年2月『「女性と年金」女性のライフスタイルの変化等に対応した年金の在り方に関する検討会報告書』）。

　北欧諸国の福祉が充実しているのは，教育の充実と男女平等，女性の地位の向

上，そして働ける女性は働いて税金を支払っているからです。日本の労働者が税金の支払いと使途について関心が薄いのは，太平洋戦争直前の源泉徴収制度と関係し，納税者意識が薄いことがあります。まして専業主婦（3号被保険者）のように，就労に伴う税金を支払っていない人は納税に伴う権利意識がどうしても低くなります（全国婦税連編『配偶者控除なんかいらない』日本評論社）。働ける人は男女や障害の程度を問わず働き，税金を支払い，福祉国家への道の実現に尽力することが重要です（熊沢誠『女性労働と企業社会』岩波新書）。そこに社会連帯が生まれます。

（何をすべきか）

④　そこで，すべての人々が個人として尊重され，人生の最後のステージまで人間らしく生き，高齢の人の人権を護るには，国，自治体，国民ひとり1人はどうしたらよいかについて考えてみます。

（ア）　まず第1に国の政策が100歳まで生存・生活することを前提に国のあらゆる省庁が協力して樹立することです。人生80年時代の75歳を後期高齢者とする高額医療費を徴収する政策は廃止し，年金，医療，介護，住宅，街づくり，高齢者のコミュニティを含めて，100歳まで生きられる政策を立案することです。例えば厚労省は病気でいえば内科，精神科，眼科，耳鼻科などの医師を1つにまとめた「老人科」の医師を養成し，高齢者が各科を「タライ回し」しなくても済むようにすべきです。

ただ厚労省は全国の高齢者の動向を統計の数字では把握しているものの，現場の実情を詳しくは知りません。地域の現場を把握しているのは都道府県と市町村です。この両者が相互に協力することが高齢者の生存と安全な生活のために不可欠です。

（イ）　第2に今日の高齢社会は基本的に子どもと同居せず，高齢者2人もしくは1人暮らしの高齢世帯です。このことを前提にして高齢者の不安と孤独をなくするために，行政は安否確認のネットワークづくりをなすことです。自治体や社会福祉協議会は1人暮らしの高齢者を訪問したり，自治会や寄り合いを通じて1人ひとりの安否を確認したり，保健師や栄養士を通じて指導をしたり，重度の要介

護状態の人がいるならば措置をして老人ホームへ入所させることです

（ウ）　そして第3に，労働組合は国や自治体に対して社会保障改善の要求をすることです。そして高齢者は労働組合に依存するのではなく，自分にできることを，いろんなツールを使って困難な状況を社会の人々へアッピールすることです。

（エ）　第4に，高齢の専門家の協力体制を作ることです。そのために重要なこととして，専門職の協力関係を構築することです。高齢者のための長生きの専門職といえば，医者や看護師をまず思い浮かべる人が多いといえます。そして次は老人ホームの職員やホームヘルパー，さらに成年後見の社会福祉士，弁護士，司法書士，家庭裁判所や公証人役場の人となろうかと思います。

日弁連では20年ほど前から「権利擁護の集い」という集会を毎年開催してきています。これまで年に1回，大阪，仙台，名古屋，福岡，京都，岡山，広島，山形，甲府，横浜，八王子，佐賀，熊本，高松，神戸，函館，金沢，山口などで開催してきました。厚労省，自治体そして専門職の人が毎回約600人前後参加して開催しています。前記のように専門職が協力し，自治体の職員が中心となって専門職を結集し，日常的に連携をとりあえる関係を構築するならば，救える生命は沢山あるはずです。バラバラに存在している専門職の人を，「顔の見える関係」に行政が中心となって作り上げることです。

（オ）　第5に，マスコミ人は声なき声や，声を出せない高齢者の声をもっと調査して発信することです。いまのマスコミ人はあまりにも政府と財界人の意見を尊重しすぎています。マスコミ人の目は生活に苦しんでいる民衆に向いていません。あまりにも豊かな人，力のある人に向いています。広く日本社会を考察すると，1.2億人の日本社会の日常の生活は農業，漁業，鉱山，食堂，運送業，旅館，物販などの人が支えています。また地域の諸々の文化・行事を行っているのは名もなき民衆です。決して日立，三菱，住友などのグループ企業や銀行，証券会社やリース会社などの人々ではありません。それなのにマスコミ人は前記の大企業のトップを「財界人」としてもてはやし，その意見を必要以上に重視しています。本書で随所で述べているように，財界人なる人の中には自分の報酬中心で動いている人が少なからずいます。企業市民としての義務を尽くさず地域の活動にも参加せ

ず，尊敬するに値しない人も少なからずいます。マスコミ人は日本社会の衣食住と地域社会は名もなき民衆が支えていることをもっと自覚すべきです。この人々の生活こそ護られるべきです。

(9) 戦後 77 年をふりかえる

（戦後 77 年のあゆみ）

　① 　生産性の低い旧幕時代には『楢山節考』の小説のように年老いた親をお山に棄てざるをえないようなことがあったかも知れません。しかし明治時代になると家制度の下で家長の権限が強められたため，「親の恩は山より高く，海より深い」というような道徳が国民に強要されました。そのため子どもは親の犠牲にさせられることが多々ありました。

　戦後 77 年の日本人の動きを振り返ってみると，憲法の自由と生存の尊重は未だ極めて不十分です。何故そうなのか，高度成長前後で振り返ってみます。

　（ア）　多くの人は戦後，社会保障が不十分な中で「生きるため」に懸命であり，高度成長以後の三種の神器，３Ｃなどの横並びの政策の下で物質的な欲望を満足させることが幸福に近づくと考えて必死でした。そのため勤労者は普通の生活をするために猛烈に働かざるをえませんでした（加藤哲郎『戦後意識の変貌』岩波ブックレット）。いうならば個人も企業も豊かであれば満足するという方向でした。自民党が長期政権を維持できたのは，その経済的豊かさの追求に重点をおいて企業と個人の消費生活を刺激したからです（中村政則『経済発展と民主主義』岩波書店，橘木俊昭『日本人と経済』東洋経済新報社，石川・山口『戦後政治史』岩波新書，ケント・Ｅ・カルダー淑子，カルダー訳『自民党長期政権の研究』文芸春秋，石原享一『戦後日本の経済と社会』岩波ジュニア新書）。

　（イ）　働く人の生活は少しは豊かになったものの高度経済成長は日本列島を公害列島といわれるほど，人間の生命軽視の社会にしました。水俣，四日市，イタイイタイ病，そして自動車の排ガスや製鉄や製紙の大企業のタレ流す公害のために大勢の人々が死傷しました。４大公害裁判にみられる企業のように，経済中心の社会は住民の生命と暮らし，そして河川や海を汚染しても企業は平然としていま

した（宮本常一『戦後日本公害史論』岩波書店，原田正純『水俣病』岩波新書）。

　1970年代になると住民運動が全国各地で活発になり，国民は公害，沖縄の基地の問題に目を向けるようになりました。労働組合も73，74春闘のように国民的諸課題に活発に取り組み出しました。とりわけ貧しい人や病気の人，障害のある人，他人や他国民への博愛と連帯の気持ちをもって活動する人が増えました。

　（ウ）　国と企業は前記の住民運動の活発化が「保革逆転」になることを恐れました。また74春闘の3万円という賃上げにみられるように，大幅賃上げは企業経営を困難にするとして労働運動の中核にあった官公労，とりわけ教職員と国鉄への刑事・民事の弾圧を強化するとともに，官と民の分断を行いました。

　民間の労働組合では労使協調を推進し，活動家の徹底した排除がされました。日教組に対しては74春闘で組合幹部を逮捕し，起訴し，大量の懲戒処分を行いました。国鉄がJRになる過程では多数の人々が国家的不当労働行為で職を失ったり，自殺する人もでました。1000人の解雇者は労働委員会で勝訴しても裁判所では敗訴しました（大橋弘『ストライキ権消滅』風媒社，二瓶久勝『国鉄闘争の真実』スペース伽耶）。以上のような労働運動の「冬の時代」が始まり，この30年，春闘ではストなしとなり，さらに政府に賃上げを陳情をする官制春闘となったといえます。

　（エ）　そんな社会情勢を反映して国民の権利意識は大きく後退し，民主主義を護る組織は小さくなり，組織防衛に恋々というか，汲汲とする状況に変化するに至りました。そのため1人はみんなのために，みんなは1人のために活動する人々が大幅に減少したといえます。

　（オ）　いずれにしても労使とも自分がリタイア後の生活を想像できず，かつ人生100年時代を先の先の話として，真剣に考えてきませんでした。年金，医療が改悪されても，それを一部の人の問題として考えてきました。そのため高齢者の深刻さは省みられませんでした。しかし現在の高齢者はそれを改善してきた歴史をもった人々が沢山います。例えばいまの80歳，90歳，100歳の人々の中には戦後の昭和22年2. 1ゼネスト，公職追放の人々が政界に復帰した際の逆コースと闘っ

た人々がいます。そして昭和30年,40年代には,勤評や学力テスト反対や公労協,公務員共闘でストを実施したり,73,74春闘で全1日のストを闘った人々が少なからずいるはずです。これらの活動家,そして支援した人々は40年前,70年前の自分たちの初心が何であったかを,改めて想起して立ちあがるべきです(拙著『社会保障・社会福祉の権利をいかに獲得するか』創風社)。

(戦争を本当に反省し,平和に生きる)

②　第2次世界大戦のファシズム国のドイツと日本は戦後の奇跡といわれるほど経済が復興し,経済大国となりました。しかし戦後のドイツは「デコボコ」が幾度となくあってもナチスの戦争犯罪を追求し,時効をなくし近隣諸国の信頼を獲ちとりました(粟屋憲太郎ほか『戦争責任,戦後責任,日本とドイツはどう違うか』朝日新聞社,石田勇治『過去の克服 ヒトラー後のドイツ』白水社,熊谷徹『ドイツは過去とどう向き合ってきたか』高文研)。これに対し,日本は戦後の極東情勢の変化の逆コースの中で「戦前回帰の人々」が政財界の中枢を占めるようになり,日本の政治・経済はドイツとは違う道を今日までとってきました(山崎雅弘『増補版 戦前回帰「大日本病」の再発』朝日文庫)。

これらの人々はA級戦犯であった岸首相のようにアメリカの有形・無形の支援の下で対米従属の道を歩んだ人達でした(ティム・ウィナー,藤田ほか訳『CIA秘録 上・下』文春文庫,原彬久『岸信介』岩波新書)。また,この人々は過去の日本と日本人の戦争での誤ちをほとんど反省しようとしません(朝日新聞取材班『過去の克服と愛国心』朝日新聞社)。それどころかA級戦犯などを裁いた東京裁判を否定さえして靖国神社の参拝を行っています。これはサンフランシスコ条約第11条にも反します。

この人々の特徴は,政治思想は戦前の天皇制と教育勅語にありながら,経済と政治,外交,軍事は徹底的に対米依存であることです(松田武『対米依存の起源』岩波書店)。

アメリカとの共通は反共であることです。そして相違点はアメリカ流の自由と人権,並びに信教の自由を否定する人々であることです。この人々は反共意識があまりにも強いため,自由・民主のリベラルを嫌悪し,いろんな宗教団体とも接

点をもっています。それともう1つは，この人々は国による公的支援と社会保障の充実を事実上拒絶し，貧困を国ではなく家庭の責任とする方針をとっていることです。

　日本の保守派の一部（例えば日本会議に結集する人々）やトランプ大統領のように，そしてイタリアで2022年9月に成立したムッソリーニの政策を信じる人々に近い政権などに共通にみられるのが排除の論理です。この人々は自国民ファーストを主張して他国民を力で排除し，他国民の鉱物，農産物，労働などを収奪して平気でいます。

　この人々は自由と人権を否定し，過去の誤りを反省しないばかりか，アメリカファースト，イタリアファーストです。他国民，他県の人，異なる民族などの共存共栄の道を重視せず排外主義の道を歩もうとしています。多くの人々は自国民ファーストは自分ファーストで無責任な主張と感じています。そんな自分勝手で無責任の人々の誤りを下記の芝居は強く批判しています。

　2019年5月に観た木下順二作『夏・南方のローマンス』は，南方の島における日本軍の現地の人々への虐殺を，アメリカ軍がB・C級戦犯として裁いた演劇です。この演劇はこれまで数回，日本で取り上げられていますが，虐殺を指示した人が軽い刑で，実行したと疑われた無実の人が死刑になることを取り上げた芝居です。威勢のよい無責任な人が生き残り，気が弱い人が死刑になる構図は，日本人にとって戦争責任とは何か，とりわけ道義的責任とは何かを私達に示しています。木下順二は「日本における戦争責任の追及の仕方の，言語に絶する（とさえいいかと思う）あいまいさが，それこそ取り返しのつかぬ過ちとして戦後日本の形成に，つまり現在の日本の状況の実現に，大きな力として働いて来ている」ことを問題にしています。

（「それでも人生にイエスという」）

　③　長く生きていると嫌なことを多く見たり，ロシアや中国などの政治家，そしてトランプ政権の下での人間の権力への欲の深さをたびたび見ることになります。その意味で人間不信になることがあります。そんなとき，かつて読んだエッセイ集だったと思いますが「それでも人生にイエスという」本がありました。キ

リスト教関係の本であったと思います。

　いま，この本の表題を借りて私達の戦前・戦後の歴史を少し振り返ります。戦争でつらい体験をした人，災害で家族と別れ別れに生活をせざるをえなかった人がいます。またドイツの強制収容所の中でも家族のいる人のため身代わりになったコルベ神父の存在は，圧政の中でも人間の自由と人権の重要性を信じる人に対し大きな輝きを発しています。また第2次世界大戦下のファシズム国と反ファシズム国，そしてスペインの反フランコ派内部の不条理な闘い，そしてソ連圏の社会主義を信じていた人からの「反共」とのレッテル貼りに悩んだ人々には後記の本は大きな光を与えてくれます。またスターリンや毛沢東の個人崇拝や独裁のために著しく被害をうけた人にも光を与えます。

　人間は，歴史の負の面に正面からみつめて生きていくことが必要です。社会主義を信じる人の中にも政党のトップの保身のためや党利党略のため昨日の友は今日の敵とならざるをえなかった人々がいます。そんな時，先人の歩いてきた道や歴史を大局的に考察したとき，人間はまだ信じられるということに出会うことがあって救われた気持ちになることがあります。芸術・文化などの人類の遺産は内外の歴史と自分の立ち位置をじっくり振り返る機会を与えてくれます。

　いずれにしても思想・良心の自由と言論・出版の自由は普遍性をもっています。またスペインのピカソのゲルニカ，チェロ奏者のカザルスの鳥の歌などの芸術・文化は，人間が平和に生きるために不可欠であることを示しています。不条理の連続の下でも，芸術・文化等の力は多くの人に生きる糧を与えています。

　人間の歴史から私達が学ぶ大切なことは，どんな政治形態でも人間の生命・身体の安全と思想・良心の自由の保障が最重要であることを人類の共通の財産であると確認することです。これを否定する宗教，そして世界観やイデオロギーは，ある状況の下で正当化されるように見えても，後世の人々からの強い批判にあい消滅します。

　前述した自由と人権の問題を考えることは企業社会の中で失われた人間性を取り戻し，精神の独立と博愛の精神を回復する道にも役立つことになります。人間が生きる基本はヒューマニズムと自由と人権です。くどいですが下記の内外の本

はそのことを私達に教えてくれます（ジェイムズ・C・ディヴィス，布施由紀子訳『人間のものがたり』ＮＨＫ出版，エルンスト・H・ゴンブリッチ，中山典夫訳『若い読書のための世界史』中央公論美術出版，アダム・ハートニディヴィス（総監修）『世界の歴史大図鑑』河出書房，トーマス・ペイン，西川正身訳『人間の権利』岩波文庫，ヴィクトール・Eフランクル，池田香代子訳『夜と霧』みすず書房，リリアン・セグレ，中林秀明訳『アウシュヴィッツ生還者からあなたへ』岩波ブックレット，高杉一郎『極光のかげに』岩波文庫，宮沢俊義『転換期の政治』岩波文庫，ジョン・リード，原光雄訳『世界をゆるがした10日間 上・下』岩波文庫，ヒュー・トマス，都留忠七訳『スペイン市民戦争Ⅰ・Ⅱ』みすず書房，ジョージ・オーウェル『カタロニア讃歌』岩波文庫，野田正彰『戦争と罪責』岩波現代文庫，戸谷由麻『東京裁判』みすず書房，ロバート・ジュテテリ『ヒトラーを支持したドイツ国民』みすず書房，ヴァイツゼッカー『荒れ野の40年』岩波ブックレット，カール・ヤスパース『われわれの戦争責任について』ちくま文庫，ノーマン・M・ネイユーク，根岸隆夫訳『スターリンのジェノサイド』みすず書房，綱野善彦『日本とは何か』講談社，中橋孝博『日本人の起源』講談社学術文庫，平川南『日本の原像』小学館，加藤周一『日本その心とかたち』徳間書店，家永三郎『日本文化史』岩波新書，山下裕二・高岸輝監修『日本美術史』(株)美術出版社，ヴァルター・ザルメン，上尾信也・加藤博子訳『音楽家の誕生』洋泉社，河野保雄『音楽史物語』，宮本常一『日本文化の形成』講談社学術文庫，文部省編『民主主義』角川ソフィア文庫，佐藤幸治『世界史のなかの日本国憲法』左右社，鶴見俊輔『戦時期日本の精神史』岩波書店，吉野源三郎編『「原点―戦後」とその問題』評論社，高見勝利編『あたらしい憲法のはなし』他二編 岩波書店，家永三郎『戦争責任』岩波書店，鹿野政直『近代日本思想案内』岩波文庫別冊，色川・江井・新井『民衆憲法の創造』評論社，加藤周一ほか『日本文化のかくれた形』岩波現代文庫，石牟礼道子『苦海浄土』講談社文庫，暉峻淑子『豊かさとは何か』岩波新書，コンドルセ・坂上孝編訳『フランス革命期の教育』岩波文庫，堀尾輝久『現代教育の思想と構造』岩波書店ほか）。

（10）おわりに

（この100年をふりかえる）

①　いま，90歳，100歳の人は大正末期に生まれ，昭和19年から20年にかけ

て大学生が学業の途中で学徒動員で戦死したこと，神風特別攻撃隊で若者が飛行機や潜水艦で死亡したこと，戦艦大和が飛行機などの護衛がなく出航して多数の乗組員が死亡したことなどを知っています。

　沖縄では県民の3人に1人が死傷したといわれる激し地上戦が闘われ，中学生，女学生らが多数死亡したことも知っています。昭和20年3月には東京・大阪などで無差別爆撃がされ，市民が多数死亡したこと，8月6日に広島，9日に長崎に原爆が投下され約20万人が死亡し，生き残った人々はその後70年以上にわたって原爆症で苦しんでいることも知っています。

　8月9日にソ連が参戦し，満蒙の地，カラフトなどから開拓などに従事した人々約15万人が引き揚げてきて，その途中で死亡した人が大勢いたこと，シベリアに約60万人の兵などが抑留され（宮田武『シベリア抑留』中公新書，玄武岩ほか『サハリン残留』高文研），約1割が極寒の地で死亡したことも知っています。

　戦後約350万人が旧日本の植民地の台湾などから引き揚げてきたり，兵士300万人が帰還したため内地は大混乱となり，飢餓的貧困という状況が数年は続いたことも体験しています（藤原てい『流れる星は生きている』中公文庫，栗原俊雄『特攻』中公新書，同『戦争と日本人』中公新書，下嶋哲朗『平和は「退屈」ですか。元ひめゆり学徒と若者たちの500日』岩波現代文庫，一條三子『学童集団疎開』岩波書店，戦没学生記念会編『きけわだつみのこえ』岩波文庫，藤田久一『戦争犯罪とは何か』岩波新書，島村恭則編『引揚者の戦後』新曜社，内海・大沼・田中・加藤『戦後責任』岩波書店，広島市・長崎市原爆災害誌編集委員会編『広島・長崎の原爆災害』岩波書店）。

　これらの経験から，いま90歳，100歳の人が後世の人々へ伝えることは3つあります。

　第1は，この人々はアジア・太平洋戦争で筆舌しがたい労苦を体験していますので，戦争の悲惨さと平和の尊さを子や孫に伝える歴史的任務があることです（河出書房新社編集部編『戦争はどのように語られてきたか』河出書房新社，神谷則明『長き沈黙，父が語った悪魔の731部隊』かもがわ出版，熊谷伸一郎『なぜ加

害を語るのか─中国帰還者連絡会の戦後史』岩波ブックレット，名高・谷川編『沖縄の証言 上・下』中公新書，東京新聞社会部編『あの戦争を伝えたい』岩波書店）。

2つは国際社会の国際法や自然法などのルールを無視する理屈としての日本の独自性と神州不滅や大和魂などの言動を信用しないこと，並びに自分が納得できないことには決して従わないことを子や孫に伝えることです。

3つは人類が圧政から個人の自由な生活を護るために市民革命で闘いとった戦後の憲法の自由と生存，自由と平和を遵守する必要があることを強く訴えることです（杉原泰雄ほか『日本国憲法の力』三省堂）。

人生の先輩の3つのメッセージを尊重するために，私達は公民としてもっともっと民主主義の歴史を学ぶことです。

日本人は人前で政治と宗教の話はするなとされてきましたが，政治家と宗教団体が政治に深く関与している現実がある以上，再び誤りをしないためにも主権者として政教分離を実現する必要があります。ましてカルト集団のような宗教からの被害を子や孫が受けないようにする責務があります。

人生100年時代がいま身近なものになったのは，日本が戦後77年，戦争で誰も死んでいない現実をしっかりとみつめて憲法の人権条項を主権者として護る必要があります（芦部信喜『憲法制定権力』東大出版会）。

（細く長く生きる）
②　私達日本人は人類の夢である長生きと長寿を少しずつ実現しつつあります。ただ率直にいえば現在の長生きと長寿は1人ひとりの国民の努力もありますが，結果オーライみたいな形でできあがった側面もあります。決して国の正しい政策の結果，長生きが実現したものではありません。まして長生きをしたすべての人が長寿を実感しているわけではありません。そのため人生の後半戦に沢山の災難と病気になった人は，長生きを「しすぎた」と感じている人もいるかも知れません。

しかし，長生きをすることなしには長寿を実感できないことも確かです。人間

の生き方は様々です。太く短く生きた人，細く長く生きた人に分かれるかと思います。

　太く短く生きた人はわずかの期間に人の数倍のことを成し遂げて，多くの人々に強い印象を残した人がいるかも知れません。しかし，普通の人は細く長く生きることによって大勢の人々の出会いを得，人生をエンジョイをし，そして何がしかのことを後の世の人のために残す生き方を選択するのではないかと考えます。それが長寿を味わう道でもあります。マラソンでいえば長生きによって完走した喜びを味わえるのではないかと思っています。

　ところで映画やテレビにでてくる江戸の豪商といわれる人は，明治維新とともに消えていきました。明治になってからの旧財閥グループの人々は 1945 年 8 月15 日以降の財閥解体で普通の人々になっていきました。多くの金持ちは三代でなくなっています。時には「奢る平家」は長くは続かないものです。

　生活をするにはお金はあった方がよいですが，「足るを知る」ことと少年大志の気持ちをもって生きていくことが大切です。地球のどこかに自分のひっかき傷を残す仕事をすることです。

　商売や金儲けも浮利を求めることなく，長く人々に愛されることが重要です。例えば京都の 200 年，300 年つづく呉服，美術工芸などの物販店，食品や漬物屋，そして地方都市の酒蔵家や味噌，醤油などの業者は 100 年，200 年と続いています。これらの業者は地域の人に愛される商品を売って地域社会に尽くしています。これに対し，銀行，生保，損保などは合併につぐ合併であり，そこで働く人々の人生はまるで浮草のように軽く扱われています。結局，自分の力で地道に長く仕事をした人が多くの人々に愛される生活になっていることがあります。ある説によれば企業の盛衰は 50 年といわれています。その間に消滅，倒産している企業もあります。そんな企業に自分の人生を賭けるのではなく，何か 1 つでもこれが私の仕事だ，足跡だというものを残してみたいものです。

（家族と地域社会を支えている人々）

③　これまで定年後の30年を人間らしく生きるために，定年前の30年ないし40年の生活設計の必要があると述べてきました。定年後は自他の利益を追求し，共存共栄の生活ができる自分らしく生きる時です。

共存共栄のような生活スタイルは日本社会では昔から全国各地でなされてきました。いうならば春夏秋冬の季節を大切にし自然を重視する生活スタイルがそれです。和菓子屋の季節の商品がそれです。農民と漁民が助け合う生活がそれです。自他の利益の追求は農漁村でなされてきました。最近ではトキやコウノトリの育成にもそれがみられます。

宮城県の松島のカキの業者は，上流の川や山村の人々と協力しながら美味しいカキを作ることに尽力しています。チッソのように水俣湾に水銀を流す企業とは全く違います。

全国各地の農民は消費者に喜ばれる米を作るために創意工夫を重ねています。とくに北海道の上川地方の人は数十年，100年近くの尽力の結果，全国に通用する米の産地となりました。この点でもテレビやクーラーなどの大量生産，大量販売の家電商品が数年で新商品となって，その後，消えていくのとも違います。銀行や証券会社のように顧客が損をしても手数料をとる商売とは全く違います。

（大切なことは何か）

④　私は50年の弁護士生活で全国各地の農民，漁民，自営業者，サラリーマンに大勢会ってきました。多くの中小の人々は短期的収益と荒稼ぎをする大企業のために泣かされてきました。また大企業は都市近郊にスーパーを作り，街の商店街をシャッター通りにして廃業に追い込みました。しかし商売がうまくいかなくなると撤退し，街は廃墟のようになっているところもあります。そのため高齢の人は買い物ができなくなっています。それでも地域の伝統文化を長年にわたって護っているのは地元の人々です。決して大企業の人々ではありません。

他方，山一証券の日銀特融を経験した証券マンから，かつて顧客に安心を与える商取引をするよう心がけていると述べられたことがありました。それは「銀行

よサヨウナラ，証券は今日は」の昭和30年代後半に，証券取引の失敗で多くの高齢者が自殺したのを見聞したからだとのことでした。しかし，その人の経験はその後の企業経営に全く生かされず，多くの企業は再び株投資などに走り，昭和48年の列島改造で大儲けを考えてゴルフ場などで失敗した人がいました。

　私は不動産偏重融資で大穴をあけた銀行の事件に10年ほど関与しました。それから10数年後にバブル経済で再び多くの会社と家族が泣くことになりました。三長銀や山一証券，拓銀も市場から消えました。これらのことを見るにつけ，人間とはなんと欲が深く，反省しない人かと思わざるをえません。人間は生きることに貪欲である必要があります。しかしそれが自分だけの経済利益であるならば，その生き方は成金や守銭奴とあまり変わりません。そんな企業人は尊敬に値しません。競争社会の勝利者であっても人間社会の敗北者です。「人はパンのために生きるにあらず」を実践し，人生は「生きるに値する」よということを子や孫にアッピールできる生き方をすることです。

　人間は誰もが老いて死んでいきます。高齢者の病気での死亡はガン，脳出血などや心臓などです。30数年前に築地のがんセンターに親族の見舞いに出向いたときには，廊下まで「死にたくない，助けてくれ」という声が聞こえたほどガンはこわい病気でした。しかし最近のガンは研究も進んで，今日のガン病棟は全く違う様相を呈しています。脳出血なども早く治療されると生存率が高まっています。心臓も各種の治療法が開発されてきています。それにもかかわらず人間は死を免れることができません。

　他方，老い方も人それぞれです。死の直前まで身体と頭が元気で活発な人，要介護度3でわずかの距離しか移動できない人，ベッドに寝たきりの人，病気で長い闘病生活を送る人など様々な老後の生活があります。

　90歳になっても友人・知人と日常的に接触をもっている人，家族と交流のある人，高齢世帯の人，一人暮らしの人などもいます。そして在宅の人，特養ホームでの生活の人，サ高住の人，グループホームの人など様々なところで生活をしている人がいます。

（最後のステージで思い出すこと）

⑤　戦後 77 年，日本は他国と戦争をせず，子どもたちを戦場へ送らず，自分たちが空襲に遭わず，家族が元気で成長し，平穏に生活してきたことが長生きの要因として大きいといえます。その意味でも少しでも楽しい思い出と「至福の時間」をもった人が，別れの際に長寿を実感し，昔を回顧するのではないかと思います。そんな高齢の人々が人生の最後のステージで思い出すのは，家族との旅行（例えば霧が晴れた摩周湖，谷川岳の一の倉沢，上高地の河童橋や明神池など），地域や学校の運動会や発表会での子どもの活躍，美味しい食事，ハイキング，スキー，海水浴などの思い出ではないかと思います。

また夫婦で旅行した際の，今はなくなった鳥取の余部鉄橋や高千穂の鉄橋などの思い出ではないかと思います。里山の清流を復活させ，ホタルや，川に水草や魚が沢山泳ぐ姿をみた時の感動かも知れません。さらに人によっては，出身地の北海道でみた水仙やスズランの群生やエゾリスやウサギ，小学校の運動会の競争のためのドジョウとりなどをした思い出ではないかと思います。家族で北海道へ寝台列車で旅行をしたり，上高地から乗鞍や高山へ行ったときや，伊勢志摩で大王埼の景色を見たり，輪島の千枚田や徳島の大塚美術館や高松の栗林公園へ旅行に行った時の思い出ではないかと思います。60 歳，70 歳になって多少時間にゆとりができて，ミュージカルや音楽会，芝居で魂を揺さぶる感動を味わった時かも知れません。

そしてはっきりと言葉には出さないが，家族との東北各地の旅行（金木や弘前での津軽三味線，三内丸山遺跡，弘前と角館のさくら，そして十和田湖での乙女の祈りや秋の田沢湖，八幡平，蔵王などの秋の景観），村上の瀬波の夕日，富士五湖を自転車で走行したときや箱根の各地の温泉などをいろいろ回顧しているようにみえました。

これまでいろんな老人ホームで高齢者の最後のステージをみてきた者として関心のあったことは，この人は何を思い出して最後を迎えようとしているのだろうかということでした。多くの人は辛かったことや我が身の不幸よりは，楽しかったこと，例えば自分の結婚式，娘の小・中学校の入学式や花嫁姿などではなかったかと思います。

その子どもたちが親の最後を看取るとき，多くの親は子どもに「ありがとう」といって別れていきました。穏やかな表情がそれを物語っていました。その顔は「やるべきことはやった」「ああ，いい人生だった」あとは後輩たちにしっかり頼むよと言って，誇りをもって最後まで生きた人の顔です。私達は人生の先輩の顔から，生きていくうえで本当に必要なことは何かを学ぶことが求められています。

第7章　ある婦人の100年のあゆみ
── みちの奥に生まれて──

（北上山地に生まれて）

①　私は岩手県の北上山地の，ある村に，大正10年に7人兄妹の7番目に生まれました。私の兄姉の3人は3歳前後に死んだと聞いています。当時は子どもが幼児のとき少なからず死去したり，出産後に間引くことがあったとされる時代です。私は幸い丈夫でしたので100歳まで生きられました。要介護2で年相応に体に「ガタ」がきていますが，最近はやりの言葉でいえば一応健康寿命をなんとか維持しています。私の兄姉はみんな死んでいます。私にとって3人の子どもと6人の孫だけがいまや親族です。

　岩手は四国四県に相当するほど広いのですが，昔も今も貧しいのが特徴です。その中でも北上山地は日本のチベットといわれるほど貧しい山と谷の地域です。

　南部藩は百姓一揆が多く，岩手県になってもいかに貧しいかは石川啄木の『一握の砂』の詩集に沢山でてきます。戦前には若い娘がいまでいう風俗へ身売りされた例があったと聞いています。東北のある村の役場の入口に「娘を身売りするときは役場に相談して下さい」と張り紙があったとされたほどです。

　岩手は県南の一関の方は田畑があってそれなりに豊かでしたが，北上山地のある県北は山林に入り会って山仕事の生活をする人々が多かったのが実情です。山林にはお盆や箸を作る木地師もいたようです。山林は戦後の農地改革の対象から除外されていたので，地域によっては「名子制度」といわれる半分奴隷に近い前近代的な制度が戦後もしばらく残っているところがあったほどです。

　山林地主とその下で山仕事をする人々の貧富の差は大きかったといえます。海の魚の刺身などは，釜石に出るまで食べたことはありませんでした。近所にお店

232

がないので，山や野原で採れたものを食べていました。春には山菜を採ったり，夏にはフキやワラビを採ったり，野イチゴを食べたり，秋にはキノコや山ブドウなどを食べたりしました。また姫竹やフキ，ワラビは冬用に保存していました。冬の野菜は漬物が中心です。また川魚やイノシシやウサギの肉を食べていました。

山の仕事は重労働のため大人の人は50歳前後で死んでいました。病気で稼ぎをする親のいなくなった子は，小学生でも盛岡や仙台へ身売りか奉公に出されました。そして正月やお盆にもらった小遣いを少しでも家に仕送りするのが親孝行な子とされていました。

私は小学校6年を卒業すると家事手伝いをし，昭和12年，18歳のとき「喰い扶持」を減らすため，両親が決めた近くの村の林業の下働きの二男の炭焼きの家へ嫁に出されました。

嫁入り道具は柳行季一個です。夫とは嫁に行った日に初めて会いました。当時は「3年子なきは家を去れ」と言われていました。私は3人の子どもを生みました。物置小屋みたいな家でした。床はムシロでした。布団はワラ布団でした。5つ違いの夫は昭和19年に召集されて，その後全く連絡がありません。南方へ出向いて玉砕したと思います。南方で死んだ兵隊さんの半分ぐらいは餓死したと聞いたことがあります。お骨も戻りません。出征のときは大勢の見送りでしたが，死の連絡は紙一枚です。これではあんまりです。

私と夫の結婚生活は7年ほどでした。3番目の子どもは夫が出征後に産まれたので，父親の顔を全く知りません。名前は私がつけました。夫は末っ子の名前も顔も知らないのだから，そして孫の顔も見れなかったのですから，あの世でさぞかしくやしい思いをしていると思います。

戦後生まれの今の人は好きな人と結婚し，夫婦2人が健康ならば50年の金婚式ができるのですから，戦後の男女平等の憲法と「平和」は本当によいと思います。

（釜石での生活）
②　夫の戦死の紙をもらった昭和22年に，景気のよかった釜石へ3人の子を連

れて出ました。釜石は昭和20年7月と8月の2回，アメリカの船から艦砲射撃をうけて約700人以上が死去し，約4000人が被災し当時は住宅難でした。なんとか釜石のはずれに，6畳間と3畳の長屋を借りました。そこはトイレと台所は共同でした。3人の子どもは3畳で川の字で寝ていました。狭い部屋で勉強も不便でした。電気代がもったいないので子どもには早く寝るようにいつも言っていました。子どもたちも朝早く起きて勉強をしていました。一家4人でなんとかギリギリの生活をしました。勿論，電話もラジオもありませんでした。タライで行水をし，銭湯にはめったに行きませんでした。戦争未亡人が働ける病院や市役所の売店の仕事を探したのですが，未亡人が多いため仕事はありませんでした。

　また工場などの働き口は少なく，日雇いのその日暮らしでした。その後，釜石市の失対事業で働きました。失業対策で働いている人の多くは全日自労という労働組合に加入していました。組合の幹部の人からあの戦争のこと，いまの世の中のことなどを教えてもらいました。しかし，3人の子どもを育てるには失対の賃金では到底足りないので，6ヶ月ほどでやめました。

　現金収入になる仕事を探していたところ，ある人の世話で魚の「行商」をしました。そこでいろんな魚やアワビ，ウニ，「ホヤ」を初めて知りました。海が3日も荒れたときは商売ができないので大変でした。そこで私は海が荒れた時に備えて，干物の魚を仕入れたり，遠野方面へ魚を売りに行ったとき，農家から野菜などを仕入れて，それを釜石の料理屋さんなどに売って生計をたてました。生活は安定しませんが，ガンバレば金にはなりました。

　また近隣の町や村の秋のお祭りや地域の運動会にも店を出して商いをしました。とにかく忙しかったといえます。それもこれも3人の子を食べさせ，教育するために必死であったからできたことです。子どもたちは川や海で魚を釣って晩のおかずを獲ったり，三つ葉やせりを採ってきたので，それをおかずにしていました。

（子育てと教育）
　③3人の子どもが学校へ行っている昭和20年代，30年代は，学校の給食がなかったので弁当を持参していました。私は朝は忙しかったので前の晩の残りを1品か

234

2品，弁当のおかずにしました。梅干しだけの「日の丸弁当」のときもありました。

お米が買えないときは，子どもたちは昼食の時間に家に帰ってカボチャやいもを食べ再び学校へ出向いていました。後から聞くと，3人の子は雨の日は学校と家の往復は大変だったとのことです。クラスの3分の1の子は弁当を持参できませんでした。

私は新日鉄釜石の社員らが専門学校や大学をでて，高給をとっているのを見て学歴の必要を感じていました。そこで子どもには，なんとしても教育が必要と思い，1人は商業高校，1人は工業高校，3番目は岩手大学の教育学部へ入れました。当時は中学から高校へ進学する子は4割前後でした。子どもたちの中学の同級生の中には，成績はよかったのに家が貧しいために就職した人が多かったといえます。

我が家も貧しかったのですが，私は歯を食いしばって行商をし，子どもを学校へ出しました。また中学卒の人は地元には残らないので同級会を開くことが少ないのですが，高卒の人はひんぱんに地元で同級会を開いています。友達も近くに大勢います。子どもたちの就職や定年後の生活を見ていると，私はつくづく子どもに教育を授けてよかったと思っています。

子どもたちの同級生の親の中には，働かず「専業主婦」として生活している人がいました。働けば夫に依存しなくてもよいし，2人で働けば子どもを盛岡や仙台の大学にも出せたはずです。何故，子どもに高等教育を授けるためにその人も働かないのか，私はずーっと疑問に思っています。私の子どもたちの3人の連れ合いもみんな働いています。3人の夫婦がそれぞれ預金をもち，年金をもらって生活しています。私は女手1つで3人の子を育ててきたので，3人の子にはいつも働くのが好きな嫁さんをもらうように言っていました。

子どもたちが小さなときには正月は勿論，小中学生になっても洋服なんかはあまり「いいもの」は着せてやれませんでした。正月にせいぜい下着を新しいものを買ってやった程度です。時には近所の人のお下がりを着せていました。古着を着た子どもはかわいそうでした。また小・中の教科書は有料でしたので，近所の人に頼んで「お下がり」の教科書を3人の子どもには使ってもらっていました。ノー

トをあまり買えなかったので，新聞のチラシなどをノート代わりに子どもに使っ
てもらったときもあります。

　　3 人の子は学校卒業後，県内の銀行，製鉄所，学校の教師になりました。釜石
が景気がよかったのは 1970 年前後に新日鉄釜石がラグビーで 7 連覇したころまで
と思います。その後，新日鉄釜石は不況でリストラなどをしたため，市の人口も
次第に減り活気もなくなりました。ところで私が行商を辞めたのは歳をとったこ
ともありますが，宅急便やスーパーができて客をとられたこともあります。地元
と縁のないスーパーができて商店街はシャッター通りになってしまいました。こ
れでよいのか疑問です。

（年金と子に感謝）
　④　私は 3 人の子どもが大きな病気もしなかったため，戦後 76 年，家族がなん
とか元気で生きてこれたのだと思います。

　もし戦前と同じく天皇や軍人がいまの世の中を動かしていたならば，3 人の子
どもはまた戦争にとられて私は泣いて過ごしていたと思います。

　私がこれまで長生きできたのも戦後 76 年日本は戦争をしなかったのと，丈夫な
身体に生み，育ててくれた両親のおかげだといつも感謝しています。

　釜石はこれまで数回，三陸津波に遭っています。最近でいえばチリ沖地震と 3.
11 の津波などです。3. 11 の津波では私の知っている人が大勢死んだし，家を失っ
た人もいました。幸い，こうして家族が元気に生活できているのは奇跡に近いこ
とです。神仏にはいつも感謝しています。そして元気で大きくなった子ども 3 人
にいつも感謝しています。

　昭和 34，5 年に国民皆年金ができたので，老後は子供の世話にならなくてもよ
いようにと苦しい生活費の中からなんとか保険料を支払い，いまは国民年金をも
らっています。

　現在は県営住宅での一人暮らしなので，78 歳まで働いて貯めた預金と，夫の赤

紙で召集された遺族へ支給される雀の涙のお金と，私の年金でなんとか暮らしは
できています。私の老後は年金がなければ子どもたち3人の世話にならなくては
なりません。そうすると私が長生きをすればするほど子ども達の生活を圧迫する
ことになります。私は年金で生活ができて本当によかったと思っています。

少し腹立たしいのは，私の夫は国から赤紙で強制的に戦場へ行った人です。こ
れに対し，士官学校や陸大などをでた将校は職業軍人です。戦争で死傷するのは
覚悟のうえのはずです。それなのに職業軍人の恩給の金額が高いのは納得できま
せん。死んでまで赤紙の遺族は差別されているような気がしています。

私が現在生きられるのは年金が支給されたことと，病院通いにお金をほとんど
かけなくてもよかったからです。丈夫な身体は私だけでなく3人の子どもも同じ
です。ありがたいことです。子どもの医療費にほとんどお金を使わなくてもよかっ
たのも助かりました。

ところで行商の相手と会話をしたり，子どもたちに，いま何が社会で生じてい
るかを伝えるため『岩手日報』を私はとっていました。『日報』で世間の動きはほ
とんどわかります。岩手は和賀の沢内村の深沢村長が昭和35年ごろに65歳以上
の年寄りの医療費を全国に先がけてタダにしたことがあります。この制度は無医
村の沢内村で年寄りが大勢死んでいっている事実を村長がなくするべく，医師探
しをし，誰もが簡単に医師に診てもらって長生きするために努力したものです。

（医療費）
⑤　昭和48年の田中内閣の老人医療費の無料化になったのは深沢村長の取り組
みも関係しています。それゆえ年寄りの年金を減らしたり，病院代の個人負担を
増やすことに賛同する人に私は投票しません。これは私の問題だけでなく，いず
れ年寄りになる子どもたちのためにも大事なことです。私は近所の年寄りともこ
れまでさんざん苦労を重ねてきた人を「いじめる」政治家には投票しないよう話
したりしています。

ところで，3番目の子が住んでいる盛岡に私が移り住んだのは，80歳ごろに私
の持病の心臓の専門医のいる県立病院などがよいとの子どもの勧めからです。現

在住んでいる県営住宅はエレベーターがあるので階段の上り下りの心配もありません。

　また家の中は一応高齢者用になっているので，部屋はバリアフリーになっており，玄関・風呂などにも手スリがついているので安心です。台所も電気でガスではないので，火の心配は少ないといえます。さらに電話は3人の子どもと救急車の番号を短縮にしてもらっています。家の中では普段，ラジオを聞いています。芸のないタレントのバカ騒ぎや生活感のない歌手の歌は不快なので，ニュース以外はテレビはあまり見ません。ただ年6回の大相撲はよく見ています。目が悪くなり本を読めなくなっているので，昔のように森繁と加藤治子のラジオによる小説の朗読をしてもらえれば助かります。

　乳母車類似の買い物の押し車を使えば歩いて10分ほどのスーパーにも出向くことができます。ただ買い物はなるべくまとめ買いをして冷蔵庫に保管しているので，1週間に1回位は外へ出かけます。1ヶ月に1度県立病院へ私が出向くときは，子どもたちが車を運転してくれるので助かります。気が向いた時は老人会にも出ます。みんな大事にしてくれます。また家の中では四季に応じた植木を愛用しています。7月は朝顔に水をやり，毎日花が咲くのが楽しみです。

（成人した子との交流）
⑥　1番目の子どもの嫁が1ヶ月に一度位の割合で野菜などを持って顔を見せてくれます。2番目の子どもも週に1回「元気かい」と電話をくれます。たまに3番目の子が孫を連れて顔見せに来てくれます。さらに3人の子どもがお盆と正月に我が家に来たとき「小遣い」を少し置いていってくれるので助かります。

　私としては3人の子が元気で俳句や音楽，絵画などを楽しみながら定年後を過ごしているのを見てうれしいです。3人の子の中には，母さん，一緒に住もうと言ってくれる子もいますが，私は身体が元気なときは一人暮らしの方が気楽です。

　最近はスマホやズームで子どもと連絡がとれるようですが，私としては孫の顔をみて大きくなったねと頭をなでてやる方が好きです。

　最近気になるのは，いまの20代，30代の若者は個性的な服装をし，言いたいことを述べているようにみえますが，その大部分はサッカーなどのスポーツやラーメンがうまい，まずいかなどのどうでもよいことです。またテレビにでるタレントの人達はみんな，同じ顔をして区別がつきません。もっというと今の若者は真面目に自分の人生や社会の問題と向き合ってこれからの人生を生きていこうということが少ないようにみえます。それもこれも若者は祖父母と話をすることがないせいかと思います。もっと戦争や苦しい時代のことを知るべきです。

　それからもう1つ，いまの若者は生まれた時から自動販売機でジュースを買い，コンビニで買い物をしたり，スマホでメールをしているせいか，他人と会話がちゃんとできなかったり，人の顔を見て，じっくりと自分の考えを発表できる人が少ないことです。そのため他人と論争ができません。もう少し，本を読んで「偉い人」や世間の人に左右されない人になってほしいと思っています。

　ところで長く生きていれば必ずいいことがあると思っています。これまで子どもたちに盛岡のさんさ踊りやチャグチャグ馬っ子，北上の鬼剣舞に連れて行ってもらっています。年に数回は子どもたちが花巻や八幡平の温泉へ連れて行ってくれます。私は子宝に恵まれ幸せ者です。

（岩手の風土）

　⑦　ところで，岩手の人は坂上田村麻呂に欺されて京都で殺されたアテルイのようにエミシの扱いをうけて差別されたり，頼朝の軍による衣川の戦さで義経が殺害され藤原三代が滅亡し，そして明治維新のときに南部藩が奥羽列藩同盟に参加して「官軍」と闘い，朝敵の扱いをうけたため「冷や飯」を長い間喰わされてきました。

　南部藩士の中には今でも官軍側の秋田の佐竹と津軽の人と「そり」が合わない人がいるとのことです。とくに青森の人と弘前の人が交通事故になると，維新のことを今でも持ち出す人がいるとのことです。なお会津の人は薩長に差別され，下北の斗南へ移住させられ，今でも薩長に「うらみ」をもっている人がいます。

　中央政府の人は古から南部藩の岩手，青森などを「陸奥」として夷人が住む辺

境の地として扱い，征伐の対象として「征夷」大将軍を送り込んできた歴史があります。そのため岩手の人は「大和」朝廷や「大和」男子という言葉や，中央政府中心の歴史観に必ずしもなじめないところがあります。ちなみに今から 30 年か 40 年前にサントリーの佐治社長が東北を指して，あそこはエミシのいるところだとの趣旨の発言をして東北の人々はサントリーのビール，ウィスキーをボイコットして佐治社長に謝らせたことがあったほどです。

　明治・大正の政治家，原敬は「一山」との号でしたが，これは明治時代に薩長政府に白河以北「一山 100 文」とバカにされたことへの反発からです。そのせいか岩手の人は中央政府に反発する人と原敬のように「一山」の号をもちながら中央政府に取り入っていくタイプの人に分かれます。太平洋のかけ橋の新渡戸稲造もその延長の人かも知れません。

　また岩手の人は権力に従う，それも力のある人から悪く見られないよう積極的に協力するところがあります。学校の先生が戦前に子どもたちを満蒙開拓青少年義勇軍に沢山送り込んだのがそれです。この先生方は子どもの親から，戦後，子どもが満州などで死亡したことの責任追求をされて苦しんでいました。

　戦後の岩手の教師たちは，そのことを反省して組合に入り，「教え子を戦場へ送るな」というスローガンを掲げて子どもの教育と生命などを護る取り組みを強化していました。勤評，学テでのストや昭和 49 年 4 月 11 日の狂乱物価の下での灯油や西洋紙を求めた 74 春闘の全一日のストなどがそれです。

（子どもたちの教育の変化）
　⑧　私が子どものことで少しだけ心配していたのは三男です。この子の大学時代はベトナム戦争反対や沖縄返還，大学紛争で学校が荒れていました。学生が社会のことを心配するのは当然ですが，私は苦労して子どもを育てたので将来のためにも子どもにはしっかりと大学で勉強してほしいといつも言っていました。

　三男の友人の中には大学紛争やデモなどで逮捕された人もいたようです。その後の三男の同級生たちの就職，結婚，公務員や企業の出世などの変化を考えると，あの騒ぎは一体なんであったかと考えています。若い時の「青雲の志」は実に志

の低い浅いものであったかと考えざるをえません。学生のときしっかりと勉強しないから、「変節」にも気がつかずに定年後も日々安楽に生活できているのだと思います。

　ところで岩手は私立の有名校はなかったので、公立の中学・高校の先生方への県民の信頼が高く、父母も先生方を尊敬し、いろんな協力・支援をしていました。先生方の中には、地域に高校がないため貧しい家の子は高校へ進学できないとして父母と一緒になって高校新設運動に取り組んでいいる人もいました。ただ岩手も最近では次第に有名大学への進学を希望する子どもと父母が増えたため、進学先、内申書、「落ちこぼれ」「いじめ」などをめぐって先生方と父母が対立するような状況がでてきていると三男から聞いています。

　また元教師の三男の言うことには、いまや岩手でも金持ちの子は塾に通って「いい学校」へ入れるが、貧乏な人は大学へ入れないとのことです。国公立の学費があまりにも高いといえます。子どもが教育の機会さえ奪われたら、どうやって子どもは自分の力でこれから生きていくのか、心配です。私が3人の子を育てたときは世の中、皆んなが貧しかったので、私達の貧乏はあまり目立ちませんでした。しかし、今の社会は金持ちと貧乏の人の差がありすぎます。

（神仏）
⑨　東北の人は京都や東京の人のように天皇家の伊勢神宮や軍隊の管理をしていた靖国神社などの神社を絶対視する人は少なかったように思います。それは長い間、大和朝廷や薩長に苦しめられてきたことも関係しているせいかもしれません。どちらかというと早池峰山や岩木山、羽黒山などの山を「御神体」として信仰することが庶民の間にあったのと、地域のお寺との結びつきが強く、中尊寺などのお寺を大事にしていたせいかも知れません。作家の今東光や瀬戸内さんも岩手の寺の住職です。

　私は夫が戦地に出向いたときや戦後帰ってこなかったときに、戦前に軍が管理していた県の護国神社や九段の靖国神社などに参拝するという気持ちにはなれませんでした。死んで神社へ合祀されるよりは生きて帰ってきてほしかったからです。かつての神社は「武運長久」でしたが、最近は交通安全,商売繁盛などに変わっ

てきています。神社も変わり身が早いです。

　また戊辰戦争のときは「朝敵」だとして，靖国神社へ岩手の人々を排除したことも気になります。国があの戦争の責任を国民にとらず，あまつさえ国民に特定の宗教を信ずることですべて済ませようとするのもおかしいことです。私は特定の宗教団体と結びついている政治家には投票しません。宗教団体が政治に口を出すのは戦前の例からしても嫌です。宗教団体が政治家と結びつくのは禄なことがないといえます。

　誤解のないようにいうと私は生きていくうえで宗教は大事だと思っています。これまでも私は子どもの病気や子育てで困ったとき，仕事で進退にいきずまったとき，たびたび夫の墓やお寺に行ったり，仏壇になんとかしてくれるよう頼んできました。

　また遠野などの路傍のお地蔵さんや馬頭観音などを見ると，野の花を手向けたりして拝むことがありました。そうかというと私のような貧乏人をねらって，昭和30年代に新興宗教団体や昭和60年代にキリストか仏教かわからない団体が入信を勧めにきましたが，やたら金を出すと御利益があることを言うので，その場で断ったことがあります。金のない人から金をとるのですから鬼です。私は残された子どもや孫が末永く幸福に暮らせるようにといつも神仏に願っています。

　また私は遠野へ行商に行ったとき，遠野の人から沢山の民話やいろんな民俗行事の話を聞かされました。柳田国男の『遠野物語』のように，岩手は民話の宝庫です。民話の方が私にはよっぽど「タメ」になりました。いまでは孫に岩手の民話をしてやるのが楽しみです。どうして日本の学校で民話を子どもに教えないのか不思議です。

（選挙と政治家）
　⑩　私は昭和20年8月15日のとき27歳だったので，戦後初めての国会議員の選挙で女子も投票ができるようになり，初めて投票をしました。憲法制定の議員を選ぶ戦後初めての国政選挙にも投票しました。今の憲法は私達が選挙の結果，国会で決めたものです。岸さんやその孫の安倍さんのように占領軍の「押しつけ」

憲法ではありません。明治憲法こそ「押しつけ」です。

　私が選挙にこだわるのは，大正 14 年に男子のみに選挙権が与えられ，昭和になってからも第 1 回選挙で女は除外されていたからです。くやしい思いをしていたので，選挙には必ず出向きます。孫の中には選挙に行っても何も変わらないから行かないという子がいます。しかし，昔は金持ちしか政治に口出しできなかったことや，女子には参政権がなかったことを考えると，必ず選挙に行くように孫にも勧めています。

　また選挙では戦前のように日本は神国だとか「自衛隊」を重視する人は再び軍人中心の世の中にする「におい」を感じるので私は絶対に投票はしません。なお昔の国会議員などは自分の金で選挙に立候補していましたが，いまでは就活目的の人もいます。また最近は鈴木善幸さんの子どもが議員になっているように 2 代目です。議員が金になるから子どもが跡を継ぐのだと思いますが，議員が世襲になったらろくなことがありません。

　私のみるところでは，男の人は勝手に戦争を遂行していながら亡くなった人の家族への責任があまりにもなさすぎます。子どもを戦争で殺された女の人は意見をもっと国や県に言うべきです。人間の半分は女です。子どもを生むのも女です。その女の意見は社会からもっと大事にされてもよいと思っています。

　ところで夫は勉強が好きで学校の先生と付き合っていました。その先生が北方教育というか「つづり方」の勉強を仲間の先生としていたらしく「アカ」だとして逮捕され，夫もその仲間と思われたらしく警察のブタ箱へ 2 ヶ月もぶちこまれたことがありました。いまでも特高には腹が立ちます。戦後，元特高の人に会ったとき，文句をいったら「仕事」でやっただけだからとすました顔をしていたので腹が立ちました。またさっきも言ったように夫が 2 ヶ月もブタ箱へ入れられたので，靖国神社などを強制したり，自分と考えが違う人を社会から排除したりする人は嫌いです。日本は戦前に中国との間で長い戦争をし，それがいきづまると南方へ進出してアメリカと戦争をしました。近所の人の中には私の夫と同じくお骨さえ帰ってこない人がいます。釜石も艦砲射撃をうけ大勢死亡しました。あの戦争に県や市の人々も積極的に協力したにもかかわらず，戦争が終わると協力し

たことさえ忘れて，今度は復興だと騒いでいました。変わり身が早い人といえます

国の言いなりになって末端で動く町会の人の発言にはいつも警戒し，注意しています。前回の選挙の公約や演説と全く違うことを平然と述べる人にも投票しません。

（教育の大切さ）
⑪　私は小学校の高等科に行きたかったのですが親にダメと言われました。そこで苦労して子どもたちに高等教育を授けました。3人の子は孫やその子どもを是非，大学・大学院へ出して，会社などに頼らずどんなときでも自分の力で生きていけるように育てて下さい。高等教育は就職にも役立ちますが，何よりも，学問の力でどんな時にも自分の頭でものごとを判断できることに貢献します。

私は小学校しか出ていないので社会のこと，政治のことはよくわかりません。私の村から女学校や中学校へ行った人は大地主の子であり，同級生の1人か2人でした。私は教育がないために随分と苦しい，嫌なことや悔しい思いをしました。そのようなことがないよう，3人の子どもには教育をさづけました。無学な私でもなんとかガンバッテこれまで生活をしてこれたのも，学校の先生や役場の職員の家に行商に行って，そこで耳学問でいろんな知識を得たおかげだと思っています。いまの社会の状況をみるにつけ，子どもたちには自分の力と頭で生きていってもらいたいと思っています。なお，これは余談ですが，山林は農地解放の対象外でしたので，戦後しばらくは復興の関係で山林地主は羽振りがよかったようです。しかし，高度成長以後，外材が輸入されて日本の建材は大打撃をうけたようです。そのため地主やその家族も没落したとのことです。平成20年ごろに，かつての山林地主の家の周辺に行ったら，山は荒れ，立派な家は廃屋になっていました。

戦前の日本人が軍部や国の指導者の言うがままに動いたのは，学校の教育が天皇制の忠君愛国だったからです。私は学校で教育勅語を暗記させられ，歴代天皇の名前を覚えさせられました。学校には天皇の写真を保管する奉安殿がありました。言うならば日本人の頭の中は国のえらい人の言うがままに動くように学校教育で「洗脳」させられたといえます。その結果があの戦争です。もう二度と人を

244

殺したくない，殺されたくないので自分が納得できないことにはたとえどんな偉い人の命令であっても，梃子でも動かないとの気持ちが必要だと思っています。そのことが3．11の地震と津波で丘を削って原発を作ったフクシマの東電と，丘を削ることに反対した東北電力の職員がいたので，女川の原発で事故にならなかった差だと人から聞いたことがあります。

　この機会に私の孫や曾孫世代の20代の若者に遺言します。人生は短いようで長い，長いようで短いというのが私の実感です。人生は短いと思って「アリとキリギリス」のキリギリスのように生きた人の「老後」を数人みています。若い時にもっと真面目に勉強をし，仕事をすればよかったというのがその人の反省の弁です。だから最近のサッカーやゴルフ，野球の選手は小学校からプロを目指していますが，選手生命が10年ほどと短いのと，負傷でもしたら終わりです。勉強をしっかりして60歳,70歳まで働ける，そしてつぶしの効く人間になった方がよいと思っています。
　そうかというと人生は長いので将来をみすえてコツコツやっていた人が昭和の2回や平成の三陸津波や病気・事故で死んだ人をみています。本人もさぞかし無念だったと思います。

　私がいいたいのは長い人生を見据えて，若いときから中年になるまでしっかりと勉強と仕事をし，自分の信念に従って「いまを生きる」ことが大切だということです。そして，学問を大事にする人になってほしいことです。タレントやスポーツ選手のように太く短くの生き方は人生100年時代にはどうかと思います。そして孫にはできれば自分が好きなことを職業にしたり，長生きしてよかったと思える仕事をしてくれたらよいと思っています。できれば社会の人々に少しは役立つ仕事についてほしいと思っています。

　いずれにしてもどんなときもその時代，時代と真剣に向き合って誠実に生きることが人間の道だと考えています。そうすれば必ずいいことがあります。たまにみる世渡り上手や小利口な人は好きになれません。

（心残りと注文）

⑫　いま考えると子どもたちにもう少しお祭りや映画，芝居などの楽しみを味合わせてやりたかったとの後悔があります。友達と映画を観に行くと子どもに言われて，私が理屈をつけて拒絶したのも，行かせたくてもお金がないからでした。

近所のお祭りに子どもが行くのに小遣いをもたせてやることができなかったのも心残りです。ただお寺や神社のお祭りで，当時は野外の無料映画会があるときはいつも子どもに伝えていました。

3人の子どもたちに信じてもらいたいのは，私は無学だけれど，心豊かに生活するには学校の勉強や会社の仕事だけでなく，映画・音楽などは大切だと思っています。だからと言うわけではないが中学・高校の修学旅行の金だけはいろいろ「工面」して県内外の文化財を子どもに見せることができたのは私の誇りです。当時，それが女手でできる最大のものでした。修学旅行から帰ってきた子どもの話をどんなに幸せな気持ちで聞いていたかを3人の子は察して下さい。幸い，3人の子は大人になってから絵や音楽などを楽しんでいるのでほっとしています。

3人の子どもたちは大きな病気もすることなく，定年を迎えることができました。それで安心してはダメと日頃から言っています。これからが自分のやりたいことができる時です。

3人の子どもが定年後，私の年まで生きるとすれば，あとまだ20年ないし30年は生きます。3人の子は公務員であったり，岩手県内でも有名な企業なので給料もよかったし，年金も中小企業の人より高いといえます。3人の子は年金で暮らせるようになったのだから，これまで仕事のためにしたくてもできなかったことを力一杯やってもらいたいと思っています。できれば世の中の人に喜ばれることを1つか2つぐらいやって，私の年を迎えて下さい。

（地道に生きる）

⑬　ところで最近の世の中は「人間万事金の世の中」になっていて，株の売り買いなどで儲けた人が大きな顔をしているような気がしてなりません。三男の元教師からの伝え聞くところによれば，学校でパソコンを使って株の売買の体験学習を子どもがしているとのことです。そんなことを覚えるより，読み書き，そろ

ばんなどの基礎をしっかり学ぶことです。そして生きるための食物である野菜を作ったり，魚を釣ったりする技術の方が大事ではないかと思います。株の売買を知らなくても生きていけます。しかし食べ物を作ったり，獲ったりできなければ人間は生きていけません。また株への投資やバクチをやって一攫千金を夢見ている人がいますが，そのような人も好きにはなれません。泡銭で稼いだ金で金持ちになったとしても尊敬には値しません。

　行商の仲間の中には汽車の待ち時間などに花札などをする人がいましたが，私は参加しませんでした。また知人の中には競馬や競輪などの賭け事をしている人がいましたが，大抵は「すってんてん」になっていました。そんな家は夫婦ゲンカが絶えませんでした。そのために子どもが進学できない家もありました。

　また賭け事ではありませんが宝くじも私は買いませんでした。「夢を買う」などとして宝くじを購入している人がいましたが，夢は自分の力でかちとるものだと思います。他人まかせの人生は必ず破綻します。そのため私は３人の子どもたちに賭け事をすることや宝くじを買うことをダメと言っていました。地道に働いて得た金だから価値があるのだといつも子どもに言っています。

　テレビのＣＭで競輪・競馬，そしてボートや宝くじの宣伝をするのは私は好きではありません。国をあげて「バクチ」を勧めるのはおかしいと思います。そんな，人を堕落させたり，破滅させることを公共機関のやることではありません。

　バクチで儲けた金を福祉や教育の方に回すから競輪も社会的意味があるという人がいますが，社会保障や教育の予算を国が出せば足りることです。世の中には「嘘も方便」ということがありますが，これは方便にもなりません。バクチ中毒になった人を実際に見ていないから平気で嘘を言えるのだと思います。親や学校が子どもに教えることは「嘘つきは泥棒の始まり」「嘘を言うと閻魔に舌を抜かれる」ことだと思います。

（私の最後のお願い）
⑭　最後に４つのことを述べます。１つは私が重病などになったときの対応であり，２つは私が認知症になったときのことです。私はもう100歳なので十分生

きました。要介護度2ではあるものの，まだ死ぬ気にはなれません。ただガンや脳卒中などの病気で手術をするとき，手術が確実に成功するのであれば手術してほしいと思います。しかし成功率が50%を切るのであれば抗がん剤その他の苦しみを考えると，手術はしなくてよいので痛み止めだけを打ってもらえればと考えています。

　また口から食事をとれなくなったときは胃ろうなどの延命治療はしなくてもよいと思っています。そんなにまでして，この年になって生きたくはないと考えています。3人の子どもの中にはいろいろ言う子がいるかも知れないが，これは私の強い意志です。

　それから私が認知症になったとき3人の子どもの誰かが後見人になってほしいと思います。後見人を選任しないと老人ホームや病院の入院でも困るので，そのようにしてほしい。財産はとくにないので第三者の後見人は必要ありません。

　3つは私の死んだ後のことは，仏壇のところに置いてある大学ノートにすべて書いているのでそれをよく見てほしいと思っています。我が家のお寺と墓，そして毎年の寺の管理料，私が死んだ後に連絡する人の住所と氏名。私が死んだら夫の親族とはこれでおしまいになるので，その後の交流は不要です。

　私が大切にしてきた子どもたちの作文と通信簿は私の宝物です。死後は3人の子どもにこの機会に返します。

　いずれにしても99歳が白寿というように，100歳はもっとおめでたいことです。子どもと孫たちで祝ってほしい。私は十分生きました。苦労も多かったけれど盛岡に来てからは子どもたちとちょくちょく会えて，ゆっくりと昔話もできました。そして子どもたちと旅行もできました。私は心から長生きしてよかったと思います。

　4つ目ですが，私は財産を残しませんでしたが，3人の子どもたちは私の最高の財産です。子どもの教育と成長が私の希望でした。私は3人の子が他人の話を簡単に信用せず，どんなときにも自分の頭で考え，行動する人間になってほしいと

248

いつも思って子どもに言って述べていました。そのことをしっかりと3人の子は受けとめて安定した老後を過ごすようにしてほしいと思います。3人の子たちは,夫婦・親子はお互いの生活を大切にしていつまでも仲良くして,少しでも社会の人々に役立つ人になるようにガンバッテ下さい。おわりです。

（本稿は約20年に及ぶ岩手県の事件の担当の経験を参考にして作成しています。実在の人物ではありません。

2022年6月吉日）

補論　高齢の配偶者の生活の安定と相続・遺言
—— 超高齢化社会の夫婦・親子の相続 ——

(1)　今日の親子関係の特徴と相続問題

(今日の高齢者の心配ごと)

①　私が日弁連の高齢者問題の責任者として15年ほど前に全国を駆け回っていたとき，80歳過ぎの高齢者の悩みごとのトップは相続のことでした。弁護士会に電話をかけてくる高齢者の多くは，同居している家族がいない時間にあれこれの心配，とくに夫が死亡したとき，自分のこれからの生活はどうなるのかという相談です。子どもとは表面的に「うまく」いっているが，それは夫という「重し」があるからで，夫がいなくなると子どもは私にあれこれ述べてきて，この家に自分はいられなくなるのではないかという心配です。いろいろ考えると夜も眠れないという電話でした。

また90歳を過ぎた1人暮らしの人は，在宅で過ごしている人も老人ホームに入居している人も，自分の財産を少しでも有意義に使ってもらいたい，どこに寄附ないし遺贈をしたらよいか教えてほしいと述べる人がいます。この人々は兄姉とも20数年会ったこともなく，まして名前も知らないオイ，メイに財産を相続させることに疑問を持っている人です。そんな高齢の人の話をじっくりと聞きながら，今日の日本の高齢者の置かれている現状が少しずつわかってきました。

そこで本稿では相続一般を述べるのではなく，人生100年時代にあって高齢の人の平穏と安定した生活を護るために，どんな遺産分割と遺言がよいのかを中心に検討します。

(父母の長生き)

②　今日の日本の家族関係は核家族といわれるように夫婦と子ども1人か2人です。最近では親1人子1人という家族も増えています。また現在100歳前後の

人は戦争のために家族を失い，1人暮らしのままで本日を迎えた人もいます。

　人生100年時代は親が90歳，子ども60歳，孫が30歳ということも当たり前となっています。そのため，孫の中には父母の介護と祖父母各2組の介護の心配をしなくてはならない人もいます。親よりも先に子どもや孫が死亡するケースさえあります。

　他方，超高齢社会の下でマスコミなどが述べる高齢社会危機とは全く違って，父母が長生きすることによって子や孫のために有益な結果をもたらすことが多々あります。例えば子ども（娘）が結婚した後，夫が死亡したり，夫と離婚したとき子どもを連れて実家に戻るということは往々ありがちなことです。いろいろあったにせよ親は無条件で娘と孫を迎え入れ，再び元気になったならば社会に送り出すことになります。また娘が病気のとき，あるいは娘が死亡したとき，孫を引き取って子育てに従事するのも父母です。さらに働いている娘のために孫の保育園などの送り迎えをするのも父母です。以上のことは親が長生きしていて初めて可能なことです。

（介護と相続）
　③　人生100年時代には親と子の関係も多様で複雑な関係になっています。親の病気のとき，要介護状態のとき，子どもはいろいろの関与の仕方をせざるを得ません。例えば親が90歳となれば多くの親は要介護状態です。60歳前後の子どもにすると要介護の親を直接自らが介護するのか，老人ホームなどの施設に入所させるのかの決断が必要になります。自宅で親を介護している子は大変です。親の介護の経験のない人や，する気のない兄姉は平気で無理難題を述べて介護をしている人を悩ませます。

　介護の長期化は相続の発生のときの特別寄与分の関係でトラブルにまで発展します。そんな子の様子をみて親の中には子どもを「あて」にせず自宅の不動産を売却して老人ホームの一時金にする人がいます。

　他方，今日，老人ホームに入所する親としては子どもに迷惑をかけたくない，子に頼れないというタイプと，子どもから老人ホームへの入所を迫られて，やむ

をえず入所する 2 つのケースがあります。後者のケースの人は老人ホームにいて
も「家に帰りたい」と毎日さけんで職員を悩ませています。

　ところで若い人は相続を父母の遺産の分割と単純に考える傾向があります。し
かし，ある程度年齢を重ねてくると相続とは故人の歩みと子どもの関係を思い出
す機会です。それゆえ故人にさんざん迷惑をかけた人が法定相続分をことさら述
べると，他の相続人の反発を招くことになります。

（人生 100 年時代と相続）

　④　人生 100 年時代を生きるには衣食住などを満たすために一定の資産と預金
などが必要です。また医療と介護などの社会保障の知識も不可欠です。とりわけ
80 歳，90 歳になると医療と介護の費用もかかりますので自己負担がどれだけか
かるかは必須の知識です。

　また相続が発生すると残された配偶者と子の間で対立するときがあります。折
角，夫婦で財産を築いても，配偶者（夫）の死亡で子どもたちに財産を分けたた
めに，残された配偶者の生活が難しくなるという事態があります。

　また夫が 95 歳で死亡すると，妻は 90 歳前後で要介護状態で財産の管理もでき
ない人がいます。時には妻は認知症で遺産分割に関与さえできないときもありま
す。前記のケースで子どもは 60 歳前後です。この年齢の人々は定年後の生活に
不安があるため，この機会に相続で財産を多く取得して生活を楽にしようと考え
がちです。子は正当な権利主張をしているつもりでも，そのため残された 90 歳
の母親の生活を危うくします。

　以上のように人生 100 年時代の遺産分割は親子間の生活の不安と介護が関係し，
これまでの相続とは全く異なる様相を呈しつつあります。また夫婦間ではＤＶ禁
止法，親子間では児童虐待防止法，そして子と親の関係では高齢者虐待防止法が
あります。これらの虐待を体験した親と子の間での相続が発生したときは，従前
の相続とは異なる困難さが少なからず発生します。そのようなときは「街の法律
家」ではなく，紛争解決の専門家の弁護士に依頼して解決した方がベターといえ
ます。

（2）　相続の難しさと相続の注意事項

（家族関係の事件の難しさ）
①　弁護士の仕事のうえで，相続と離婚の問題は骨の折れる仕事の１つです。最近の若い弁護士や税理士の中には利害関係の調整や紛争を解決するのに不得手とみられる人がいます。

またトラブル案件であるのに，片方の意見のみを一方的に述べて紛争を大きくする人がいます。経験のある弁護士ならば，論点を整理して紛争は小さく，小さくして解決を志向します。それなのに若い弁護士の中には徒に紛争を大きく，長期化させて最後には辞任するという無責任な人がいます。

以上のように考えると離婚と相続は若い弁護士や税理士本人が相続専門と自称していても，10年以上の経験のある専門家に依頼する方がベターです。

相続などが難しいのは，金銭の貸借や企業間の取引のように書面がなく，合理的には紛争が解決できない場合が多いからです。もっというと紛争の発端などの事実を知っているのは夫婦のみ，親子，兄弟のみであり，互いの言い分に理由があり，しかも人間の欲や複雑な感情のもつれが多々あることが多いのが実情だからです。

とくに(ア)婚姻外の子どもがいたり，(イ)結婚前に夫に子どもがいた場合は，残された配偶者と子どもにとっては深刻です。しかも多くの場合，夫＝父が死亡するまで，そのような子ども（認知）がいることさえ家族は知らないことが多いといえます。また(ウ)配偶者が再婚し，その期間が短かったときは，前妻の子どもにすると，再婚の妻との間では子は財産ねらいではとの気持ちになります。

他方，都市近郊の農村地帯などで封建的意識が色濃く残っている家族の場合は，長男風を吹かせて，当然のように自分に多くよこすよう求める人がいます。そこに人間の「欲」，ときには強欲がからむため，あの紳士が，と思えるほど人間が変化する場合が多いのも，近時の相続の特徴です。

　相続は親の財産の継承とともに，場合によっては親族間の精算にまで発展することがあります。その意味でこれらの事件を解決するには熟練の弁護士による根気と説得の技術の専門性が必要です。まして今日の親子関係のようにドライな子どもが増えると，子どもは自己の法定相続分を強力に主張して，残された配偶者の生活の基盤を著しく危うくすることになります。

　以上のように考えると，相続が円滑に解決する根本は相続人の生活が安定していることと被相続人がどの子にもやさしく平等に育てたかによります。

（相続が発生したならばすること）

　②　相続が発生したならば，残された人がまずやるべきことは父母，本人などの戸籍謄本を取り寄せて相続人を確定することです。

　結婚する前に子どもがいたり，現在の結婚の前に他の人との間に子を作っていないかを，祖父母の代まで遡及して戸籍を調べる必要があります。本籍地が遠方だと1ヶ月ぐらい時間がかかります。

　なお最近は少ないのですが，かつては相続人が8人，9人いたため，相続人の中には所在不明な人がいたり，外国へ出向いて連絡のできない人がいました。また親1人，子2人の中には，親が既に死亡し，子が行方不明なときがあります。そんなときは大事をとって相続財産管理人を家庭裁判所に選任してもらって，その管理人に相続人と相続財産を確定してもらう必要があります。相続財産管理人の財産整理には数ヶ月ないし1年近くかかるときがあります。遺産の分割と税金の申告を考えると早急な対応が必要です。

　次に相続財産としてどんなものがあるかを調査することです。不動産の登記簿，権利証，固定資産評価証明などを取り寄せたり，銀行の預金通帳と残高証明を発行してもらうことです。株，国債などの有価証券は証券会社に尋ねて死亡時の保有銘柄などを確定することです。ただ銀行に親の死亡の事実を告知すると入出金がすべてクローズとなります。アパートの入出金やローンの支払いなどで困りますのでクローズの時期には注意することです。

　また相続財産に関して被相続人が死亡する前（例えば3年ないし5年）に100万，200万単位でお金が引き出されているときは，その引き出した人に理由を聞き，相続財産に戻すようにするか，生前贈与の扱いをして分割のときに考慮するか，不法行為として損害賠償の対象になるかを調べる必要があります。

（法定相続分）

　③　戦後の民法の相続は夫婦を基本とし子どもの相続分は男女平等です。夫婦の関係でいえば配偶者が2分の1です。残りの2分の1は子どもです。子どもが3人いると1人あたり，6分の1ずつとなります。子どもの相続分は長男，長女は等分です。ただ相続財産の維持・増大に貢献した人には特別寄与分が認められています。

　また被相続人に子どもがいないときは配偶者が3分の2，父母が3分の1，父母がいないときは配偶者が4分の3，兄弟姉妹が4分の1です。これが民法の法定相続分の基本です。なお実子が親より先に死亡したときは，孫に代襲相続権が認められます。その相続分は前述の3人の子の例でいえば6分の1を孫が相続します。

　ところで親の遺言があるときはそれが自筆遺言のときは家庭裁判所で検認の手続をとります。公正証書遺言のときは遺言執行者に連絡して相続財産の調査をしてもらいます。

　遺言は各相続人の遺留分を侵害してはいけないことになっています。例えば母と子2人が相続人であるとき，遺言ですべての財産を配偶者に相続させるとあるときは，2人の子どもは自己の4分の1の法定相続分の半分（1人あたり8分の1）までは遺留分を有しています。

（職業などによる遺産分割の相違）

　④　ところで相続は相続人の権利ではありますが，その紛争の背後には財産をめぐる親子・兄姉間の「あつれき」と「欲」があります。この欲などの感情は中々整理が難しいといえます。弁護士は紛争解決にあたって，この欲望の整理を根気よく行う必要があります。旧家の家や事業をやっている人，農業経営の場合は，実際に家業を継いだ人や事業や農業をやっている人を中心に遺産分割を考えるべ

きです。そうでないと先祖伝来の財産が散逸したり，事業や農業自体が成立しなくなるからです。それには当該家の継承者は日頃から他の相続人予定者に対して，法事，その他の場面でよく尽くすことが必要です。そうでないと単なる強欲な人に過ぎないことになり，兄姉から反撃をうけます。なお共働きの家で妻も拠出して不動産を購入している場合が普通ですので，購入した不動産が夫名義のみになっていると贈与の問題がでたり，相続のとき，拠出に見合う不動産の権利主張ができない不利益があります。お金の拠出に見合う不動産登記（共有）をすることです。

　また財産を多くもっている家庭の遺産分割では，税金の額，誰が居住用不動産などの税制上の優遇措置をうけるかによっても，「手取り」の財産が異なるときがあります。その意味で遺産分割の問題は税金の問題が密接に関係していますので，税理士と協力して解決した方がベターなケースが多いといえます。

　ただ税理士は税金（節税）を中心に考えますが，弁護士は公平を第1とし，前述したように相続人の財産をめぐる紛争の背後には欲の問題があることを見抜き，財産の形成や維持に貢献した人の生活の安定を第一に考えます。

　大切なのは税金ではなく，紛争の公平な解決です。そして財産を築いてきた人の生活と権利が尊重されるようにすることです。

　なお最近，「街の法律家」と称して司法書士や行政書士が相続の相談にのることが多くなっていますが，これらの人は紛争解決の専門家ではありません。遺産分割協議や税務申告などの点で，これらの人は弁護士や税理士に比べてできることが限られています。また往々にして紛争解決の経験が不足しているため，間違った分割をしがちです。そのため紛争が再燃することもあります。

（3）　高齢社会と相続

（長命社会の相続の特徴）
①　大家族から今日の小家族への家族の変容の中で，高齢者の法律相談にのる弁護士は財産の形成に貢献した高齢者（配偶者）の生活の安定を第一にして，配偶者の福祉サービスの種類などの選択とその費用を考慮して分割することが多く

なっています。

　人生 50 年時代には父母の平均寿命が 50 歳前後であったため、子どもは 20 歳ないし 30 歳で父母の財産を相続したり、父母のどちらかを子が扶養する例が多かったといえます。これに対し人生 90 年時代にあっては、別紙相続関係図の父母の甲乙のいずれかが 90 歳前後で死亡し、子ども A、B、C は 60 歳ないし 65 歳という例が普通になっています。いうならば、子ども A、B、C が定年退職後に 90 歳前後の父母の財産を相続することが多くなっています。

　また 90 歳の父親甲が死亡したとき、配偶者（母）乙は 85 歳前後であり、子にすると親の認知症の介護や成年後見の申立問題がでてきます。そのときは遺産分割をする前に、後見人の選任や特別代理人などを家庭裁判所へ申立をする必要があります。これらの手続には時間がかかります。早期の遺産分割の成立のために、そして 10 ヶ月以内の相続税の申告との関係でも、早め、早めの対応が求められます。

　ところで個人資産を数億円単位で持っている人が死亡すると、銀行、証券会社、信託銀行がいわば群がってきます。この人々は相続税のお手伝いと称して、相続財産の調査と税務申告、遺産分割協議の支援（その多くは税理士と弁護士が関与）などで高額の報酬と手数料をとることがあります。

　ある程度資産をもっているならば、生前から弁護士や税理士とよく相談し、無用な費用を信託銀行などに支払わないようにすることです。なお銀行や証券会社などの紹介する税理士や弁護士は、顔が相続人の方ではなく、実質上の依頼人である銀行などの方に向いていることが多いので要注意です。

（逆縁と相続）

　②　人生 100 年時代には、別紙相続関係図の父母甲乙よりも子ども A が先に死亡する「逆縁」の例が発生します。別紙相続関係図でいえば甲乙間の長男 A が先に死亡し、その子どもの、A 2、A 3（甲乙からみると孫）が代襲相続する例も珍しくありません。このような例は 30 年近く前の阪神大震災や 3．11 の津波でも事例がでています。A 2、A 3 は 30 歳前後の独身か、配偶者がいても非常に若いの

が実情です。

　甲乙間とＡ１，もしくはＡ２，Ａ３の関係が日常的に交流があり，親密であるならば甲乙のいずれかはＡ２，Ａ３のためにすんなりと相続させることに賛同するかもしれません。そうでなくて，孫と祖父母との間に親密さに欠けたり，Ａ２，Ａ３が未成年のときは，甲又は乙はＡの配偶者のＡ１に事実上財産が行くことを嫌って，遺産分割でＡ２，Ａ３ともめることになりかねません。

　他方，相続に関係して，とくに配偶者の中には，子どもが「家業」などを承継しているときは，父の相続，母の相続で２回にわたって税金を長男Ａが支払うより，１回で済ませた方がよいと考えて母乙は事実上相続を放棄し，すべてを長男Ａに相続させる場合があります。

　しかし，世の中は順番通り，人が死ぬとは限りません。母親よりも長男Ａの方が先に死亡するケース（逆縁）もあります。そうすると甲乙の家の相続財産は長男の嫁のＡ１と子どもＡ２，Ａ３にすべていってしまい，夫とともに長年財産を築いた母親の乙は甲家の相続財産を取得できないことになります。この点でも税金の問題よりは残された配偶者の安定した生活を第一に考えて分割することが大切です。

（長命と新しい事態）
　③　いずれにしても高齢社会は今まで全く想定をしていなかった相続の事例を発生させています。別紙相続関係図で若干例示をしてみます。

　(ア)　代襲相続人であるＡ２，Ａ３は母のＡ１と祖父母の甲乙か，いずれかの扶養と介護を考えなくてはならない場合もでてきます。

　(イ)　また甲乙のいずれかが死亡したとき残された高齢者（例えば乙）の介護をめぐってＡが死亡しているとき，実子のＢとＣが介護するかそれとも孫のＡ２，Ａ３が介護するかも問題となります。

　(ウ)　さらに介護を長期にわたってした人とそうでない人が形式的平等の相続

258

分になることは不公平です。そこで民法では介護をした人の特別寄与分を認めています。この場合の特別寄与分とは，親の介護を長期にわたってした者は「特別」の寄与が認められるとするものです。本来ならば6分の1の相続分が6分の2に増えることになる場合もあります。最近の民法改正で相続人Aの配偶者A1（この人は相続権はない）などが貢献したときにも寄与分が認められるようになりました。

(エ)　現在90歳前後の人は戦争のため1人暮らしの人が少なからずいます。それなのに90歳の人が資産を多少もっていると，介護その他を装って接近するオイ・メイがいます。そして遺言書を書かせて財産を独り占めするオイ・メイがいます。せめて遺骨や墓の管理をすればよいのですが，そのようなこともしない人が少なからずいます。

（高齢社会の相続の特徴）

④　高齢社会の相続のもう1つの特徴として，別紙相続関係図にあるように甲が90歳で死亡したとすれば，配偶者の乙は85歳から90歳前後と思われます。乙が1人暮らしで生活できればよいですが，そうでないときは子どものA，B，Cは同居か，引き取り扶養か老人ホームなどの施設入所の問題を決断をしなくてはならなくなります。

母親の乙は軽い認知症になっているかもしれないし，要介護状態かもしれません。そもそも甲の遺産分割にあたって乙には後見人が必要かもしれません。

成年後見人は認知症の親を老人ホームに入所させながら親の財産管理をします。そのため子どもたちは父又は母の財産には一切関与できなくなります。そのこともあって成年後見人と子どもとの間で財産の管理と使途をめぐってトラブルになることがたまにあります。

（養子問題と相続）

⑤　人生100年時代にあっては，くどいですが親と子が別々に生活をする事例が多数であったり，子どもが親より先に死亡する例もまれではありません。とくに現在90歳から100歳前後の人はアジア・太平洋戦争をはさんでいるため，結婚

をせず，独身のまま老人ホームに入る人もいます。そのような人を狙ってというわけではありませんが，資産のある高齢の人と養子縁組をする孫や「オイ」「メイ」が増えてきています。

　とくに兄弟姉妹には遺留分減殺請求権がないので，オイ・メイが養子になると独身の被相続人（死んだ人）の財産をオイ・メイが独り占めできます。そうかというと普段は疎遠な親子なのに，他の兄妹よりも多くの遺産を取得しようとして，自己の子ども（孫）を 95 歳の人の養子にして多くの財産を狙う強欲な人がいます。

　時には自己の 3 人の子ども（孫）をすべて養子にして財産を事実上独占しようと考える子もいます。

　そんな財産ねらいの養子が 30 年ほど前から増えてきたため，税法では 600 万円の基礎控除を養子は 1 人に限るとしています。ただ税金の控除になる養子は 1 人でも，民法上の養子縁組は有効ですので，法定相続分の権利は 2 人目，3 人目の養子にもあります。そんなこんなを考えると，80 歳になったならば遺言書を作成しておき，財産ねらいの人の養子などを認めず，財産を有益に使ってもらいたいとして公益法人へ遺贈することを考えておく方が賢明かも知れません。

（老人ホームの入居一時金）

　⑥　超高齢社会の進展に伴って老人ホームに入居する人が増加しています。有料老人ホームに入居するにあたって入居一時金を支払うところが圧倒的です。入居一時金は 500 万円前後から 1 億円まで様々です。入居一時金が安いところは毎月の生活費（食費・管理費など）が比較的高いといえます。

　入居一時金は償却制度があり，15 年前後入居すると施設側は返還義務がありません。ただ最近，有料老人ホームに入る人の年齢がかつての 70 歳前後とは異なって 80 歳，85 歳というように高齢化してきています。それゆえ入居一時金の償却が完了する前に利用者が死亡するケースがでてきています。そうすると施設側は相続人が複数いると誰が入居一時金を受け取るかトラブルになることを恐れて，多くの施設では返還金受取人を入居契約書で決めています。

入居一時金は相続財産なので，遺産分割の対象になり返還金受取人は遺産分割の結果に従う必要があります。近時，親の介護には無関心であるのに入居一時金の返還にはやたら熱心な人がいます。そのため高額な入居一時金ですと返還の際にトラブルになります。そんなこともあり，私が経験した例でいうと，遺言で介護の世話をしてくれた人（その人が相続人ではなくてオイ，メイや第三者のときもあります）に対して入居一時金を遺贈する旨を定めている例が増えてきています。

（成年後見人がついている時）

⑦ 今日の高齢社会では，夫が98歳で死亡すると95歳の認知症の妻が葬儀の場に座っていることがあります。後見人などの権限は原則として高齢者本人が生存しているとき，財産処分などができます。それゆえ本人が死亡すると葬儀その他やむをえない事情があるときを除いて，後見人らは預貯金などの処分はできなくなります。なお先般の民法改正で，葬儀などの場合には3分の1の範囲で遺産分割の協議がまとまらなくても各相続人単独で預貯金などを引き出すことができるようになりました。そのため死後の後見人らの出番は著しく減少しました。

ただ相続人もいない，遺言執行者もいないときは後見人が葬儀などに事実上関与せざるをえないときがあります。そんなときは家庭裁判所と後見人は協議しながら対応する例が多いといえます。なお後見人は原則として死後1ヶ月以内に後見業務の報告を家庭裁判所へすることになっています。それゆえ遺言執行者や相続人らは，その後見報告書をみて遺産分割をすることになります。

（4） 相続と配偶者の地位の不安定

（不安定な配偶者の地位）

① 配偶者は一定程度，相続ではその地位が保障されている（かつては配偶者の法定相続分は3分の1であったが，今日では2分の1）ものの，必ずしもその地位は安定したものではありません。例えば，別紙相続関係図でいえば子のA，B，Cが母親の乙に対して，甲所有の居住用の土地・建物の分割を要求してきたときは大変です（なお最近の民法改正で配偶者に居住権が認められるようになりました）。

乙に土地・建物の価格に相応する預貯金や生命保険金などがあれば，通常の分割や代償分割が可能となります。これに対し，他に財産がないため土地・建物を売却することになれば，乙は今後，自分が居住する不動産を失うことになりかねません。このような事態を避けるために，夫婦がそれぞれ金を出して不動産を購入したのであれば共有の持分登記をすることです。これを忘れていたならば後日，「真正な登記名義の回復」の登記をすることです。

　配偶者乙の地位を強固にするには，前述の共有財産の登記に加えて，生前に20年間の居住用の不動産の贈与の特例を活用するか，甲から乙へ居住の不動産を乙に遺言するとすることが賢明です。また前述の配偶者居住権を強く主張することも1つです。

（配偶者の生活の安定を第1に）

　②　相続人の1人のAが母親乙との同居を希望し，その際に甲の土地・建物をA名義にすることを求めてきたときは，母親乙は慎重に対応すべきです。

　A及びその配偶者A1や子どもたちA2，A3と乙が同居後も円滑な関係を保つことができれば，A名義に不動産を変更することもよいかもしれません。しかし，不動産をA名義にした後にAの家族と母親乙が折り合いが悪くなり，同居の解消となり，自分の家から長男Aに母親は追い出される可能性がないわけではありません。

　またA名義にした後にAが死亡すると財産はA1，A2，A3のものとなり，乙の地位は益々不安定となります。いわゆる逆縁のケースではそのようなことが往々生じています。それゆえ母親乙の地位を強固にするには「財産をもってこそ親」との考えを貫いて安易に子ども名義に不動産を登記せず，自己の財産として，その地位を護ることです。

　他方，最近多いのは親の介護をすると称して，親との同居をして親の財産を喰いつぶす子どもも少なからずいることです。そんな子は食事などの介護を少しだけして，あとはパチンコなどをして暮らしています。その源資は親の預金や年金

です。それゆえ父母は子どもとは安易に同居せず，ヘルパーにお願いしたり，老人ホームなどに入ることを考えることの方が賢明です。

（配偶者と居住用不動産）

③　相続の際の配偶者の不安定な地位を回避するためにも，夫婦2人で築いた財産は，遺言や遺産分割で配偶者が取得する方がベターです。日常の生活に不可欠な衣食住の「住」を確保することが安心の第一歩です。前記の例でいえば，配偶者乙が不動産を取得し，Aが同居を希望するのであればこれを認める。仮に乙とA夫婦でトラブルが発生したとき，乙は自宅を保有するゆえに強い権利をAに対し主張でき，乙の家からA夫婦の退去を求めることもできます。

また乙名義に不動産をしていると，不動産を乙が売却してその資金で有料老人ホームなどに入所することもできます。それゆえ，高齢の人の安定した地位は財産の保有の有無と密接に結びついています。父母がある程度資産をもっていると，子どもや孫との関係でもなにかと円滑に過ごすことができます。またそれなりに親子関係も安定します。

前記の居住用不動産に加えて一定の預金や遺族年金などがあれば，老後の暮らしはあまり心配はないといえます。少し資産のある人は知人の弁護士に日常的に相談にのってもらうのも1つです。

（遺産分割）

④　相続が発生したならば，相続財産を確定し，相続人同士で遺産分割を行う必要があります。その際，法定相続分や生前贈与，寄与分などを考えて行います。多くの場合は誰かの家に集まって相続人同士で話し合います。時には激しい「ののしり」が飛び交う時があります。ただ相手をののしると，述べた方はすっきりするかもしれませんが，言われた方は「しこり」として残ります。そのためかえって遺産分割を長期化させることになりかねません。親子，兄姉でも節度をもって協議することです。なお遺産分割は法定相続人のみでなすべきです。相続人ではない配偶者らには分割の協議の場に同席させたり，発言させないことです。

ところで遺産分割で大切なのは残された配偶者の生活が成立するように分割す

ることです。具体的には自宅を配偶者に，そして今後の10年，20年の生活ができるよう預金などを配偶者に残すことです。子どもは定年前ならばこれから自分の力で資産を稼ぐことができます。また，残された配偶者がその後，死亡した時に，子どもは親の財産を取得できます。その意味で残された配偶者に財産を集中させることは子にもメリットがあります。

　相続財産が沢山あって配偶者の1．6億円の税の特典を超える税金がかかるときは，少し検討が必要です。つまり子どもたちが税金を納める手持ちの現金がないのであれば，子どもたちに少なくとも税金相当分の現金を取得させることです。そうでないと相続人の1人が税金を支払わないと，他の相続人に連帯納付の責任が生じる可能性があります。

　いずれにしても税金を一括で支払うか延納（分割）するにしても，各相続人の税金の支払能力を考慮して遺産の分割を決めることが求められます。

　遺産分割の話が数回のすったもんだの末にまとまったならば，遺産分割協議書を作成し，相続人全員がそれに署名捺印をします。印は本人であることの確認のため印鑑証明と同じ実印を使います。この協議書にもとづいて銀行へ出向いてお金の払い戻しをうけたり，不動産の登記をすることになります。ただ銀行によっては所定の用紙を要求し，それに相続人が印を押すよう求めるところもあります。それゆえ遺産分割協議の成立前に予め，銀行へ問い合わせて，用紙をもらっておく必要があります。

（生命保険の活用）
　⑤　生命保険金は死んだ後に支給されるので相続財産にはなりません。それゆえ遺産分割の対象ではありません。また生命保険金は受取人が指定されているのが通例です。ただ生命保険金は相続税の計算の関係では「みなし相続財産」として相続財産に加算して税金の計算がされます。

　ところで，夫が妻を受取人として生命保険金に入っていると，妻は遺産分割でその保険金を活用して代償分割その他で有利な解決ができます。その意味で生命保険金があると遺産分割もスムーズにいくことが多いといえます。また預金が少

ないときは生命保険金で税金も支払えます。そんなこともあって生命保険会社は資産家に生命保険の加入を勧めます。

　ただ生命保険は50代，60代に入っていないと70代では新規加入は難しいのが現状です。

　ところで生命保険金は，被相続人が借金が多くて相続人が3ヶ月以内に家裁へ相続放棄したときに，大きな意味をもちます。つまり相続の放棄はあくまでも相続財産の放棄ですので，生命保険は相続財産ではないので，放棄とは関係ありません。それゆえ相続を放棄するケースでも生命保険金は受取人が取得できます。

(5)　相続と税金

（相続税の申告）
　①　資産をもっている人の相続の心配といえば税金があります。相続税は相続発生後10ヶ月以内に申告する必要があります。死亡後4ヶ月以内に準確定の申告をします。多くの人は49日が過ぎてから相続のことで動き出しますが，相続財産が多かったり，アパートのローンの支払いがあったり，相続人が多いときは49日過ぎてからでは遅すぎることがあります。

　相続税の申告期限の10ヶ月以内の分割協議が円滑にできなかったり，税金の原資の調達ができない恐れがあるため早く協議をする必要があります。税金を支払う可能性のある相続の場合には，税理士と予めよく協議をし，税額の確認と支払い資金の調達方法を検討する必要があります。

　ところで相続税に関していえば，配偶者は全財産の2分の1か1.6億円までは税金がかかりません。それゆえ残された配偶者（母）が多く財産を取得する方が出費も少なく，円満にいく場合が多いといえます。また，居住用不動産の特例が適用になるケースがあります。その意味で，誰がどの財産をどのように相続するかによって各人の税金の額が大きく違います。税理士とよく相談することです。

（相続税について）

②　相続税は現在のところ3000万円の基礎控除と1人あたり600万円の控除があります。また，既に述べたように配偶者の場合は2分の1か1．6億円までは税金がかかりません。他に小規模宅地や貸家建付地の場合に，税額の減額の特典があります。

前記の税の減額の特典（控除）をうけるには，遺産分割を原則として10ヶ月以内に終了させて税務申告をする必要があります。税金の支払いは現金で一括払いが原則です。延納の方法や不動産などで納める物納もあります。

相続税の申告には全員が署名捺印をした遺産分割協議書を添付する必要があります。税金を期間内に申告しないと延滞税などがとられます。また節税のつもりが脱税だったとの指摘をうけると，重加算税がとられます。

ところで税務申告にあったって節税対策を講じることは大切ですが，過度にこれを重視すると租税回避行為（脱税）とみなされる例があり，後日当局から多額の延滞税や重加算税が徴収されることになります。節税か租税回避行為か不明なときは，後日の当局とのトラブル回避のため安全第一で申告した方がベターかと思います。払うものは払うとの考えが大切です。

なお相続税などの税制は国の政策で変動します。あるとき認められた方法でも，相続発生時には不可ということもあるかも知れませんので注意することです。最近でいえばタワーマンションがそれにあたります。税務申告に当たっては通例は最低でも3ヶ月ほどの準備期間が必要ですので，早い段階から税理士に相談することです。

また相続人が複数人いるときは同一の税理士に税務申告をお願いした方がベターです。相続人ごとに相続財産の範囲や評価が異なったり，広大地や過少宅地，不整形の土地の評価などが違うと，申告された当局としては2つないし3つの申告書をていねいに調査をして修正申告を迫ってくることがあります。税務署の調査は税務申告をしてから2年ないし3年以内に行われるケースが多いといえます。

（未分割での申告と税金）

③　相続人のなかには，生前贈与，特別寄与分などを主張して「公平な分割」に固執する人がいます。

前記の特別寄与分などの分割は相続人間に争いがあるときが多いため，10ヶ月以内に遺産分割を成立させるのが難しいといえます。紛争が生じる恐れが大きいときは，早めに家裁へ調停申立をして第三者のジャッジを仰ぐのも一つです。

10ヶ月以内の分割ができず，未分割なときは，各人の相続分に従っていったん税金を支払うことになります。税金は相続財産の総額を基本にして算出します。そして各人の取得分に応じて税金を按分することになります。

支払う税金のお金を持っていない人は延納の申請をするしかないといえます。ただ，相続人の中には自分は財産はいらないとか，ほとんどゼロに近いハンコ代でよいという人もいます。それなのに未分割になれば法定相続分どおりに多額の税金をいったん支払うのでは，納得がいかないという人がいます。そんなこともあるから，遺産分割の協議にあたっては，税金の総額と各人ごとの税金がいくらになるかを，予め税理士に算出してもらって協議をすることが重要です。

（相続と不動産の売却）

④　不動産の価格が右肩上がりのときは，遺産分割協議が長引いても，それなりに益がありましたが，今日のように不動産が値下がり傾向のときは早急な解決が望ましいといえます。さらに，手元に現金がないときは税金を支払うために不動産を売却しなくてはならないケースもあります。隣地の立会い，官民査定などの実測，業者への依頼などを考えると最低で3ヶ月，できれば6ヶ月は必要です。

不動産とくに賃貸のビルなどを保有しているときは，相続発生から協議が成立するまでの家賃収入を誰が取得するか協議する必要があります。協議が成立するまでの家賃収入は原則として共有です。それゆえ当該不動産の取得者に協議成立するまでの家賃は自分のものに当然にはなりません。

いずれにしても税金を現金で全額支払えないときは延納の申請をしたり，物納

などの方法をとる必要があります。ただ物納は原則更地です。税金の支払いや物
納のために土地を駐車場としておくと便利です。

（遺言書があるときの申告）
　⑤　遺言書があるときは遺言書どおりに相続税の申告をします。ただ遺言書に
争いがあったり，検認が間に合わないときは未分割で申告することになります。
なお遺言書どおり申告すると，多く受益する人はそれだけ多額の税金を支払うこ
とになります。

　相続人以外の人が遺贈をうける第三者（養子を含む）がいるときは税金は2割
ほど高くなります。相続税の計算は結構複雑であるので，知り合いの税理士に相
談して申告する必要があります。また遺贈を受けた第三者の団体や法人に対して，
遺留分減殺が他の相続人から1年以内にされる恐れがあることを予め伝えておく
ことも親切といえば親切です。

（5）　家族の変容と贈与，相続対策

（子どもからの住宅の借金要請）
　①　大都市に生活している子どもから，結婚して子どもができたので，マンショ
ンを購入したいから500万円ほど親に出してくれと言われることがあります。500
万円出してほしいというのは500万円貸してほしいという意味なのか，それとも
住宅資金として500万円を贈与してほしいということなのか不明ですが，とにか
く親に500万円出して欲しいという要請です。

　多少ゆとりのある親ならば，子どもの要望をかなえてやりたいと思うはずです。
ただ，自分たちの老後の資金が減少するので，お金を貸す形にしたいという人が
いると思われます。そのため契約書を作ってほしいとか，貸した金が贈与と受け
とめられないようにするための方法などを教えてほしいと言われることがありま
す。

（共有のメリット）
　②　私は前記のようなケースではお金は出すが，500万円の贈与をせず，かつ，

お金は貸さない方がよいと助言しています。

　具体的にはマンションの購入は子と父母の共同で行い，購入予定のマンションに500万円に相当する持分登記を父母の名前ですることを親と子に勧めています。マンション価格が2000万円であれば，子どもたち名義の登記が4分の3，父母の登記が4分の1の共有名義となります。このような共有名義にする理由は3つあります。

　その1は，お金を貸す形にして，子どもたち名義で単独の登記をしてしまうと，親の知らないうちに子どもたちがマンションを売却したり，離婚の際に財産分与で分割されてしまう可能性があるからです。これでは親が子どものために500万円を出した趣旨が没却されてしまいます。

　その2は，子どもたちがマンションを単独名義にしたいというのであれば，出したお金を基準にして子どもに売却すればよいことです。そうすれば貸したお金というか，出したお金は確実に回収できることになるからです。ちなみにお金を子に貸しても多くの場合，子は返却しないことが多いのが実情です。

　前記の共有の理由にはもう1つの理由があります。500万円の4分の1を共有名義にしておくとマンションの売却にあたって，あるいは離婚にあたって，子どもは親の意向を無視するわけにはいかなくなります。親も子どもの家庭に何が今，発生しているのかも知ることができます。子どもたちも親に世話になっていることを実感するはずです。

　ちなみに父母に相続が発生した時，子どもが4分の1のマンションを残された相続人と話をして自分が相続することができます。また生前贈与に近い便益（4分の1を無償で貸している）を父母が与えたことが立証でき，残された配偶者は子に対して優位性を主張できるし，他の子どもたちの関係でも相続分を明確にできます。そして子どもにはマンションの共有部分を自己名義にすることで，今回の相続は満足するよう勧めることもできます。

（生前の相続対策）

③　遺産分割の争いを回避するために，遺言は一定程度有効です。しかしこれは税金対策とは直結しません。そのためか，多少資産を持っている人は税金をなるべく支払いたくないとの思いから，父母もしくは夫の生前中にあれこれの相続対策を考えます。

生前の相続対策の方法がないわけではありませんが，決定的なものはありません。要は普段から相続税がいくら位かかるのかを計算し，それに向けての相続資金を予め貯めたり，準備しておくことです。

また孫などへの教育資金の贈与や，子どもへの住宅資金の贈与などをすると相続財産は減少します。

これらとは別に 20 年以上の戸籍上の夫婦であると，居住者不動産の贈与であれば 2000 万円までは無税です。しかも不動産の 2000 万円は路線価ですので，都会でも 50 坪前後土地と家であれば恐らく課税されません。また生前に贈与し，相続発生時に税金を支払う相続時精算課税という方法もあります。

ところで多少大きい土地を持っているとマンション業者が節税になるからマンションを建築しないかとの話をもってきます。つまり銀行から数千万円，数億円を借りるとその借金がプラスの相続財産から控除され，相続財産が少なくなるので節税になるというものです。この場合，銀行とマンション業者がセットで勧める場合が多いといえます。しかしマンションは 8 割以上入居しないとローンが支払えなくなったり，10 年前後には修繕費がかかります。そんなことを考えると，実質的に手に入る家賃は少ないといえます。その辺をよく考えて相続のとき税金を支払ったほうが得か，借入のローンで支払った方が得かをじっくりと考えることです。マンションなどは駅から 10 分以内のところでないと入居率が低いのが現状です。

（7） 何がモメル要因か

（円満な相続に必要なこと）

①　信託会社や税理士の中には相続が「争族」にならないために遺言その他を活用したらよいと勧めるケースがあります。しかし，どんな法的手段を駆使しても，もめ始めるときはもめます。別言すると全くもめない相続はありません。生前に贈与したり，相続時精算課税の申告をする贈与をしたとしても，もめる時はもめます。

私の経験でいえば，相続は法定相続分を基本とすること，そして相続財産の形成・維持に貢献した人を重視すること，遺言をするときでも遺留分を侵害しない範囲で遺言書を作成することが肝要です。そのため相続財産を予め計算しておくことです。

また子どもなどの相続人は自分の子（孫）を養子などにする小技を講じて兄姉不仲になることをしないことです。より重要なことは生前に親はどの子どもにも等しく愛情をそそぎ，大切に育てることです。特定の子どものみを可愛がって多額の支出をすると，必ずといってよいほど後日もめます。

（代償分割について）

また多くの相続財産や特定の不動産などを取得したい人は，相続財産とは別に現金，預貯金をもっていれば「代償分割」ができます。お金を他の相続人に支払って，自分がほしい物件を手に入れる制度です。さらに，預金などがないときは被相続人が生命保険に加入し，受取人を指定すると，その人はその保険金を活用してほしい物件の代償金として支払うことができます。ちなみに生命保険金は相続発生後に権利が生じますので相続財産ではなく，遺産の分割の必要もありません。

（特別寄与分と養子）

②　遺産分割でもめるのは特定の子（例えば長男）が相続分以上の権利を主張するときです。子どもは等分の権利があります。それゆえ多くの主張をする子の強欲な主張には根拠がありません。ただ長男夫婦が親の介護を在宅で長期間した

ときは他の相続人は長男に特別寄与分を認めるべきです。それが長男の嫁であったときは最近の民法改正で相続人の配偶者にも特別寄与分が認められています。また生前贈与が証明されるときは，分割にあたっては当然それは考慮されるべきです。

　私の経験でいうと長男の「嫁」が早い段階から父母の養子となり，親の世話や介護を長年月にわたって献身的にしてきたときは，ほとんどもめることはありません。また「嫁さん」も義父母の相続人となるので親を大事にしています。説得力をもつのは法的技法ではなく事実のもつ重みです。それゆえ財産目当ての養子はトラブルになります。

（大切な教育と日頃の言動）
　③　私は，親が子に残す最大のものは教育であると考えています。学校教育，家庭教育がそれです。学校教育でいえば大学，大学院であり，家庭教育でいえば人格の形成，円満でバランスのとれた人間性の教育です。受験勉強中心で生活してきた学校秀才の大人の中にはアンバランスの人がいます。その人は家庭教育が不十分であったため，相続のとき，他の兄姉ともめることが多いといえます。本人は当然のことを述べているつもりでも，当人の発言は社会常識や従前の家族の関係に反することが多いからです。

　いずれにしても遺産分割は最終的に遺産分割協議書を作成し，各相続人が自署をし，実印を押して成立します。相続人の一人がどんなに「立派なこと」を述べても，他の相続人の同意が得られなければ遺産分割協議書は作成できません。

　また預貯金を解約したり，不動産登記もできません。長男や秀才君はその辺のところをよく考えて他の兄姉に接することです。他の兄姉の関係で長男として少しでも多くの遺産を取得したいのであれば，生前から家族のために尽くすことです。そうすれば他の家族も本人の言い分を信用します。「汚言令色少なし仁」は兄姉間の遺産分割の場にも妥当します。

(8)　高齢者の遺言の動機と遺留分

（遺言をする人の動機）

①　家族の変容の下で高齢者が孤立化するとともに，遺言をしたいとする人が増えています。例えば子どものいない高齢者は，自分が努力して築いた財産がこれまで縁がなかった人（例えば別紙相続図の甲の「オイ」や「メイ」の甲3，甲4の人）が相続されることを恐れて，お世話になった人や団体，そして社会的に有意義な活動をしている人に，財産を遺贈する傾向が増えています。

被相続人の生前に身近にいて，身辺の世話をしてくれた「メイ」や「オイ」は勿論，サークルの仲間に財産を遺贈したり，日本赤十字や山階鳥類研究所，ユニセフ，日本点字図書館などの社会福祉法人などへの遺贈もあります。

これまでの遺言の多くは，相続人の中の長男に財産を多くとか，介護をしてくれた長女に多くという例が多かったのですが，家族の変容でそうでない事情が少なからず出てきています。

子どもＡがほとんど親の心配をしてくれなかった，そんな人に財産をそのまま相続させるには迷いがあるという人が遺言を考えるようです。

（親子の情愛と遺言）

②　今日の親子関係を巨視的にみると，家父長的な関係がなくなっているせいか親と子の精神的絆「情愛」が薄くなる傾向があります。それでいて親の財産をあてにして生活しようといろいろ考えている子が増えています。パラサイトです。そんなことを考えると自分の築いた財産を普段交流のない子どもに相続させて財産を「無駄」にするよりは，社会の人に有効に活用してほしいとして社会福祉法人，ユニセフ，公益財団などに寄附する人が増えています。それが生前の贈与であったり，遺言であったりして様々です。

寄附などをする親にすると財産を子に残しても，子どもは高級車やゴルフの会員券などを購入して，ぜいたくな生活をして財産をなくするだけとの考えがある

ようです。それならば社会の人や困っている人のために自分の財産を少しは役立ててほしいとの気持ちが，生前の寄附や遺言になるようです。改めて親と子のつながりとは何かを考えさせられる事例が増えています。

　昔から「遠くの親戚より近くの他人」ということわざがありますが，高齢化の進行に伴って，1人暮らしの高齢者の少なからずは近隣の人々に何らかの形でお世話になっています。

　近隣の親切な人の中には，食事の準備や安否の確認を含めて日常的に交流をもち，何かと世話している人がいます。

　また，親切にする他人や「オイ」「メイ」の中には，遺言を期待して，身辺の世話をしている人もいます。さらに子どもに介護を期待して，特定の子どもに対して遺言をし，そのことを公言する親も出てきています。確実に社会は変わってきています。

　ところで相続人やその関係者の中には，自分が少しでも多くの相続財産を取得したいために，遺言書を偽造したり，親との間の養子縁組を偽造する人がいます。前者の遺言書を偽造した人は，筆跡鑑定や遺言能力の医学鑑定で偽造と判断されたときは相続人ではなくなります。

　養子縁組は本来ならば双方が合意しなければ無効なのですが，養父母の知らないうちに子や孫，その他の人から一方的に役所へ出される時があります（同じことは結婚届や離婚届にも当てはまります）。役所は形式さえ充足していればOKなので，養子縁組の無効は市役所へ届け出た用紙の筆跡などから裁判で争わざるをえません。

（老人ホームでの死亡）
　③　今日の老人ホームは原則として預金通帳などを預かりません。それゆえ多くの場合，高齢者本人が老人ホームで管理しているか，キーパーソンになる子どもが通帳を預かって管理している例が多いといえます。

　父母が認知症などで老人ホームや老健施設に入所しているとき，相続人の子どもの中にはどうせ自分が相続するのだからと称して親の財産を無断で費消したり，他の相続人と「事前に」「分割」みたいなことをしている人がいます。この人々のねらいは父母の死後の相続財産を少なくして相続税を支払わない算段，腹づもりのようです。後日，そのことを知った他の相続人の間で大きなトラブルに発展します。税務調査で悪質な税逃れとして追求は避けられません。

　特別養護老人ホームに入居している人の中には1000万円前後の預金をもっている人がいます。本人が死亡したときは，老人ホームとしてはその通帳を誰に渡してよいか迷うときがあります。利用者本人が予め遺品の管理や通帳についてメモをしていたり，遺言書を作っているならばその特定の人に通帳などを交付すればよいといえます。そうでないときは相続人間で協議してもらって，その代表の人に通帳などを渡した方がよいといえます。

　また有料老人ホームだと入居一時金として3000万円前後支払っているケースがあります。入居金は既に述べたように相続財産です。契約書の中で入居金返還受取人を決めていたり，遺言書があるときは心配ありません。そうでない時はホームの方は後日のトラブルの回避のために相続人間で協議してもらう必要があります。相続人はホームに償却した後の相続発生時の入居一時金を確認して手続をとる必要があります。ホームによっては居住していた部屋の原状回復の費用を徴収するところがあります。よくホームと話をすることです。

（遺言と遺留分）

　④　今日の社会は核家族で子どもも少なかったり，そもそも子どもがいない家族がいます。そのようなとき被相続人の兄弟姉妹が相続人となります。また兄弟姉妹が死亡しているときはオイ，メイが相続人となるときもあります（別紙相続関係図の甲3，甲4か乙3，乙4の人）。そのため，自分の親は財産はなくても，親の兄弟に財産があるときは突然オイ・メイが相続人となり，場合によっては巨額の財産をオイ，メイが取得するときもあります。

　逆に死んだ人に多額の借金があるときもオイ，メイが相続人となります。マイナスの財産（借金）が多いときは，相続が発生したのを知ってから3ヶ月以内に

家庭裁判所へ放棄の手続をとる方法があります。

　他方，少子高齢化社会になると，従前全く予想されなかった相続の形が生まれています。例えば，甲乙間の夫婦に子どもがいないとき，夫甲の相続財産は別紙相続関係図の甲の父母丙，丁もしくは甲の兄弟の甲1，甲2と乙が相続することになります。しかし，甲の父母が既に死亡しており，甲が遺言ですべての財産を乙に相続させる旨記載していると，甲の兄弟甲1，甲2には遺留分減殺請求権がありません。それゆえ甲の財産は乙がすべて取得することになります。甲の兄弟にすると，甲家の財産が「他家」の乙及びその兄弟乙1，乙2に移行することは複雑な感情になるようです。とくに結婚間もないときに甲が死亡したり，，甲が甲家の墓に入って甲の兄弟甲1，甲2などが事実上甲の供養しなくてはならないときは，その感を強くするようです。

　前記のようなケースを防止しようとすると，甲は甲の兄弟甲1，甲2が少しは財産を取得できるよう遺言をしておくしかないと思われます。

(9)　遺言の際の留意点

（遺言の記載方法）
　①　遺言は財産の処分行為ですから，財産の種類（不動産，預貯金）などが特定していることが重要です。不動産でいえば，○○町3丁目2番地，宅地，地積などが特定していたり，預貯金であれば○○銀行，△△支店，普通，口座番号が特定していることです。ただ，株などの有価証券，預貯金は，遺言をした後に増減することが多いから「一切の金融資産」という形で記載するのもよいかも知れません。そのうえで，その金融・資産を3分の1とか，等分という形で子どもなどに遺贈する記載もありえます。また遺言者の最後に附記として遺言の動機，特別寄与，生前贈与の有無などを記載しておくと何かと便利です。

（遺言の執行者）
　②　遺言書には遺言執行者を決めるケースが圧倒的です。遺言執行者の資格はとくに制限がないので，相続人の1人もなれます。トラブルが予想される多くの場合，弁護士がなります。また，不動産についていえば，相続後に法務局で登記

をする必要がありますので，予め固定資産評価証明や登記簿謄本などをみて地番，面積などを正確に特定して遺言する必要があります。さらに，不動産を売却して，そのお金を第三者に遺贈などをするときは，遺言執行者に不動産処分の権限と処分して得た金員の配分などの権限を与える旨を，必ず記載しておくとよいかと思います。その意味で，遺言執行者に預金の解約，貸金庫の開錠など「一切の権限」を与える旨の記載はそれなりに有効です。なお遺言の執行費用を予め定めていないときは家庭裁判所に遺言執行の報酬を決めてもらいます。

（遺言書の保管）

③　ある程度資産をもっている人は，銀行の貸金庫を借りているケースが多いといえます。貸金庫の銀行の支店名と貸金庫の番号などを遺言書に記載したうえで，遺言執行者が貸金庫を解錠できる旨を記載しておくことも大切です。貸金庫の中には通例は不動産の権利証，預金通帳などを入れています。遺言者によっては貴金属や現金を入れているときもあります。貸金庫の解錠にあたっては争いを回避する意味でも，第三者か相続人の１人を立ち会わせた方がよいかもしれません。そして金庫の中に入っているものの目録を作ることです。

遺言書を作ったとき，保管をどうしたらよいのかの相談を受けます。家族や相続人がいる場合，遺言書を見られて改訂を迫られるとの不安があります。しかし，家族に見られることを心配するあまり，誰にも知られないところに遺言書を保管してしまうと，死後，遺言書の存在自体が発見されず無視されることになりかねません。その意味で，不動産の権利証や重要な財産を普段保管している場所に，遺言書を保管するのがベターかと思います。公証人役場では公正証書遺言を50年（100年）預かります。最近では公正証書以外の自筆の遺言でも法務局でも預かる制度もあります。

これに対して，家族のいない人は，毎日のように使う預貯金などと同じ場所に遺言書を保管しておくと便利です。つまり，遺言者の死後，第三者が発見しやすい場に置いておくことです。１人暮らしの人の場合，死亡などの事実が発生したとき，遺言書を発見した人が遺言執行者や連絡してくれる方法を考えておくとよいといえます。住所，電話，Ｆａｘなどを遺言書の中に遺言執行者への連絡先を記載しておくとよいかと思います。

（10）　葬儀とお墓

（葬儀と遺品の整理）
　①　1人暮らしの人が遺言をする動機として，死後の葬儀などの心配があります。被相続人の中には，葬儀の費用，お寺，実家の墓か，夫と一緒か別々か，納骨などについていろいろ心配している人がいます。前記のことの大半は法律行為ではないものの，遺言の動機である以上，丁寧に遺言書に記載される必要があります。ただ私は葬儀のやり方など自分の死んだ後のことまであれこれ指図をして，残された人を困らせることはしない方がよいと述べることにしています。

　仮に遺言であれこれ述べるのであれば，死亡時の財産がどの程度残っているかにもよりますが，葬儀は例えば100万円以内でとかにし，死亡のお知らせはどんな人に，とかを予めの大学ノートなどにメモなどを作っておくとよいといえます。

　最近の高齢の人の葬儀は家族葬で少人数です。1人暮らしのときは遺言で墓をどうするかを定めることです。多くの場合，永代供養その他の金額を支払うと，お寺の方も少なくとも納骨までは協力的です。これからお墓を買うという人は，なるべく自宅の近くの墓にするよう述べています。

　遠方ですと，つい，おっくうになり，次第に墓参りにも行かなくなります。なお最近は墓仕舞いの人が増えています。これらの問題がでてくるのは，葬式仏教といわれるようにお寺の役割が薄くなっていることがあります。なお葬儀の費用は相続税の申告に必要なので，領収書関係を保管することです。

　また，遺言者の荷物というか，動産類の遺品の処分の問題があります。遺言執行者は荷物を死後直ちに調べて，貴金属，有価証券，預貯金などは遺産として重要な意味をもっているので，これを確保し，他のものは廃棄したり，処分することになります。動産類の処分には一定のお金がかかるので，その分の費用も見ておく必要があります。

　自宅の不動産や動産の処分は，前述したように遺言執行者に不動産や動産の処

分権限を与えてもらっておけば，これを処分したり，換価したうえで第三者に金銭などを遺贈することになります。

（遺贈をうけた人）
　②　最近の傾向として，老人ホームの利用者の中には不動産を高齢者福祉の事業を行っている社会福祉法人へ遺贈したいとする例があります。とくに秀れた介護をしてくれたホームへの遺贈が多いといえます。不動産をもらった社会福祉法人の方は，その不動産を活用してグループホームや小規模多機能の施設を作ることになります。グループホームや小規模多機能の施設は，それなりに需要があるので，社会福祉法人としても歓迎です。ただ，社会福祉法人などに財産を遺贈するにあたっては，どんな目的で，どんな施設に使ってほしいかを明確にしないと，遺贈されたお金や不動産を一般的な経費に組み入れてしまい，志が生きない恐れがあるかもしれないので注意が必要です。

（死後 10 ヶ月）
　③　高齢の人が死亡すると，公共料金の支払いや前述した生命保険等や遺品の整理以外に様々な問題が生じます。1 つは 10 ヶ月以内の相続税の申告です。2 つは病院代などは死後 1 ヶ月ないし 2 ヶ月後に請求がきます。未払医療費です。3 つは年金の問題です。年金は年金事務所に死亡を報告しないとストップしないことがあります。過払いの年金が生じているときは後日，年金事務所の方から過払い分を支払うよう請求がきます。4 つは市役所などの各種支払いなどの問題です。葬儀費を 5 万円前後支払う自治体があったり，介護保険料，固定資産税などの請求がきます。これらは死後半年後にくる場合もありますので注意することです。相続税の申告をする税理士さんとよく協議をすることです。

（お墓への考えの変化）
　④　少子高齢社会になって，かつての大家族時代の先祖代々の墓に入るのは嫌だという人が増えています。また折角，親が墓を購入しても，墓が遠方だとか，後継の人が墓を継承してくれるかわからないので，墓をもちたくないという人も増えています。

　そこで遺言書に祭祀を特に承継する人がいないか，1 人暮らしの人は永代供養

をお願いするとか墓じまいをすると記述したり，樹木葬や海洋に散骨する旨をお願いと記述する例も増えてきています。ただ率直にいえば1人暮らしの人は家も処分し，墓もないということであれば，その人の生きた証が後世の人にどのように伝わるか少し心配です。家族や友人の中には墓参りを兼ねて死んだ人と話をしたいとのこともあるのではないかと思います。

（墓の管理）
　⑤　墓を管理できる家族がいるときは，祭祀の承継を誰にするかを決めておけばよいといえます。多くは長男が承継します。お寺の墓地のときは承継者がお寺へ，自治体が管理する墓地は遺言書を見せて自分が承継者である旨を述べれば手続がスムーズにいきます。ただお寺によっては墓を男子に限るとしたりするところがあります。

　お墓のない人がお墓を購入するとなると300万円から500万円はします。そのほかに年に1回ないし2回の管理料がとられるところもあります。そんなことを考えて，最近ではお寺との縁も薄いので樹木葬などの形式を取る人が増えています。

　ところで従来のお墓は夫の家の名字の人が継承することが多かったといえます。しかし少子化社会になって男の子が墓を継ぐとは限りません。妻の実家の人も一緒に入る，いわば両家の墓みたいのもでてきています。墓名には「愛」とか「誠実」とか「感謝」というようにしています。それゆえ○△家の墓というのは次第に少なくなってきています。

（11）　おわりに

　人生100年時代の相続は，親が95歳，子どもが65歳という場合も稀ではありません。いうならば被相続人の予定者が2人ともリタイアした人という時さえあります。そして孫世代の人は親の相続の後に祖父母の財産を代襲相続するという事態も発生します。

　また人生100年を生きるには年金，医療，介護の社会保障の知識や老人ホーム

での生活の実情についても知っておく必要があります。

　今日の相続税制を基本にすると地方都市の50坪前後の不動産と退職金3000万円程度であれば，多くの人は相続税はかからないと思われます。その意味でサラリーマンは税金の心配よりは遺産分割の方が重要となってきます。

　親の中には子どもたちに，この家の財産は私達2人で築いたのだから，子どもたちは両親が生存している限りは私達の財産を「アテ」にしないで生活するように述べている人もいます。子どもたちは財産を自力で作りなさいと述べている人もいます。

　他方，残された親の介護を要する時になったときは，子どもの財産から支出するのではなく，親の財産を使うようにと述べている人もいます。その意味で，生前に子どもたちに「遺産」の分割方法を生前の遺言の形で示しておくというのも賢明かも知れません。

　いずれにしても今後新しい財産を，残された配偶者は形成できないのですから，人生100年を生きていくための生活設計をしっかりもって遺産分割の際に対応する必要があるといえます。

　それにもかかわらず相続でモメルことがあります。それは子どもの成長過程などで差別（区別）があったときです。長男は大学へ出して多額の学費を出したのに，長女は高卒であったり，結婚式などでの親の費用負担に差があったときです。もう1つは相続をする人の中に貧富の差というか，生活状態の差があるときです。貧しい人は親の財産をあてにして生活しようとするため，残された配偶者の立場を考慮しないときがあります。そんなこんなを考えると，相続は子育て，人間の愛情などを含めたその家族の関係や生活のあり様が問われているということを厳しく自覚する必要があるかも知れません。

相 続 関 係 図

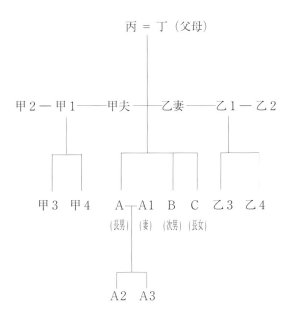

あとがき

　75歳を過ぎてから，新聞の死亡欄が自然と目につくようになりました。また年末に届く喪中の葉書の多くは，父母が95歳，101歳で死亡したとの連絡です。そうかというと私達と同世代の75歳，80歳の兄弟姉妹などが死亡したとの報もあります。つらいのは同級生や友人の死亡や，子どもが先に死亡（逆縁）したとの連絡です。77歳の今日，同級生・同期生の2割から3割は死亡しています。

　いま，これを書きながら，志半ばでこの世を去っていった人，故郷の同級生や幼なじみの人，そして先輩や同期の弁護士，裁判官のその後といまを思い浮かべています。

　歳をとることは1人，2人と知り合いがこの世からいなくなることだと改めて思い知らされています。亡くなった人々に，何をやり残したか，100歳まで生きていたならば何をしたかったかを聞いてみたかったと思う時もあります。

　私達の世代は戦後77年の歴史と同じです。そして父母から戦争のことなどを聞いて育ち，若干の貧困を体験して育ってきた最後の世代です。そして60年安保，高度成長，基地問題，公害問題，核家族，格差社会を見聞きしてきた世代です。そんなことを考えながら，国民・民衆の「生」への息吹きと，人生50年から人生100年時代への転換の中で，長生きすることの意義を改めて考えてみようと作ったのが本書です。

　さて52年の弁護士生活で，大・中・小，いろんな企業のトップや農村・漁村の人々の生き様を見たり，多数の業種のサラリーマンの夫婦・親子の実例を沢山みてきました。本当に心優しい親と子がいたり，そうかといえば，あんなに大事に育てられたのに強欲で無慈悲な子もいました。親が死んで49日の納骨のときに泣いて泣いて遺骨を離さない子もいました。老人ホームの役員をしていた時に，親が死亡したと連絡しても遺骨を引き取りにこない子もいました。相続のとき，人

間の欲の深さをたびたび味わいました。「リア王」ではありませんが，いろんな親子の姿をみてきました。改めて人間の複雑で多様な関係を実感しています。

いろんな人々の思いを後世の人々に伝えるのも，高齢者問題に深く関与してきた私の重要な任務だと思っています。本書の事例の多くは私が関与した人々の声をまとめたものです。

また名もなき民や歴史を支える人々のあゆみを後世の人に伝えることの重大性に関連し，私が体験した3組の農民のあゆみと2人の研究者の営みを紹介します。

1人は私が1971年12月にアメリカのビザをとって本土復帰前の沖縄の伊江島の団結小屋で会った阿波根昌鴻さんです。この人の話を数時間聞きました。初めて聞くことの連続でした。占領下で「銃剣とブルドーザ」で農地を接収されたことに阿波根さんはおよそ考えられるあらゆる抵抗をします。その一部は『米軍と農民』（岩波新書）で述べられています。この抵抗は，私達に誇りをもって生きることの意味を深く問うていました。

2人目は，私も長い裁判の最後に関与した砂川基地拡張に反対した地主の青木市吾郎さんと宮岡政雄さんです。昭和30年代の労働組合や地元民の反対同盟の活躍もあって，米軍は砂川基地の拡張を昭和40年代に中止し，青木さんの滑走路上の土地はその後，返還されました。あれだけ基地は日本の防衛上不可欠だとされた砂川に，今では元基地に裁判所，市役所，税務署などが移転しています（宮岡政雄『砂川闘争の記録』三一書房，砂川ちよ『砂川 私の戦後史』たいまつ社）。

そして3人目は山梨県忍野村の70歳前後の忍草母の会の会長の渡辺喜美江さんと天野美恵さんです。忍草入会組合は旧幕時代から北富士演習場内に入会権を有し，米軍と自衛隊の演習から入会権を護り，全面返還を実現するために，顧問の天野重知さんの指導の下に母の会は果敢な反対行動を実施しました。私も20年，入会問題の裁判に関与しました（『北富士闘争の50年』忍草入会組合・忍草母の会共編，安藤登志子『北富士，入会の火 忍草母の会の30年』社会評論社）。　そして研究者は，私も25年関与した教科書裁判の家永三郎教授です。先生は戦前の学問への弾圧の体験から，国の教科書検定は思想統制と学問の自由への侵害にな

るとの強い怒りをもっていました。先生の人柄もあり，多くの研究者と市民が裁判を支援し，私も全国に講演などで出向きました（『教科書訴訟十年』ほるぷ社，教科書検定訴訟を支援する全国連絡会編『家永教科書裁判のすべて 32 年の運動とこれから』民衆社）。

　もう 1 人は日本社会事業大学の小川政亮先生です。先生はまことに献身的な人です。私も担当した年金，生活保護の事件の証人となり，沢山の意見書を裁判所へ出してくれました。わずか数人の打合せにも膨大な資料と研究のカードをもって，事件の問題点と方向性を指導してくれました。小川政亮先生のおかげて社会保障裁判で少なからず勝訴したり，法令の改廃を獲ちとることができました。最近，小川先生のような膨大な著作がある（『小川政亮著作集』大月書店）にもかかわらず，現場の人々と結び，憲法 25 条の生存権と貧困を重視する研究者が少なくなったのはさびしい限りです。

　私達は，先人のあゆみの中に現在の自分たちの生活があることや，人間は常に歴史の中でその役割が問われていることを自覚する必要があります。世の中には異議を申し立てる人が必要です。ローマ，元，トルコ，オーストリア，大日本帝国，そしてソ連はいずれも軍拡で領土を拡大し，滅んでいった国です。その支配に異議を申し立てる人がいたことがその要因です。支配と差別，貧困は一体です。私達の周りには貧困にあえいでいて希望をもつことなく短い一生を終える人もいます（ジュレミー・シーブルック，渡辺景子訳『世界の貧困』青上社）。そのような人々をなくし，すべての人々にチャンスと希望を与えるのが自由と平等を基本とする社会保障です。改めてバターか大砲かが問われます。

　今日の社会は，長生きに伴って家族のあり方と介護の問題がクローズアップされています。ＪＲ東海の列車事故の裁判のように，父母の認知症に伴う新しい問題が噴出しています。今日の日本はいろんな意味で親と子の過度期です。

　いまの長寿社会は年金などの公的支援を基本としながらも，「第 7. ある婦人の100 年のあゆみ」にあるように，各人が歯を喰いしばって懸命に生きてきた結果として長生きが実現したものです。その人々に人生 100 年時代の道を切り開いてくれたことに感謝したいと思います。これからの社会は長生きをするだけでなく，

長生きの質が問われる時代になりつつあります。

　本書を読んだ人は，高齢者問題の本なのに沢山のいろんな分野の，内外の文献が参照されていることに驚くのではないかと思います。それは 100 年を歩んできた人の人生は内外の社会情勢が強く反映して，その中で各人が苦悩と喜びを併存させて生きていることを明らかにしたかったからです。とくに本書のまとめの「第 6 章企業社会の垢を洗って生きがいのある老後を」では多数の本を紹介して長く生きる意味を追求しています。

　いずれにしても定年後をどう充実させて生きるかは，多くの人の幸福，生活スタイルに関係するところが大きいため，参考となる文献などを「活用」したものです。

　もう 1 つ，本書では自由と生存，自主性をことあるごとに強調しています。それは 50 数年の弁護士人生でみてきた日本のサラリーマンの多くが，あまりにも企業に従属しているため個人と家族の生活を失っているからです。あまつさえマスコミのタレ流す宣伝に泳がされて生活をしている人が多かったからです。つまり 1 人ひとりが，自由と人権にもとづく近代社会の市民としての自主・自立・自律の生活習慣が身についていないことです。それゆえ，いつのまにか，国と企業の政策に疑いをもつことをしなくなっています。企業と個人の生活の距離のとり方がとぼしい人が多いといえます。その意味で定年前後には企業時代のこれまでの垢を洗い落とし，自主性を取り戻して自由と人権を尊重することは自分らしく生きるために不可欠です。そして自分の目と耳で定年後のおかれた現状を全面的に点検し，何をしたらやりがいのある生活ができるかの提起をしています。

　そこで，魁より始めようではありませんか。私が国や企業との関係でどう向き合ってきたかは，『1970 年以降の生存権法理の展開と実践』及び『人権としての人間らしい生活を大切にして 50 年』の 2 冊にまとめて出版しました。また略歴書記載の小冊子で自分の 50 年の取り組み状況をまとめています。本書を執筆し始めてから 2 年近く経ちました。その間，社会で生じた出来事について本書のテーマに関する新聞記事をできるだけ紹介しています。

　最後に，若者や子どもたちに，困難が沢山あっても人生は生きるに値するよ，長生きすると人生は楽しいよ，ということを身をもって示せる高齢者が少しでも多くなることを心より願っています。

著　　者　2022 年 12 月 23 日

参 考 文 献

（本文にあるものを除く）

1 定年前後のライフスタイルに関する本

① 三輪裕範『50 歳からの知的生活術』ちくま新書
② 加藤仁『定年後』岩波新書
③ 楠木新『定年後』中公新書
④ 南和子『暮らしの老いじたく』ちくま文庫
⑤ 帚木蓬生『老後の愉しみ』朝日新書
⑥ 岩波書店編集部編『定年後』，『私の定年後』岩波書店
⑦ 残間里江子『閉じる幸せ』岩波新書

2 年金，医療，介護の実用的な本

（なお，下記の本は改訂があるので最新のものを入手して下さい）

① 週間社会保障編集部編『社会保障便利事典』法研
② 公益社団法人日本医療社会福祉協会編『福祉・医療制度活用ハンドブック』新日本法規
③ 佐藤進編『ハンドブック公的年金』青林書院
④ 原智徳・桶谷浩『年金のことならこの 1 冊』自由国民社
⑤ 田中章二『図解・遺族年金，障害年金，離婚の年金Ｑ＆Ａ』清文社
⑥ 伊藤亜紀監修『最新介護保険』成美堂出版
⑦ ユーキャン介護保険研究会編『介護保険利用マニュアル』ユーキャン学び出版
⑧ 河野和彦監修『ぜんぶわかる認知症の事典』清美堂出版
⑨ 『社会保障の手引』中央法規

3 社会保障の辞典など

① 社会福祉辞典編集委員会編『社会福祉辞典』大月書店
② 社会保障事典編集委員会編『社会保障事典』大月書店
③ 京極高宣編『現代福祉学レキシコン 第二版』雄山閣

④　佐藤進・小倉襄二監修『現代社会保障・福祉小事典』法律文化社

⑤　事典刊行委員会編『社会保障・社会福祉事典』労働旬報社

4　外国の社会保障

①　社会保障研究所編『イギリスの社会保障』東大出版会

②　社会保障研究所編『フランスの社会保障』東大出版会

③　社会保障研究所編『スウェーデンの社会保障』東大出版会

④　社会保障研究所編『アメリカの社会保障』東大出版会

⑤　古瀬徹・塩野谷祐一編『ドイツ』東大出版会

⑥　加藤智章・西田和弘編『世界の医療保障』法律文化社

⑦　加藤智章編『世界の病院，介護施設』法律文化社

⑧　加藤智章編『世界の診療報酬』法律文化社

⑨　アメリカ医療視察団編『苦悩する市場原理のアメリカ医療』あけび書房

5　社会保障運動との関係

①　中央社会保障推進協議会編『人間らしく生きるための社会保障運動』大月書店

②　柴田嘉彦『日本の社会保障』新日本出版

③　朝日訴訟運動史編纂委員会編『朝日訴訟運動史』草出出版

④　堀木訴訟運動史編集委員会編『堀木訴訟運動史』法律文化社

⑤　社会保障運動史編集委員会編『社会保障運動全史』労働旬報社

6　民俗と宗教

①　大島建彦ほか編集『日本を知る事典』世界思想社

②　福田アジオほか編『精選 日本民俗辞典』吉川弘文館

③　鈴木棠三『日本年中行事辞典』角川書店

④　村上重良『世界の宗教』『日本の宗教』ともに岩波ジュニア新書

⑤　森本アンリ『アメリカ，キリスト教史』新教出版社

⑥　海老沢有道・大内三郎共著『日本キリスト教史』日本基督教団出版局

⑦　白井永二・土岐昌訓編『神社辞典』東京堂出版

⑧　中村・福永・田村・今野編『岩波仏教辞典』岩波書店

略歴書

2022 年 11 月現在

1 経歴

昭和 20 年 5 月北海道に生まれる。

昭和 43 年 3 月中央大学法学部法律学科卒業。

昭和 45 年 4 月弁護士登録（第 2 東京弁護士会）。

日弁連 高齢者・障害者の権利に関する委員会委員長。

日弁連 高齢社会対策本部長代行などを歴任。

2 著書

① 『子どもたちの事件と大人の責任』1997 年。

② 『乳幼児の事故と保育者の責任』1998 年。

③ 『社会福祉と人権』1999 年。

④ 『人間らしく生きる権利の保障』2002 年。

⑤ 『介護保険と老人ホーム』2003 年。

⑥ 『現代福祉国家と企業社会における弁護士の役割』2004 年。

⑦ 『措置と契約の法政策と人権』2006 年。

⑧ 『障害者自立法制の現状と問題点』2008 年。

⑨ 『社会保障立法と司法の役割』2009 年。

⑩ 『高齢者の生活の安定と法知識』2009 年。

⑪ 『高齢者の法的支援と権利擁護』2010 年。

⑫ 『介護・保育などの事故と家族の悲しみと怒り，行政・法人の責任と役割』2011 年。

⑬ 『社会保障，社会福祉の権利をいかに獲得するか』2012 年。

⑭ 『人生 90 年時代を高齢者が年金と預金で人間らしく生活するには』2015 年。

以上，創風社刊

3 主な論文

① 「社会保障裁判における実体調べの意義」第 2 回日本社会保障学会報告『賃
金と社会保障』（1983 年 5 月）。

② 「体罰裁判からみた学校，教育委員会」『日本教育法学会年報』14 号（1985 年）。

③ 「福祉訴訟の動向」ジュリスト増刊総合特集『転換期の福祉問題』（1986 年 1
月）。

④ 「福祉の冬の時代の燭光」賃金と社会保障 1993 年 1115 号。

⑤ 「教育保障と社会保障法」『講座 社会保障法』第 6 巻（2001 年 1 月）。

⑥ 「障害者の所得保障施策の検討―学生無年金障害者問題の検討を中心に―」『障
害者問題研究』28 巻 4 号（2001 年）。

⑦ 「介護保険制度と社会福祉」法と民主主義（2002 年 Ｎo．366）。

⑧ 「介護保険と介護サービス契約書について」ゆたかなくらし（2003 年 4 月）。

⑨ 「認知症と権利擁護―― リスクマネジメントとの関係を中心に―― 」『日本
認知症ケア学会』6 巻 3 号（2007 年 11 月）。

⑩ 「障がい者保健福祉と人権」『公衆衛生』72 巻 1（2008 年 1 月）。

⑪ 「超高齢社会と弁護士，弁護士会の取り組み」自由と正義（2011 年 4 月）。

⑫ 「高齢者の生活と消費者被害」ゆたかなくらし（2010 年 7 月）。

⑬ 「見直し新介護保険と高齢者虐待防止法」上・下 ゆたかなくらし（2006 年 7 月・
8 月）。

⑭ 「社会福祉サービス利用契約における消費者の視点と成年後見人等の役割」『実
践成年後見』49。

⑮ 「障害者の権利条約と日本の動き」さぽーと（2009 年 1 月）。

⑯ 「最高裁は少数者の基本的人権擁護と憲法理念の実現に真摯であれ」『法と民
主主義』（2008 年 Ｎo．425）

⑰ 「上尾保育所幼児死亡事件の意味するもの」月間保育情報（2006 年 5 月）。

⑱ 「障害者福祉における契約」自由と正義（2006 年 6 月）。

⑲ 「3．11 を迎えて 2013．3 記」ゆたかなくらし（2013 年 6 月）。

⑳ 「成年後見制度は機能しているか」ゆたかなくらし（2013 年 3 月）。

ほか多数。

4　自費出版

① 『自分らしく生きる』2011 年。

② 『1970 年以降の生存権法理の展開と実践』2012 年。

③ 『人権の歴史からみた国家と個人の関係』2013 年。

④ 『司法過程による社会保障立法の改善と向上をめざして』2019 年 12 月。

⑤ 『人権としての人間らしい生活を大切にして 50 年』2021 年 12 月。

以上，創風社刊

5．主な小冊子（非売品）

① 『子どもの権利条約と子育て宣言』1997 年 8 月。

② 『教育を考える視点について』昭和 54（1984）年 2 月。

③ 『教師の仕事と権利保障』1988 年 5 月。

④ 『地域に生きる』1991 年 9 月。

⑤ 『ロータリアンにとって奉仕の心とは』2002 年 1 月。

⑥ 『過ぎてみれば喜びも悲しみも幾年月』2016 年 11 月。

⑦ 『戦後 70 年を私達はどう生き，過ごしてきたか
　　　―― 親が子に伝える自由と生存の同時代史―― 』2016 年 4 月。

⑧ 『60 歳からの生活設計と相続，遺言，そして』2017 年 11 月。

⑨ 『65 歳，これまで，これから』2018 年 8 月。

⑩ 『家族の変容と高齢者の生活の安定』2011 年 10 月。

⑪ 『2011 年 3 月 11 日，地震，津波，原発』2011 年 7 月。

⑫ 『高齢社会におけるホームロイヤーの役割』2014 年 6 月。

⑬ 『どんな体験を重視してこれまで仕事をしてきたか』2018 年 8 月。

⑭ 『高齢の人と障害のある人が成年後見制度を利用するには』2020 年 7 月。

⑮ 『近現代の日本の民衆の歴史からみた精神の自由の意義―― 内面形成と自立・
自律の関係―― 』2016 年 6 月。

⑯ 『保育士の任務と子ども及び父母との 20 講―― 保育事故との関係を中心に
―― 』2021 年 11 月。

⑰ 『生存権保障と裁判―私の 35 年のあゆみ―― 』2006 年 2 月。

⑱ 『社会保障・社会福祉と法律家の役割―社会保障・社会福祉の裁判と弁護士
の仕事―― 』

⑲『知的障害者の人権としての教育，雇用，住宅，社会保障』2016年9月。

⑳『「親なき後」に父母は今どう対応したらよいか—— 知的障害者の人権を中心に——』」2016年9月。

㉑『ひとり一人の人間を大切にする福祉—— 公的責任と専門性』2003年11月。

㉒『介護保険法と高齢者・障害者の権利擁護』2006年9月。

㉓『私の戦後70年をふりかえる—— 自分史と社会史の接点——』2016年5月。

㉔『マイライフ—— 我が人生—— 少年期をいかに大切にするか』2010年7月。

㉕『経済の成長は人間にどんな影響をもたらしたか』2008年10月。

㉖『戦後日本の歩みから見た私達の暮らしと人権』2007年8月。

㉗『映画を通して社会と向きあう』2020年7月。

㉘『自由・平等・博愛の歴史と日本人の人権意識 —— 個人の尊重・社会正義と生存権—— 』2021年7月。

6　共著等

①　井上英夫・高野範城編『実務社会保障法講義』民事法研究会，平成19年。

②　高野範城・青木佳史編『介護事故とリスクマネジメント』あけび書房，2004年。

③　高野範城・荒 中・小湊純一著『高齢者・障害者の権利擁護とコンプライアンス』あけび書房，2005年。

④　尾山宏・高野範城編『子どもの人権と管理教育』あけび書房，1986年。

⑤　高野範城・佐野正人・伊藤周平『これでいいのか，介護保険』エイデル研究所，1997年。

⑥高野範城・新村繁文『今なぜ権利擁護か』公人の友社，2010年3月。

ほか

7　弁護士会で関与した委員会と報告書

①　昭和54年以降，日本弁護士連合会の人権擁護委員会内の社会保障問題調査委員会の委員として所属（同委員会の委員長などを歴任）。同委員会で『養護施設をめぐる法的諸問題』（昭和55年6月），『保育施設をめぐる法的諸問題』（昭和59年1月），『老人の人権保障よりみた老人保健法の問題点』（昭和61年9月），『児童福祉施設等における事故の補償をめぐる法的諸問題』（平成3年10月），

『人間の尊厳と高齢者の権利に関する報告書―― 介護との関わりで―― 』（平成 7 年 12 月）の報告書作成に関与。

② 平成 9 年 4 月，同 10 年 4 月，関東弁護士連合会人権擁護委員会委員長。『管内人権擁護委員長会議報告書』の形で，東京・埼玉の地方高齢者，知的障害者の権利擁護機関の活動を紹介（平成 9 年 10 月），『事例を通じてみた現行障害者福祉法制の問題点（平成 10 年 10 月），『人間の尊厳と障害者の働く権利に関する意見書』（平成 12 年 6 月），『成年後見制度の活用と実務』Q & A（平成 13 年 3 月）の報告書作成に参加。

③ 平成 10 年から平成 15 年，日本弁護士連合会高齢者・障害者の権利に関する委員会事務局長。『介護保険サービスモデル契約書』作成に関与（平成 12 年 3 月）。平成 13 年 5 月ドイツに介護保険と成年後見の調査に出向く。

④ 平成 16 年 6 月から平成 18 年 5 月まで日本弁護士連合会高齢者・障害者の権利に関する委員会委員長，その後委員。

⑤平成 21 年 6 月，日本弁護士連合会高齢社会対策本部長代行，その後委員。

日本弁護士連合会高齢者・障害者の権利に関する委員会編

① Q アンド A 『高齢者・障害者の法律問題』民事法研究会。

②『高齢者虐待防止法 活用ハンドブック』民事法研究会。

③『契約型福祉社会と権利擁護のあり方を考える』あけび書房。

④『高齢者・障害者施設での金銭管理 Q アンド A』あけび書房。

⑤『災害時における高齢者・障害者支援に関する課題』あけび書房。

8 弁護士会でのシンポ等の活動

① 昭和 52 年 10 月：日本弁護士連合会主催，第 20 回人権擁護大会シンポジウム（大阪）『社会保障と人権』の実行委員として『社会保障事件における立法裁量論の問題について』を報告。

② 昭和 53 年 11 月：日本弁護士連合会主催，第 21 回人権擁護大会シンポジウム（高松）『子どもの人権』の実行委員として『実子特例法をめぐって』を報告。

③ 昭和 60 年 10 月：日本弁護士連合会主催，第 28 回人権擁護大会シンポジウム（秋田）『学校生活と子どもの人権』の実行委員として参加。

④ 平成 3 年 11 月：日本弁護士連合会主催，国連広報部後援，第 34 回人権擁護大会シンポジウム（宇都宮）『子どもたちの笑顔がみえますか――子どもの

略歴書 295

権利条約と家族・福祉・教育・少年司法 ──』の副委員長として参加。

⑤　平成5年12月：関東弁護士連合会主催，全社協後援の人権研究大会の副委員長として『障害者の人権』シンポジウムに参加。

⑥　平成7年10月：日本弁護士連合会主催，第38回人権擁護大会シンポジウム（高知）『高齢者の人権と福祉──介護のあり方を考える──」の副委員長として参加。

⑦　平成8年9月：関東弁護士連合会主催『高齢者の財産管理』のシンポジウムの実行委員として参加。

⑧　平成13年10月：日本弁護士連合会主催，第43回人権擁護大会シンポジウム（奈良）『契約型福祉社会と権利擁護のあり方を考える』の実行委員長として参加。

⑨　平成17年11月：日本弁護士連合会主催，第47回人権擁護大会シンポジウム（鳥取）『高齢者，障害のある人が地域で自分らしく安心して暮らすため』の実行委員として参加。

⑩　また，日弁連主催の社会福祉士，弁護士，医師ら異業種による「権利擁護の集い」（大阪，仙台，名古屋，福岡，横浜，札幌，岡山，高松に役員として関与）に参加。

9　その他

①　長野大学で社会福祉法の非常勤を1年，日本社会事業大学専門職大学院の人権・法学担当の非常勤講師を6年。

②　その他，自治体の個人情報，オンブズマンなどの審議会，情報公開，土地問題などの審査会の委員，民間団体の介護保険の研究会に関与。また厚労省委託の三菱総研の老人ホーム介護事故などの調査研究のワーキンググループの委員。裁判所の調停委員などを歴任。

③　多数の社会福祉法人(保育，知的障害者，老人ホーム)，NPOなどの役員，顧問として関与。

④　地域の青少年問題協議会の役員として8年関与。子育て宣言を提言。

⑤　全国各地で青少年，介護，労働，定年前のセミナーのテーマで講演。

⑥　平成6年3月に「多摩市地域福祉活動計画に関する基本答申」，同7年3月に最終答申の委員長として社協と地域との方向性を明示。

以上

著者略歴は290ページ

夫婦・親子で考える40歳から100歳までの過ごし方

2023 年 2 月 20 日　第 1 版第 1 刷印刷　　ⓒ
2023 年 2 月 25 日　第 1 版第 1 刷発行

著　者　　高　野　範　城
発行者　　千　田　顯　史

〒113‐0033 東京都文京区本郷4丁目17‐2
発行所　（株）創風社　電話 (03) 3818 － 4161　FAX (03) 3818 － 4173
振替 00120 － 1 － 129648
http://www.soufusha.co.jp

落丁本 ・ 乱丁本はおとりかえいたします　　　印刷・製本　協友印刷

ISBN978-4- 88352-273-6